U0936591

珍藏本·增订本

纪念版

汉译世界学术名著丛书

阿拉伯伊斯兰文化史

第一册

黎明时期

〔埃及〕艾哈迈德·爱敏　著

纳忠　译

لجنة التأليف والترجمة والنشر

يبحث عن الحياة العقلية فى صدر الإسلام إلى آخر الدولة الأموية

تأليف

أحمد أمين

الطبعة التاسعة

١٩٦٤

本书根据 1964 年阿拉伯文第九版改译

汉译世界学术名著丛书
(120年纪念版·珍藏本)
增订本出版说明

2017年10月,为纪念商务印书馆创立120周年,本馆推出"汉译世界学术名著丛书"(120年纪念版·珍藏本),计七百种。近五六年来,仰赖学界同人倾力支持,订正旧译,增补新译,拓展新著,积累日多。为满足读者需要,本馆在七百种的基础上,继续推出"汉译世界学术名著丛书"(120年纪念版·珍藏本·增订本)三百种。至此,"汉译世界学术名著丛书"累计出版已达千种。

今后,本馆将继续推进丛书的翻译出版工作,在积累单本名著的基础上陆续分辑刊行,汇印出版。为促进中外文明互鉴、推动我国学术发展,使"汉译世界学术名著丛书"这项对我国学术文化有基本建设意义的重大工程发挥更大作用,诚望海内外学术界、翻译界继续给予支持,帮助我们把这套丛书出得更好。

商务印书馆编辑部

2024年2月

汉译世界学术名著丛书
（120 年纪念版·珍藏本）
出 版 说 明

2017 年 2 月 11 日，商务印书馆迎来 120 岁的生日。120 年前，商务印书馆前贤怀揣文化救国的理想，抱持“昌明教育，开启民智”的使命，立足本土，放眼寰宇，以出版为津梁，沟通中西，为中国、为世界提供最富智慧的思想文化成果。无论世事白云苍狗，潮流左右激荡，甚至战火硝烟弥漫，始终践行学术报国之志，无改初心。

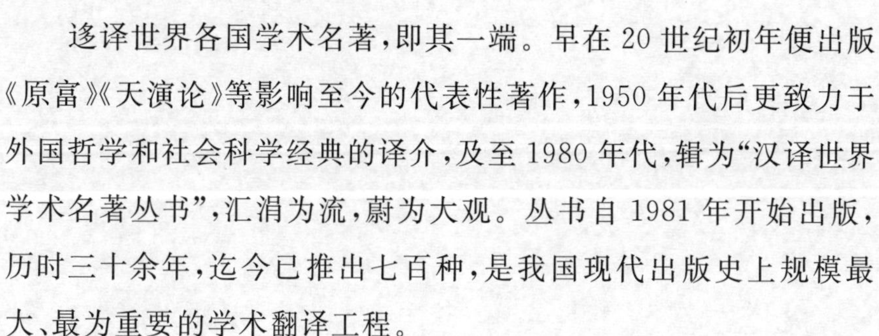

迻译世界各国学术名著，即其一端。早在 20 世纪初年便出版《原富》《天演论》等影响至今的代表性著作，1950 年代后更致力于外国哲学和社会科学经典的译介，及至 1980 年代，辑为“汉译世界学术名著丛书”，汇涓为流，蔚为大观。丛书自 1981 年开始出版，历时三十余年，迄今已推出七百种，是我国现代出版史上规模最大、最为重要的学术翻译工程。

丛书所选之书，立场观点不囿于一派，学科领域不限于一门，皆为文明开启以来，各时代、各国家、各民族的思想与文化精粹，代表着人类已经到达过的精神境界。丛书系统译介世界学术经典，引领时代思想，为本土原创学术的发展提供丰富的文化滋养，为推动中国现代学术和现代化进程做出了突出的贡献。

为纪念商务印书馆成立120周年，我们整体推出“汉译世界学术名著丛书”120年纪念版的珍藏本，寄望既利于文化积累，又便于研读查考，同时向长期支持丛书出版的译者、编者和读者致以敬意。

两甲子后的今天，商务印书馆又站在了一个新的历史时间节点上。我们不仅要铭记先辈的身影和足迹，更须让我们的步伐充满新的时代精神。这是商务人代代相传的事业，更是与国家和民族的命运始终紧密相连的事业。我们责无旁贷，必须做好我们这代人的传承与创造，让我们的努力和成果不仅凝聚成民族文化的记忆，还能成为后来人可以接续的事业。唯此，才能不负前贤，无愧来者。

商务印书馆编辑部

2017年10月

修订说明

一

艾哈迈德·爱敏(1886—1954) 20世纪阿拉伯世界极负盛名、深具影响的伊斯兰学者之一,埃及著名历史学家、文化哲学启蒙思想家。毕生致力于阿拉伯历史文化的研究,留下了几十部著作,其中三卷八册本的《阿拉伯伊斯兰文化史·黎明时期》、《阿拉伯伊斯兰文化史·近午时期》和《阿拉伯伊斯兰文化史·正午时期》影响最大,被称为"艾哈迈德·爱敏伊斯兰百科全书"。

艾哈迈德·爱敏出生在埃及尼罗河三角洲库姆赫拉特村的一个贫苦家庭。进过私塾和清真寺小学。后在公费的爱资哈尔大学和伊斯兰高等法学院学习。1911年毕业后,先后担任中学教师和法官。1926年任开罗大学教授,1939年任文学院院长,1954年去世。

在开罗大学任教后,即同他的挚友、盲人文豪塔哈·侯赛因和著名历史学家阿巴迪商定,分工撰写三部多卷本的阿拉伯历史著作。阿巴迪写《政治史》,塔哈·侯赛因写《文学史》,艾哈迈德·爱敏写《文化史》。按历史分期统一书名为《伊斯兰黎明时期》、《伊斯兰近午时期》和《伊斯兰正午时期》,书名下各副标题为:《政治生活》、《文学生活》和《学术思想、宗教、文化生活》。但是后来仅艾哈迈德·爱敏一人完成了三卷八册《阿拉伯伊斯兰文化史》的写作，书名未变。第一卷一册，第二卷三册，第三卷四册。

该书从1929年首卷《黎明时期》的问世，到1953年第三卷第三册的出版，历时二十四载。第一至七册的出版时间依次是：1929年、1933年、1935年、1939年、1945年、1952年和1953年，第八册则是在1954年艾哈迈德·爱敏去世后由著名历史学家艾哈迈德·福瓦德整理出版。

全书史料丰富、内容翔实、立论公允、见解精辟、论述清晰、文笔流畅，出版后受到阿拉伯学术界高度评价：

这部巨著是用最可靠的史料写成的，文字畅达，见解精辟，是一部阿拉伯文化史的光辉巨著，是阿拉伯文化的知识宝库。（著名学者穆斯塔法·西哈比）

这部巨著是献给当今世界的一部最珍贵、最丰富、最不朽的宝藏。（著名文豪塔哈·侯赛因）

这部巨著是考察伊斯兰文化的灯塔。（著名历史学家艾哈迈德·福瓦德）

本书对阿拉伯，对穆斯林的学术、思想、文化等的发展，作了前无古人的研究与论述，是一部不朽的学术著作，是著者聪明睿智、努力奋斗的见证，是他冲破重重障碍，克服种种险阻，踏破道道难关，穿过崎岖小路才获得的珍贵成果。其流传之广，影响之深，迄今无人可比。（著名文学家哈桑·齐亚特）

二

纳忠(1909—2008) 中国穆斯林著名学者、中国阿拉伯语界的一代宗师、阿拉伯历史学家、阿拉伯语教育家、中国研究阿拉伯伊斯兰历史文化的开拓者和奠基人。字子嘉,回族,云南海通纳家营人。先后就读于昆明永宁清真寺、昆明省立师范附属小学、昆明城南清真寺及该寺附设的中阿并授学校、昆明法文学校和云南明德学校(云南第一所回民现代中等学校)。

从1927年开始,纳忠相继向北平的《月华》旬刊、天津的《伊光》月报、广州的《天方学理月刊》、云南的《西南日报》以及上海开明书店的《开明》投稿,并被发表。

1929年初,云南回族俱进会成立,该会的学术刊物《清真铎报》请纳忠任编委,主编同年2月10日刊发的创刊号。他共主办了十六期,独自撰稿四十多篇,约十万余字。

1931年被云南回族俱进会选送伊斯兰教的最高学府——埃及爱资哈尔大学深造。

留学期间的纳忠,博览群书、孜孜不倦;拜访名师,四处听课;边学边译,硕果累累:

1932年翻译了埃及著名学者曼苏尔的《伊斯兰教》一书(北平成达师范出版部,1935年出版)。

1934年翻译了叙利亚著名学者库迪·阿里的《伊斯兰教与阿拉伯文明》一书(上海回教书店,1936年出版)。

1936年荣获爱资哈尔大学最高委员会授予的学者证书。这是第一位，也是唯一一位获此殊荣的中国留学生。

在到处都是宗教书籍的环境里，纳忠以学者的睿智和特有的敏锐，认定艾哈迈德·爱敏的《阿拉伯伊斯兰文化史·黎明时期》是一部不可多得的学术专著。他为了译好该书，拜访了当时在开罗大学文学院任教的艾哈迈德·爱敏教授。强烈的求知渴望、谦逊好学的态度和深厚的阿拉伯语功底打动了教授。在征得校长塔哈·侯赛因的同意后，除破例允许纳忠免费在开罗大学旁听课程外，还每周抽出一个小时为他答疑解惑，时间长达一年之久。

1940 年，纳忠学成回国前向艾哈迈德·爱敏辞行时，爱敏将《黎明时期》一书送给他，并在扉页上写道："我非常高兴，也非常愿意，纳忠为我翻译这部书，并感谢他对宗教学术做出的巨大贡献。"

纳忠于 1937 年冬开始在开罗翻译该书。译完后将译稿寄给上海商务印书馆。书名为《黎明时期回教学术思想史》。著者译为阿明。在前编译所所长、历史学家何炳松的亲自过问下，该书于 1939 年由长沙商务印书馆出版。

十九年后的 1958 年，商务印书馆又出版了该书。书名为《阿拉伯文化的黎明时期》，著者译为阿赫默德·艾敏。

艾哈迈德·爱敏的这部巨著被纳忠先生视为"迄今阿拉伯文化史中的一部极其重要的划时代的著作"。将全书译成中文是纳忠先生的宿愿。

1981 年，纳忠先生将自己的旧译《阿拉伯文化的黎明时期》一书，根据 1964 年出版的阿拉伯文原著第九版重新改译，并根据原著副标题改名为《阿拉伯伊斯兰文化史·黎明时期》。该书于 1982 年出版。

此后，纳忠先生指导他的学生翻译了其余各卷册。《近午时期》卷的三册书（即全书的第二、三、四册）的译者分别是：

第二册：朱凯　史希同

第三册：向培科　史希同　朱凯

第四册：朱凯

《正午时期》卷的四册书（即全书的第五、六、七、八册）的译者分别是：

第五册：史希同

第六册：赵军利（纳忠先生的博士生）

第七册：史希同　张洪仪（北京第二外国语学院教授）

第八册：史希同　吴旻雁　马学忠（二人均为史希同的博士生）

各册的出版时间分别是：1990 年、1991 年、1995 年、1999 年、2001 年和 2007 年（第七、八册）。

三

值此本书被列入“汉译世界学术名著丛书”之际，译者对全书作了认真修订，具体情况如下：

一、为了表示对已逝译者的尊重，《黎明时期》的译文由纳忠之子纳家宝校订。《正午时期》（二）的译文由赵军利的姐姐赵军秀（首都师范大学历史学院教授）校订。

二、朱凯修订《近午时期》（三），补译《近午时期》（一）的序言和塔哈·侯赛因的序言。

三、吴旻雁修订《正午时期》(四),补译艾哈迈德·福瓦德的序言。

四、张洪仪修订《近午时期》(一)、(二)和《正午时期》(一)、(三):规范统一部分人名、地名的译法;修改个别文字;补译漏译和未译的文字、诗句。其中以《正午时期》(一)中未译的诗最多(原文有诗 668 行,原译仅 200 余行),补译诗 436 行,恢复了原著的文学风采。此外,还补译了《正午时期》(二)中未译的 90 行诗。在此基础上,原译者再对原译文及张洪仪修改、补译的文字进行了校订。

五、史希同校订除《近午时期》(三)之外各册的修改文字、补译文字及他本人所译部分。

本书卷帙浩繁、学术门类众多、典籍人物庞杂、资料年代久远;几乎处处有诗,页页需注;加之译者水平与能力有限,定有疏漏、错误或不当之处,恳望同仁和读者赐正。

史希同

2015 年 10 月

译 者 序 言

——八册本《阿拉伯伊斯兰文化史》简介

艾哈迈德·爱敏是20世纪阿拉伯世界极负盛名、深具影响的伊斯兰学者之一。毕生致力于阿拉伯历史的研究,留下了几十部著作,其中八册本《阿拉伯伊斯兰文化史》影响最大,被称为“艾哈迈德·爱敏伊斯兰百科全书”,至今已印行九版。一部学术著作,流行如此广泛,影响如此深远,在阿拉伯国家实属罕见。1954年艾哈迈德·爱敏去世后,埃及学术界为了纪念他在学术上的巨大成就,设置了“艾哈迈德·爱敏奖学金”,每年以相当数量的奖金,连同他的全部著作,奖给埃及研究阿拉伯历史的优秀青年。

艾哈迈德·爱敏出生于埃及尼罗河三角洲库姆赫拉特村的一个贫苦家庭。父亲是佃农,兼任乡村教师。除缴纳沉重的地租和苛捐杂税外,还负担无穷尽的强制劳役。他在农村没法活下去,只好逃到开罗,在一家印刷厂做校对,曾一度任清真寺教长。艾哈迈德·爱敏进过私塾和清真寺小学,后来进入公费的爱资哈尔大学和伊斯兰高等法学院。1911年毕业后,他先后任中学教师和宗教法官,1926年任开罗大学教授,1939年任文学院院长,1954年去世。

20世纪初,艾哈迈德·爱敏青年时代,正是埃及民族、民主运动蓬勃兴起的伟大时代。

公元16世纪,土耳其奥斯曼帝国开始统治阿拉伯国家。由于长期封建残酷统治的结果，阿拉伯文化遭受了严重的破坏：丰富多彩的阿拉伯语言失去了往日的光辉，朝霞般的阿拉伯文学只剩下几许残照，浩瀚无边的阿拉伯文化遗产已被弃如敝屣。土耳其人统治的几百年内，值得一提的阿拉伯诗人、作家和学者，寥若晨星，屈指可数。如果说，这几百年内阿拉伯文化史，等于一纸空白，亦非夸张。

19 世纪，随着西方殖民主义的侵入，大批西方考古学家和“东方学”学者，涌向了阿拉伯东方，或发掘古墓，盗走古物；或将大批阿拉伯古典珍本转移到西方。直到 20 世纪初，阿拉伯人依然抱残守缺，蜷曲在清真寺的圆柱下面[①]，接受烦琐的经院教育。艾哈迈德·爱敏的童年生活，正是在这样的环境中度过的。

随着埃及民族、民主运动的高涨，埃及资产阶级文化的启蒙运动也方兴未艾。1906 年，埃及创办了第一所新型大学——今开罗大学的前身。艾哈迈德·爱敏在爱资哈尔大学和高等法学院学习期间，从当时伊斯兰维新派学者穆罕默德·阿布杜等听讲，接触到了西方资产阶级思想。这些维新派学者在讲授《古兰经》或阿拉伯文学时，常提到西方的伏尔泰、卢梭、雨果、歌德、雪莱……把学生从“爱资哈尔式”的传统教育，引向西方思潮，艾哈迈德·爱敏受到很大影响。他没有到西方留过学，可是他精通英文，阅读了西方资产阶级的大量哲学、历史著作。他看到许多阿拉伯文的古典著作，在东方不易找到，在西方却翻译和印行；又在西方“东方学”学者关

① 中世纪，伊斯兰教师在清真寺圆柱下，设座讲学，学生席地而坐，围成半圆，屏息听讲。

于阿拉伯伊斯兰学的译著和诠释中，发现种种错误，有的出自无心，有的蓄意歪曲。艾哈迈德·爱敏决心整理古籍，著作新书。他到开罗大学任教后，同他的挚友、盲人文豪塔哈·侯赛因和著名历史家阿巴迪合作，从1926年开始分工合作，撰写三部多卷本的关于阿拉伯历史的著作：阿巴迪写《政治史》，塔哈写《文学史》，艾哈迈德·爱敏写《文化史》。三部著作的分期、观点、方法力求一致。[①] 但是后来仅艾哈迈德·爱敏一个人坚持下去，他从1911年开始，积四十年的辛勤劳动，在浩如烟海的阿拉伯史料中探索、考证、研究，终于在去世前不久基本完成了这部"前无古人"的巨著。

* * *

"阿拉伯伊斯兰文化"乃由三种文化源流汇合而成：一是阿拉伯人的固有文化；一是伊斯兰教文化；一是波斯、印度、希腊、罗马等外族文化。第一种文化如阿拉伯语言、诗歌、散文、谚语、故事、传说、星象等。第二种文化如《古兰经》、《古兰经注》、圣训教义学、教法等。第三种文化如波斯的语言、文学、传说、故事、艺术、音乐、历史、哲学、政治……印度的哲学、数学、医学、天文……希腊的哲学、自然科学……罗马的政治、法律等。本书八册，分期阐述这三种源流的互相影响、融汇、贯通，直至发展、创造，形成"阿拉伯

① 三部多卷本著作按历史分期统一书名为《伊斯兰黎明时期》、《伊斯兰近午时期》、《伊斯兰正午时期》。书名下各副标题为：《政治生活》、《文学生活》和《学术思想、宗教、文化生活》。后来仅艾哈迈德·爱敏的八册本《文化史》完成，书名未变。译者根据本书的副标题，书名改为《阿拉伯伊斯兰文化史》，将原来三部书的书名《黎明时期》、《近午时期》和《正午时期》改为副标题。

伊斯兰文化”的光辉灿烂时期(正午时期)。本书卷帙浩繁,这篇译者序言只能选择著者始终贯穿于本书的几个重要问题和论点,给以简单的评介。即继承、发展、创造——穆斯林各民族共同创造的文化结晶;阿拉伯语的发展;伊斯兰教的发展与变化;以及奴隶与“释奴”的贡献。这几个问题,正是著者关于三种源流的阐述与论点。

继承、发展、创造

——穆斯林各民族共同创造的文化结晶

伊斯兰教兴起后,阿拉伯人大举向外扩张,建立了幅员辽阔的阿拉伯帝国,接触到叙利亚文化和古希腊文化,接触到波斯文化和印度文化,并开始从阿拉米文(古叙利亚文)翻译了关于医学和天文学的书籍,同时也开始翻译波斯和印度的著作。但是在倭马亚王朝时期,翻译工作仅由少数穆斯林和犹太教徒、基督教徒自由进行,没有计划,没有系统。这是阿拉伯文化的“黎明时期”。

公元8世纪中叶,阿拔斯王朝建立后,阿拉伯人的军事扩张已基本停止,帝国的局势日渐安定。随着政治、经济的发展,文化生活也呈现出一派繁荣景象。阿拉伯封建统治阶级迫切需要将波斯、印度、希腊的古典著作系统地译为阿拉伯文。哈里发麦蒙时期(公元813—833年),是阿拉伯人的翻译事业达到极盛的时期。麦蒙派人到拜占庭,要求拜占庭皇帝代为搜集古典抄本;又鼓励穆斯林远行各方,既搜寻古籍,又访求学问。阿拔斯王朝时代,穆斯林搜集到的古籍都汇集到巴格达。巴格达城有古代文化遗产的无尽宝藏。

麦蒙在巴格达建立了一所翻译和研究机构，叫“智慧之宫”，把搜集到的古籍大量地译为阿拉伯文并进行广泛而深入的研究。

哈里发提倡学术翻译，鼓励穆斯林学习阿拉伯文译本，王公大臣亦竞相效尤，以标榜爱好和提倡学术文化，从而提高自己的地位。于是散居各地的翻译家，争先恐后地涌向巴格达，穆斯林从事翻译与研究蔚然成风。从阿拔斯王朝初期，两百年内(主要是阿拔斯王朝第一期，公元750—844年)，在巴格达和其他各大城市，形成了一个波澜壮阔的、史无前例的“翻译运动”，这就是“阿拉伯伊斯兰文化”的“近午时期”，穆斯林已成为东方(波斯和印度)与西方(希腊、罗马)古代文化遗产的继承人。

毫无疑问，中世纪出现的阿拉伯人的“翻译运动”，是值得大书特书、载入史册的，但是有的西方历史学家力图贬低阿拉伯人的翻译事业，把这种翻译事业说成“只不过是希腊罗马文化的一点余光”[①]。其实各民族在自己的文化发展过程中，必须互相学习、互相充实、互相继承，这是人类文化发展的必然规律。学术文化是人类共同享有的，每一民族都必须向别人学习，也必然有自己独特的文化，历史上绝对没有任何民族，在文化上专门引进，毫无创造；也没有任何民族，专门创造，毫无引进。何况中世纪穆斯林对外来古典著作，不是简单地从事翻译，他们还对古籍进行了大量的考证、勘误、增补、注解、诠释的工作。这些历史事实，是彰明昭著，无可否认的。阿拉伯文译本，在公元12、13世纪被译为拉丁文和西方

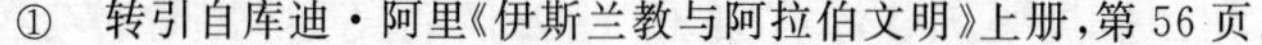

① 转引自库迪·阿里《伊斯兰教与阿拉伯文明》上册，第56页。

各种文字，西方大学以这些译本为教材者五百余年，为西方文化的发展立下了汗马功劳。

艾哈迈德·爱敏认为，大量的翻译工作，仅仅是阿拉伯伊斯兰文化发展的基础。“翻译运动”赢得了学术、文化的发展与创造，那就是公元9世纪中叶到11世纪的“阿拉伯伊斯兰文化”的“正午时期”，也就是文化繁荣灿烂的时期。

公元9世纪中叶至11世纪，阿拔斯王朝逐渐衰替，濒于瓦解；帝国东西各地，纷纷自立，或名义上隶属于巴格达，事实上割据独立。著者认为，阿拉伯伊斯兰帝国虽已分崩离析，但东方诸小国仍大力提倡伊斯兰教，承认巴格达“哈里发正统”，励精图治，政治与经济都有了很大的发展；打上“伊斯兰精神”烙印的阿拉伯学术、文化，日益昌盛，发明创造，光辉灿烂，构成了“阿拉伯伊斯兰文化”百家争鸣的局面。如撒马尔罕、伊斯法罕、大马士革、开罗、拉巴特、西西里、科尔多瓦……都是和巴格达繁荣时期媲美的阿拉伯伊斯兰文化中心。这里涌现出大批穆斯林学者，他们的学术著作日益丰富多彩，学术研究的领域日益广泛，举世著名的学者有：医学家如拉齐、伊本·西拿、宰赫拉威、伊本·海赛姆；天文学家如白塔尼、比鲁尼、欧麦尔·赫雅木等；数学家如花拉子密、艾布瓦法等；化学家（炼金术士）如查比尔·伊本·哈彦等；动物学家如查希兹；地理学家如伊德里斯、雅古特、艾布·费达等；哲学家如肯迪、法拉比、伊本·西拿、伊本·鲁世德等；历史学家如白拉祖里、塔巴里、麦斯欧迪、伊本·艾西尔等；诗人文学家如爱布·诺瓦斯、爱布·太希雅、穆台纳比、爱布勒伊拉等，以及《罕世璎珞》的著者伊本·阿卜杜·莱比和《诗歌集》的著者爱布·法拉吉等。穆斯林学者，

一个人的著作达数百种者，比比皆是。

同时每种以数十册计的大型书籍亦不计其数，如哲学家传记、医学家传记、历史人物传记、教法学家传记、经学家传记、圣训学家传记、地理辞书。在这以后，穆斯林的著作更加兴盛繁荣，如二十册的《阿拉伯大辞书》、八十册的《大马士革志》、十四册的《巴格达志》、六十册的《植物志》等，汗牛充栋，不胜枚举，都是中世纪穆斯林的学术成果。

穆斯林对人类文化做出了卓越的贡献，这是公正的学者一致公认的。

中世纪，当"阿拉伯伊斯兰文化"在东方，在西班牙和西西里大放光明之时，西欧还处在榛莽之中，后来成为西方文化中心的那些城市，在中世纪不过是些被封建领主盘踞的碉堡，基督教的僧侣、教士是当时西方最有学问的人，而他们却仍俯伏在古老的教堂里，誊抄宗教经卷。

公元11、12世纪，西方人才开始向阿拉伯人学习，同时西班牙和西西里的灿烂文化也吸引了西方的教士和病人去学习和治病。于是西方和东方穆斯林之间的交流日益频繁。19世纪法国著名历史学家赛迪约在所著《阿拉伯通史》中写道："阿拉伯人和欧洲人在文化、经济、政治上的交流，使得阿拉伯文化越过西班牙，深入到基督教徒的世界。"西班牙人曾在托利多，设立了一所翻译局，从事阿拉伯典籍的翻译。从公元12世纪开始，托利多成为欧洲人学习阿拉伯伊斯兰文化的泉源。西方人翻译阿拉伯典籍的事业，从公元12世纪到15世纪，延续不断，始终不衰。

著者以大量的卷帙篇章阐述了古典文化和外来文化与伊斯兰

阿拉伯文化的密切关系，阐述了穆斯林如何在继承的基础上发展创造出自己光辉灿烂的文化，并特用一册(第七册)的篇幅阐述阿拉伯人对西班牙和西西里的文化及对西方的影响。

自公元8世纪至9世纪以后，“阿拉伯伊斯兰文化”乃阿拉伯民族和其他主要信仰伊斯兰教的各民族共同创造的文化结晶。穆斯林学者不少是阿拉伯人，但大多数是其他各族人，例如阿拉伯散文的鼻祖木干法尔是波斯人，阿拉伯语法的开山祖西伯威是波斯人，《诗歌集》的著者爱布·法拉吉、医学家伊本·西拿也是波斯人，数学家花拉子密、天文学家兼地理学家比鲁尼是中亚人。但是，这些学者都受过阿拉伯教育的巨大影响，精通阿拉伯语；他们的著作都是用阿拉伯语写成的，而且都是在“伊斯兰旗帜”下产生的，都打上了“伊斯兰精神”的烙印。

阿拉伯语的发展

公元7世纪初，麦加已取代过去也门的地位，既是南北贸易的通道，又是政治、宗教的中心。麦加城古莱氏人的语言(属阿德南语)逐渐成为阿拉伯人的通用语。《古兰经》是用古莱氏族的语言写下的，于是《古兰经》和古莱氏语相得益彰，《古兰经》借古莱氏语传布到半岛各方；古莱氏语又借《古兰经》而成为全阿拉伯民族的、无可争辩的通用语。

公元8世纪，阿拉伯人征服了西亚和北非的广大地区，接触到许多新鲜事物，先后在大马士革和巴格达建立了幅员辽阔的帝国，在政治、经济、社会、文化各方面的生活中，感到阿拉伯语已经不够用了。于是，从波斯语和其他外国语中吸取大量词汇，以丰富自己的语言。其中波斯语最能适应阿拉伯人的需要，为阿拉伯人吸收外来语的主要泉源。阿拉伯语汇中如水壶、盘子、丝织、绸缎、珊瑚、宝石、水晶、糕点、糖果、胡椒、肉桂、水仙、蔷薇、百合、花园、水库、天秤、水手、外衣、长裤等词，都来自波斯语；来自希伯来语、拉丁语和希腊语的也不少。这个时期，阿拉伯人吸收的外来语多半是生活用语和学术、文化方面的术语，同时也吸收了一些新的词句和抽象名词。

阿拉伯语本来包含各部族的方言，8 世纪后又吸收了大量外来语。因此，阿拉伯语逐渐发展成为一种词汇丰富的语言。

公元 8 世纪中叶后，阿拉伯人和波斯人学习阿拉伯语言者，日益踊跃。他们在学习中遇到重重困难，找不到语言规律，摸不出学习途径。于是阿拉伯人和波斯人，根据《古兰经》和“圣训”以及古代诗歌和游牧民族的口语，从语言规律的角度，对阿拉伯语进行了极其深入细致的分析研究，分类推理，归纳对比，创造出一整套详细而缜密的阿拉伯语法。首先从事语法研究者为巴士拉城的艾布·爱斯瓦德，但是第一部完整的阿拉伯语著作，却是巴士拉的西伯威（公元 799 年卒）完成的。西伯威是一个释奴出身的波斯籍学者，他精湛地研究了《古兰经》和大量阿拉伯古语之后，编著了一部千余页的阿拉伯语巨著，包罗了今日通用的阿拉伯语法的绝大部分内容。这部著作写出后，轰动一时，引起一些著名学者的注意，同时也引起长期的学术辩论。有些学者不同意西伯威的某些论点，相继写出论文同他讨论。大体说来，当时的阿拉伯语法研究分为两大派别，即巴士拉派和库法派。两派中又分为若干流派。经

过许多学者的讨论、研究、充实，公元9世纪初，阿拉伯语法大体完备。

阿拉伯语法的编著成书，是阿拉伯语言发展史上的里程碑，也是“阿拉伯伊斯兰文化”发展史上的重大转折点。

但是阿拉伯语的发展与传播是缓慢的。

阿拉伯人征服伊拉克、叙利亚、埃及、北非等地后，各地人民依然使用自己原来的语言，随着阿拉伯人在各地统治加强以及阿拉伯人从半岛向这些地区移民迅速增多，阿拉伯语在各地越来越处于统治的地位。公元8世纪初，倭马亚王朝哈里发阿布杜·马立克（公元685—705年）下令，规定阿拉伯语为国家正式语言，一切公文都使用阿拉伯语，以取代叙利亚通用的希腊语、伊拉克和东方各省通用的帕拉维语（即波斯语）以及埃及的科普特语。

强制语言“阿拉伯化”，曾引起各地人民的强烈反抗。在伊拉克和叙利亚，由于当地通用语言并非本国固有的语言，人民的反抗较为缓和，阿拉伯语的使用较早，在哈里发瓦立德时代（公元705—714年）便完成了。在埃及则是另一种情况，科普特语本来是埃及人自己固有的语言，埃及人民怀着强烈的民族情绪，曾进行了长期的剧烈斗争，直到9世纪初，阿拉伯语才在埃及逐渐通行。

从此，阿拉伯语不仅成功地为哈里发王朝的封建统治服务，更重要的是，它已经成为政治、经济、学术文化的语言。历时百余年的“翻译运动”是“阿拉伯伊斯兰文化”发展的奠基阶段，各国古籍，大量被译为阿拉伯语。这项工作，需要既精通阿拉米文、希腊文和波斯文，又要精通标准阿拉伯文的知识分子。于是在城市中出现了学习阿拉伯语的浪潮，影响广泛，历时经久，大大促进了阿拉伯语的发展与传布;转过来,阿拉伯语的发展又大大推动了“翻译”事业的发展。

公元11世纪以后,阿拉伯语已经普及于伊拉克、叙利亚、埃及和北非,对伊朗和中亚的影响也很大。从9世纪到12世纪的四百年内,伊朗和中亚的穆斯林学者,大多用阿拉伯语写作。阿拉伯语对阿拉伯伊斯兰文化的发展,做出了极其重大的贡献。

伊斯兰教的发展与变化

倭马亚王朝时代,伊斯兰教的色彩还不很明显,阿拉伯封建统治者甚至不愿鼓励外族人改奉伊斯兰教。因为信教后免缴人头税,信教的人越多,国库的税收越少。当时阿拉伯人向外大肆扩张,迫切需要增加税收。

到了阿拔斯王朝时代,对宗教控制得非常严密,伊斯兰教本身发生了极大的变化。阿拔斯王朝彻底实行“政教合一”的制度。从第二代哈里发曼苏尔时开始,哈里发成为宗教与国家的最高领袖,统治着全世界每一个穆斯林的灵魂。全世界穆斯林在礼拜日必须为哈里发祈祷。虽然后来在政治上失败了,但哈里发的“精神中枢”地位并无损害,反之,诸小国割据称王的时候,也必须表示拥护哈里发,标榜哈里发,为哈里发祈祷。“哈里发”已成为“伊斯兰的象征”,这就说明,为什么公元10世纪后,当阿拔斯王朝日蹙西山,东西各地纷纷独立,哈里发的号令不能出巴格达的时候,“哈里发”的“正统”尚能存在,仍为各伊斯兰小国所承认。不仅如此,公元1258年蒙古旭烈兀攻陷巴格达,灭阿拔斯王朝,阿拔斯王室的王孙硕果逃到开罗，竟被马木鲁克王朝置于“哈里发”宝座；尽管他不过是一个傀儡，被囚于堡垒中，同俘虏一般，但每当一个新王即位时，这个傀儡依然作为伊斯兰教“领袖”，被拥了出来，为新王举行隆重的即位典礼。

阿拔斯王朝建立起来的“哈里发”对伊斯兰教的权威至高无上，绝不是倭马亚王朝时代所能想象的，更不是伊斯兰初期，穆罕默德的继承人“四大哈里发”时代所能比拟的。“哈里发权威”的建立，正说明伊斯兰教本身已发展到了一个新的阶段。

阿拔斯哈里发既有这样崇高的宗教权威，他们和伊斯兰教宗教人士的关系，必然十分密切。例如哈里发哈伦·拉西德（公元786—809年）和他的宗教法官、著名伊斯兰法学家艾布·优素福的密切关系，便是一个典型例子。艾布·优素福得到哈伦·拉西德的宠幸，寸步不离。他在所著《赋税》（*Al-Haraj*）一书中颂扬哈里发：“真主的洪福无边，使哈里发做众生的领袖；又赐哈里发以光明，让它普照黑暗的人间。”这是阿拉伯历史上第一次这样神化哈里发。伊本·辛底是哈里发麦蒙时代的一位著名宗教学家，他朝见麦蒙时，总是盘膝坐在地上，麦蒙赐以座位，他说：“不，我不能冒犯哈里发的尊严，我只能像一个奴仆一样，在主人面前。”一个学者对哈里发自比奴仆，这也是过去所没有的。

哈里发为了巩固自己的政权，为了网罗各种人才为帝国服务，大力鼓吹传教。而开展传教工作最力者，首推伊斯兰各教派，特别是主张意志自由的穆阿台及勒派。这个教派首先研究希腊哲学，借希腊哲学和逻辑学为本派的思想学说辩证。他们大力传布伊斯兰教，力图吸引大批精通希腊哲学的犹太教徒和基督教徒改奉伊斯兰教,希望通过他们来扩大穆阿台及勒派的影响,壮大他们在哈里发王朝的权力。据传,仅穆阿台及勒派的领袖艾布·胡戴理一个人,就使三千异教徒改奉伊斯兰教。

因此,犹太教徒、基督教徒、袄教徒等异教徒,改奉伊斯兰教者越来越多。原因很复杂。有的认为伊斯兰教简单,容易理解;有的由于在本教派受到其他教派的敌视(如一性派与聂斯托利派),故改奉伊斯兰教;但大多数人却是出于政治、经济的因素:以改奉伊斯兰教为猎取高官、名誉、地位和财富的手段。这批人改奉伊斯兰教后,各种异教的教义、思想、传说、故事便从各种渠道迅速流入伊斯兰教。公元9世纪以后,伊斯兰教本身发生了重大的变化,原有的教派更复杂了,原来没有的教派也出现了。即使是逊尼教(正宗派)的经注、圣训、教义和教法等,也不免染上了种种外来色彩。教义越来越神秘,教法越来越琐屑,单纯的伊斯兰教,变成繁文缛节、清规戒律的宗教。艾哈迈德·爱敏根据大量的可靠史料,大胆提出自己"前无古人"[①]的议论,这在当时穆斯林学术界,无疑是"空谷足音"。

艾哈迈德·爱敏认为"逊尼派"的《古兰经注》中,不但存在大量出于政治目的的注释,也存在许多或犹太教的,或基督教的,或所谓"以色列式"的注释。例如《古兰经》说"有一群廉洁的少年带着一只狗,隐身于山洞之中",《古兰经注》就出现了纯粹来自《旧约》传说的注释。又如《古兰经》中提到亚当与夏娃的故事,是极其简单的,《古兰经注》便从《旧约》的传说中引证许多细节来加以注

① 埃及著名文豪哈桑·齐亚特对本书的评语。

释。著名的阿拉伯历史学家和经注家塔巴里的著作中，这类注释和记载是不少的。后人却把《塔巴里经注》当作金科玉律，坚信不疑。

又如犹太教认为，只有大卫才能继承以色列的王位；什叶派中的拉费兹派便也跟着主张，只有阿里才能继承哈里发之位。犹太教徒说：要为“耶和华”进行圣战，直到“救世主”出世，那时有声音来自天空；拉费兹派也学着说：要为真主进行圣战，直到“迈赫底”（期待中的“救世主”）自天而降。犹太人说“大天神”迦白利是以色列的敌人；拉费兹派也认为：真主的天启本来应该降给阿里，而迦白利错误地把它降给穆罕默德。犹太人让“耶和华”形象化：“耶和华”降临在西奈半岛的“图尔”山上，端坐云间；穆斯林也有人主张这种异说——这一切都是通过改奉伊斯兰教的犹太教徒和基督教徒传入的。

另外犹太教和基督教中有主张“以贫为贵”者：“富人进入天国比骆驼穿过针孔还困难”，穆斯林中也广泛流行着这种思想和这句话。犹太教和基督教中有鼓励弃绝红尘者，伊斯兰教的苏菲派（神秘派）也主张鄙弃凡尘，苦行求道。

艾哈迈德·爱敏认为，这一切来自犹太教和基督教的教义与传说，都已深深地渗透到穆斯林的生活中，然而却是与伊斯兰教不相干的。他认为，伊斯兰教重视人生，反对弃绝现实生活，反对出家修行。因此，伊斯兰教国家没有修道院，没有出家的修士与修女；伊斯兰教提倡自食其力，反对独身主义，反对不劳而食。

艾哈迈德·爱敏认为，阿拔斯王朝时代，特别在公元 9 世纪后，伊斯兰教和早期大不相同，已经发生了极大的变化。粗犷、朴实、单纯的阿拉伯民族性，变成了繁缛、纠结、善辩、多变的民族性了。各种思想、各种学说、各种宗教传说一齐涌了进来，阿拉伯人从沙漠的帐幕，走进了圆顶尖塔的高大建筑。阿拔斯王朝的时代，是由各种民族组成的穆斯林时代，不再是单纯的阿拉伯人的时代了。阿拔斯王朝统治下的民族有阿拉伯人、波斯人、突厥人、印度人、亚美尼亚人、柏柏尔人、苏丹人、埃及人……这许多民族虽然都崇奉一个宗教——伊斯兰教，但每一民族有自己的风俗、习尚，有自己的语言、历史，有自己的传统文化。每一个人在改奉伊斯兰教时，都同念一句“证言”：“万物非主，惟安拉是真主。穆罕默德是安拉的使者。”但是每个人对这一“证言”的理解和解释并不完全一致。再加上时代与环境的不同，政治、经济和社会的变迁，宗教意识和见解也必然随之而发生变化。

伊斯兰教发生了重大的复杂的变化，各种教派，各派学说，多半由此而生，这是著者始终贯穿于本书的重要论点之一。

（附注）本章论点、例子、说明等，详见本书第二册《宗教文化》章，第三、四、六、八册中的“古兰经注”章、“圣训学”章、“教法”章，以及“伊斯教派”章。

奴隶与“释奴”的贡献

奴隶与“释奴”问题在阿拉伯历史上是极其重要的问题，艾哈迈德·爱敏在本书第一、第二册中作了充分的阐述和比较公允的论列。

阿拉伯人对外大举扩张后，被征服的各地居民多被蓄为奴隶，分配给“胜利的阿拉伯人”。有的阿拉伯首领,一个人占有一千个女奴。奴隶被当作奴隶主的财产,可以自由处置:或留下,或出售,或转赠他人。

哈里发欧麦尔时代,从前方解回麦地那的俘虏中,有三个波斯萨珊王朝末代国王叶兹德吉尔德的女儿,后来由阿里主持,一女配给欧麦尔的儿子阿卜杜拉,一女配给前任哈里发艾布·伯克尔的儿子穆罕默德,一女配给他自己的次子侯赛因。在这以后,阿拉伯王室娶配女奴者很多;到了阿拔斯王朝,更比比皆是,不一而足。外族女奴,不仅对阿拉伯文学、诗歌做出了重要贡献,而且影响了阿拉伯贵族的血统,甚至可以左右政权。

阿拔斯王朝,很重视对女奴的教养,培养她们成为歌女,成为诗人。歌女在阿拉伯诗歌中占有重要地位。中世纪信奉伊斯兰教的自由妇女,受到封建礼教的束缚,不能在公开场合抛头露面,也不能随便同外人接触。只有奴隶身份的歌女,必须公开露面,为人歌唱。歌女多旁通各种学艺,尤擅长诗歌文章。她们的作品流传后世者,多非阿拉伯自由妇女所能及。

“释奴”问题在阿拉伯历史上占更重要的地位。

阿拉伯人长期向外扩张,征伐频繁,因而收容了大批俘虏。俘虏中贵族不少,有文化的人更多。有的原来是奴隶,后被释放,称为“释奴”(Mawla［毛拉］);有的一开始就改奉伊斯兰教,仍称为“释奴”,即自由奴隶。“释奴”的来源除战俘外,还有大批是从奴隶市场购买来的;由于兵连祸结,无家可归,生计困难而出卖儿女或出卖自身者很多。特别是在中亚地区,阿拉伯封建贵族和军人,从突厥人中购买大批奴隶,送到奴隶市场,转卖牟利,或释放作为自己的“释奴”，再编入军队，为自己效劳。

倭马亚王朝时代，阿拉伯人的文化还很落后，缺乏各项人才，便利用奴隶担任工艺、农业、教育、行政、翻译等工作。这个时代的著名学者和诗人，不少属于波斯籍的“释奴”阶层。可是阿拉伯贵族一方面利用“释奴”，一方面又对“释奴”的才能深感不安，对他们施加种种压迫。

“释奴”虽有很大贡献，其社会地位却十分低下，无比受阿拉伯贵族的歧视。阿拉伯贵族将“驴”、“犬”和“释奴”三字联在一起[①]，等量齐观。对“释奴”之歧视，从它的称谓也可以看出。“释奴”的称号一直保留在他自己的名字中，即“某人的释奴某人”，并禁止“释奴”和阿拉伯自由女子结婚，结了婚的，便勒令解除婚约，强制离开，“释奴”还要被责打二百皮鞭。

“释奴”多被编入军队，征战各方，仅得维持最低生活，没有权利分战利品，也没有资格享受俸禄，仅仅不缴纳丁税而已，死于战祸者也特别多。在公元687年的一次战役中，“释奴”死七千，阿拉伯人仅死八百。

伊斯兰初期，“释奴”在军队中的数目仅占五分之一，到倭马亚时代，“释奴”在军队中占绝对多数，超过阿拉伯人数倍之多。但是“释奴”在学术文化界和政府机关中的地位，日趋重要，成为一股强大的力量。8世纪20年代以后，阿拉伯统治集团中的倾轧斗争，日益尖锐。于是“释奴”阶层，举足轻重，被各统治集团争相利用。“释奴”也可以得到20到30“迪尔汗”（银币）的月俸。但“释奴”多半是

① 《罕世璎珞》，第2卷，第73页。

波斯人，长期受阿拉伯贵族的压迫和歧视，他们反对倭马亚王朝统治的斗争从未停止过。8 世纪上半叶，“释奴”部队经常同波斯和伊拉克的起义结合在一起，进行英勇不懈的斗争。

8 世纪中叶，穆罕默德的伯父——阿拔斯的后裔艾布·阿拔斯（阿尔·撒法赫），利用各地农民起义、“释奴”起义、教派斗争以及波斯贵族的反抗斗争，在中亚呼罗珊地区，掀起了倾覆倭马亚王朝的武装斗争，终于在公元 749 年推翻了倭马亚王朝，建立了阿拔斯王朝。

过去的阿拉伯历史学家对中世纪阿拉伯封建统治阶级蓄奴与“释奴”的问题不大重视，虽有所记载也不可能公平，或者简单带过，语焉不详。艾哈迈德·爱敏引用大量史料，对蓄奴与“释奴”问题作了全面的阐述[①]，比较客观地揭露了阿拉伯封建统治阶级歧视和压迫奴隶和“释奴”的事实，并翔实地记载了奴隶和“释奴”对阿拉伯伊斯兰文化的重大贡献。

* * *

本书出版后，阿拉伯学术界评价很高，于今尤甚，我在这里稍加引证：

> 这部巨著是用最可靠的史料写成的，文字畅达，见解精辟，是一部阿拉伯文化史的光辉巨著，是阿拉伯文化的知识宝库。
>
> ——阿拉伯著名学者穆斯塔法·西哈比

① 关于蓄奴与“释奴”问题，著者在本书第 1 册第 1 篇第 2 章，第 6 篇第 1—3 章；第 2 册第 1 篇第 2—4 章，都有详细阐述。

本书对阿拉伯，对穆斯林的学术、思想、文化等的发展，作了前无古人的研究与论述，是一部不朽的学术著作，是著者聪明睿智、努力奋斗的见证，是他冲破重重障碍，克服种种险阻，踏破道道难关，穿过崎岖小路才获得的珍贵成果。其流传之广，影响之深，迄今无人可比。

——埃及著名文豪哈桑·齐亚特

这部巨著是考察伊斯兰文化的灯塔。

——埃及著名历史家艾哈迈德·福瓦德

读了这部巨著，你可以从那些大量的考据与研究的背后，看到抹去了阿拉伯思想面貌上的灰尘后，显露出来的阿拉伯的真实灵魂的闪光。

——埃及著名作家台木尔

这部巨著，是献给当今世界的一部最珍贵、最丰富、最不朽的宝藏。

——埃及著名盲人文豪、前开罗大学校长塔哈·侯赛因

以上所引的评语，分别载于科威特出版的《阿拉伯人》月刊，1967年3月号；埃及出版的《人民百科全书》第132卷，“艾哈迈德·爱敏”条。

这些评语，都是以资产阶级观点来评价的，不免有夸大之处，但至少可以说明，这部八册本文化史，是迄今阿拉伯文化史中的一部极其重要的划时代著作。

本书著者所使用的史观，完全是旧的史观，但著者对史料的取舍，问题的阐述，力图克服一些民族的、宗教的狭隘情绪。如论述伊斯兰教产生前后的阿拉伯社会；论述阿拉伯人向外扩张后对被

征服地区人民的残酷统治；论述阿拉伯封建统治阶级对奴隶与“释奴”的歧视与虐待；论述奴隶与“释奴”对阿拉伯伊斯兰文化的贡献；论述波斯、印度、希腊、罗马对阿拉伯伊斯兰文化的影响；论述伊斯兰教本身的变化；论述阿拉伯封建统治者对阿拉伯大众的压迫等，在某种程度上都是比较客观的。上述阿拉伯学者的评语，说著者“冲破重重障碍，克服种种险阻……”，“经过数十年的辛苦努力才取得的成果”，这是确实的，是译者在 20 世纪 30 年代跟他学习时亲眼看到的。著者的许多论点，在 30 年代曾引起许多伊斯兰学者的反对、抨击，甚至有些受过西方教育的学者也对他进行猛烈的抨击。然而，这对于他是无损的。艾哈迈德·爱敏去世已近三十年，他的这部著作越来越受到重视。

伊斯兰国家在国际事务中，正在发挥着越来越大的作用。对阿拉伯伊斯兰历史文化的深入研究，已成为世界各国学者日益迫切的课题。我国正处在一个学术文化繁荣的时期，在这方面的研究工作，理应做出无愧于我国国际地位的贡献。为了给有志于此的同志提供一点有用的资料，我将自己的旧译《阿拉伯文化的黎明时期》一书，根据 1964 年出版的阿拉伯文原著第九版，重新改译，并根据原著副标题改名为《阿拉伯伊斯兰文化史·黎明时期》。

本书共八册，约两百万言。为了早日将其全部译出付印，后面七册，将由北京外国语学院阿拉伯语系朱凯、向培科、史希同三位同志和我共同翻译，并将陆续出版。

纳　忠

1981 年 5 月于北京外国语学院阿拉伯语系

目　录

第五篇　伊斯兰初期的学术活动

第六篇　宗教学活动

第七篇　宗教学派

著者序言

——第二版

奉大仁大慈的安拉之名，求真主赐福于先知穆罕默德。

1929 年本书第一版印行后，阿拉伯人和“东方学”学者们给了我极大的鼓励。他们对本书进行评论，提出了许多意见，我受益良多。其中如阿布德·拉基格教授、阿布德·瓦哈比博士、阿查姆博士、柏尔吉斯特朗博士、拉沙德博士、马尔西亚教授、哲弗里教授等，都对本书进行过评论。

我原希望对本书的初版进行一些修改，并增加一些章节，同时对一些“东方学”学者的意见加以评介。但我目前正写本书的《近午时期》，致使修改工作无法实现。此次再版，我增加了一些史例，阐明了一些较为隐晦的地方，改正了初版内容方面或印刷方面的错误。

艾哈迈德·爱敏

1933 年 1 月

第 一 篇

伊斯兰前的阿拉伯半岛

第一章　阿拉伯半岛

阿拉伯半岛并不是阿拉伯人唯一的故乡，他们也居住在半岛的周围。由于他们大部分住在半岛，半岛是他们最重要的居住地，所以称为“阿拉伯半岛”。

阿拉伯半岛位于亚洲西南，北界叙利亚沙漠，东接波斯湾及阿曼湾，南濒印度洋，西濒红海。

阿拉伯半岛以西部最高，向东则逐渐低下，至阿曼又复隆起；全岛没有常流的河道，只有一些时流时涸的山溪。

阿拉伯半岛的绝大部分，是中部的沙漠地带。这些沙漠地带的性质各不相同，大约可分为三部分：

1. 塞玛瓦谷——现称为努弗德沙漠（阿拉伯人原来并不知道这名称），位于半岛之北部；南至北一百四十英里，东至西一百八十英里。其地沙多细软，并无河流，仅有稀少的水井和泉源。由于沙质如此，加以飓风时作，沙地多成陵谷，步履其中，崎岖困难。冬季多雨，生长沙漠植物及各种颜色的小花，居民大部分为贝都因人。夏季干燥而炎热，贝都因人便由内地移到边地生活，到了冬季，又回到故乡，牧畜驼、羊。

塞玛瓦谷之南，有舍迈尔山，山为新月形，弓背向南，气候温和，雨水很多，水草丰富，散布着许多村镇，阿拉伯人称此山为唐邑二山，即爱查山及萨尔马山。“唐邑”乃族名，有支族名舍迈尔，故又名舍迈尔山。

2. 南部沙漠——北接塞玛瓦谷，东及波斯湾，面积约五万平方英里。地平沙硬，碎石零散，而沙纹荡漾，有如水波。雨水之期，到处绿草滋生，贝都因人便携带家室，赶着驼、羊，迁到野外，逐水草而居，过三个月的游牧生活。在这个时期，游牧人便以酪浆充饥。到了夏天，水草枯萎，他们又迁回故乡。南部沙漠，天气异常干旱，极少数的地方，也生长些树林及椰枣林。阿拉伯人用许多名称来称呼这个区域：在也门及哈达拉毛之东者，曰索也黑达，在哈达拉毛之东北部者曰爱哈哥府，在迈黑拉之北者曰杜胡拿。今全部合称鲁布哈利。

3. 黑石沙漠——雅古特在《地理辞书》中记载：“这块地区多黑石，有如火烧过一样。”黑石沙漠乃由火山喷发出的岩浆而成，由哈瓦兰的东边绵延到麦地那，麦地那便介于两片黑石沙漠的中间。黑石沙漠颇多，雅古特曾举出二十九处，其中最著名者如瓦基姆黑石地区，在这里曾发生过“黑石战役”。

越过沙漠区，便是半岛的西部，分为两个区域：北部的汉志，南部的也门。汉志北及伊勒（亚喀巴），南接也门。“汉志”的意思为“间隔”，因为它是一段山脉，分开了红海沿岸的低地提哈玛，及东边的高原内志，故有这个名称。汉志是一个贫乏的区域，地多山谷，雨水降后，谷中充满山洪，其后山洪便流入红海；然而雨量却不甚多。汉志有少数的地方如塔伊夫等地，气候还算温和；除此以外，便全是酷热之区。居民多为游牧的贝都因人，至今尚占居民总数六分之五，居于乡村城镇者，仅六分之一。汉志地当南北要冲，联系也门和北方的贸易，故地势颇为重要。犹太人在伊斯兰教未兴以前，已移居汉志，并在海邑巴尔及麦地那各地开辟了许多殖民地。麦加为汉志最著名的城市，处于低洼不毛之地，南至北长二英里，东至西一英里，其地缺乏饮水，仅有一座渗渗泉。麦地那原名叫叶斯里伯，不适于耕种，北有伍侯德山，多椰枣树林，东北为海邑巴尔。

汉志之南为也门，位于半岛的西南角，自古以肥沃富庶著称于世，萨那为其首府，古时曾为帝王之都，故附近遗有著名的海木丹王宫。也门东南部为马里卜，乃萨巴人的故乡。此外尚有纳季兰及亚丁诸城。也门居民在很古的时候，便和印度及近东各地发生过交往了。

也门之东为哈达拉毛，这个地区多山、多谷，有古城的废墟，还留有文字遗迹。

哈达拉毛之东为佐法尔，自古为香料产地，至今仍畅销印度。

阿曼在半岛的东南角海滨，是一个山区，居民自古以善航闻于世。阿曼的西北，为巴林群岛，北部延伸到伊拉克的边境。

由汉志东向，至巴林沙漠，所经过的高原，叫内志，地势高旷，多沙漠与高山，零散地分布着一些适于耕种的地方，可算是阿拉伯半岛气候最佳的地方了。

介于内志和也门之间者为叶玛迈，东连巴林群岛，西接汉志。叶玛迈附近有著名的“奥卡兹市场”。阿拉伯半岛的气候，普遍是酷热的；高原地带，夏天夜间稍凉，冬天水能结冰。阿拉伯半岛上的东风，非常温和，称为“萨巴”，意即“东风”。历代阿拉伯的诗人，常常有诗歌来吟咏赞美，和东风相反的是炎热的南风。最好的日子是春天，接着是雨季，到处绿草滋生，可以放牧牲畜。

*　　　*　　　*

阿拉伯人居住在阿拉伯半岛。有些历史学家以为阿拉伯半岛的居民和半岛四邻的居民同出一源，后来邻族的文化日渐发展，而岛内各族仍然落后。如幼发拉底河流域及尼罗河流域的居民，早已文化灿然了，而被包围在高山大海中的半岛上的民族，依然过着游牧的生活。

这种主张对不对，姑不具论，但阿拉伯人的文化较邻族落后，这是事实。他们仍然过着部落的游牧生活，所以居无定所，一到雨季，便携带家室，赶着骆驼，到处去寻找有水草的牧场。不像农民，定居在土地上；也不像城镇里的人，会运用思维，改善自然环境。他们只知听候天时地利的支配；雨水好，就游牧而生，否则只好听天由命。这样的生活，绝不能致人类于文明进化之境，只有先安定了生活，然后动脑筋来改善生活，人类才会进化到文明的阶段。

阿拉伯半岛虽然有些较为进步的区域如也门等地，但是游牧生活遍及全岛。

这些游牧人和准游牧人，分为若干部落，每一个部落便是一个基本单位，各有其社会组织。各部落间常常纷争不断，为了攻击敌人，或抗御外来的侵袭，或别种原因，便与另一个部落、或许多部落结成联盟，以增加自己的力量。若干年以后，那些由许多小部落合并而成的大部落，都忘了自己的根源，而统属在一个强大的族名下。后来，代远年湮，他们便认为大家原来都是出自一父一母的了。

历史学家写了好些书，考证阿拉伯各部落的宗系及其分支的情形，但是那些宗谱，一直存在着很大的疑问。有人对马立克教长说，某人自称其宗系直溯亚当，马立克很讨厌听这样的话，就问他："他由哪里知道的？"又有人对他说，某人自称其宗系直溯伊斯玛仪，马立克质问道："谁告诉他的？"

谱录学家根据《旧约·创世记》的记载，认为半岛北部的阿拉伯人是伊卜拉欣（亚伯拉罕）之子伊斯玛仪（以实马利）的后裔，南部是叶葛唐（又名葛哈唐）的后裔，所以习惯上便称南部的人为"也门人"或"葛哈唐人"，称北部的人为阿德南人或尼萨里人，或木阿底人。这种区分，正确与否，我们不去考究，我们认为，从各方面来看，南北两部是有真正区别的：

1. 南部的人多定居，有较高的文化。《古兰经》云："萨巴人的故乡，有安拉的征兆，即左右有两个花园，分立两边；（我对其族人说：）你们享受安拉赐给你们的禄食吧！你们感谢安拉吧！你们有美好的家乡，有多慈多恕的安拉。"（《古兰经》34:16）北方人则逐水草而居，并无定所。

2. 南北居民，语言悬殊。也门的语言，无论单字的设置或词句的变化，都与汉志的不相同，关于此点，我们且留在后面去讨论。当时也门语，最近似埃塞俄比亚语及阿卡德语；汉志语则近似希伯来语及奈巴特语。

3. 因为文、野生活的差异，语言、文字的悬殊，及民族的驳杂不纯，所以南北民族，在思想文化方面，也是各不相同的。

我们并不是说，南北居民完全隔离，索居本土，彼此不相往来；事实上并不如此。伊斯兰教未兴以前，也门人迁移到汉志的非常多，而汉志人也有少数迁移到也门的。也门人向北方迁移的原因，是马里卜地方堤坝坍塌，致使居民流离失散，流迁半岛各方。公元前三四世纪之间，当罗马人的商业在红海沿岸发展以后[①]，也门人的商业受了严重的打击，以致衰落崩溃。一部分历史家认为这也是他们迁移四方的一个原因。至于北人南迁的原因，或认为是人口繁殖，居住的地方不够，居民不得不向外迁移。

总之，依谱录学家的主张，伊斯兰以前，各部落间，彼此的迁动是极普通的事情。

南北两族居民，自古就结下了不可解的冤仇，相传两族在战争之时，各族有各族的标帜，母才尔人缠红巾揭红旗；也门人则一律缠黄巾揭黄旗。诗人艾布·台玛木的咏春诗中有一句说：

美丽鲜花红黄相间，

仿佛也门人和母才尔人在战场上的头巾。

这种仇恨的根源显然是文明与野蛮的天然冲突。不断的战争增加了他们的仇焰，助长了他们之间的战火。最显著的例子就是麦地那人和麦加人之间的世仇（根据谱录学家的说法：麦地那的奥斯人和海兹勒支人乃是属于也门人，麦加人属于阿德南人），曾延长到伊斯兰教产生以后。各部族间，喜欢互相夸耀，每一部族都说本族的宗系，才是最光荣的宗系，本族的人民，才是最尊贵的人民。其实也门人有很古的文明及固定的疆土，值得夸耀。伊斯兰教兴起以后，穆罕默德是阿德南族人，穆圣的继承者古莱氏族的哈里发，也是阿德南族人，于是阿德南族在各族间便占了优越的地位。

---

① 阿拉伯人称“东罗马人”（拜占庭时代的希腊人）为“鲁姆”（Rum），以下同此，一律译为“东罗马人”。——译者

也门人不甘落后，采取种种方法，企图恢复固有的尊荣：他们或把古代的历史，染上一层美丽光华的颜色，说也门人原是先知胡德之子葛哈唐的嫡系；或自己承认和阿德南族同一宗系，都是阿拉伯人之始祖伊斯玛仪的后裔；或把阿拉伯人分为三个部分，说也门人才是土著的阿拉伯人，阿德南族及其他各族都不过是"新阿拉伯人"或"准阿拉伯人"而已。

谱录学家至今还主张也门人的始祖确是葛哈唐。葛哈唐生二子，以后便分为两大族：克黑兰族和希木雅尔族。克黑兰族又分若干支族，最重要的是：

1. 唐邑族，在伊斯兰教兴起前数百年便居住于艾查山及萨马山（二山今以舍尔曼山著名），为阿拉伯部族中最著名的一族，所以叙利亚、波斯各国人，统称阿拉伯人为唐邑族。

2. 海木丹族、墨资罕吉族（居住于麦加附近塔伊夫东南之白努·哈力斯族，便是属于墨资罕吉族）及台吉莱族，大部分住在也门。台吉莱族在欧麦尔为哈里发的时代，对于征服伊拉克曾出过很大力。

3. 居住于叙利亚沙漠的阿米来族和朱萨母族（在幼发拉底建希拉王国的赖赫米族便属于这一族）以及曾统治哈达拉毛和叶玛迈的白努艾赛德族的京戴族（阿拉伯蒙昧时代最有名的诗人伊穆勒·盖斯便是属于京戴族）。

4. 艾资德族曾统治阿曼，是一个强大的部落，其中有爱萨西奈人，曾建国于叙利亚之东；另有胡萨尔族，曾在古莱氏族之前统治麦加。麦地那的海兹勒支及奥斯二族也是属于胡萨尔族。

希木雅尔族也分若干支族，其重要者为：

1. 古达尔族，居汉志之北部。

2. 台尔赫族，自古居住在叙利亚北部。

3. 克尔布族，居叙利亚沙漠。

4. 朱黑尼族及俄兹莱族，俄兹莱族人后来移居于汉志的依才母山谷，以感情淳厚、爱情纯洁见称。

谱录学家分阿德南族为两大支族，即勒比尔族和母才尔族。

勒比尔族分若干支族，其著名者为：

1. 艾赛德族，居路迈山谷之北。

2. 瓦依勒族，此族又分白克尔族及台格里卜族；二族曾发生过长久的战争，彼此损伤，几致同归于尽。叶玛迈的白努哈尼法族，便是属于瓦依勒族。

母才尔族也分若干支族，其著名者为：

1. 盖斯・阿兰族，此族也是阿拉伯部落中之著名者，人多称也门族以外的人为盖斯・阿兰族。黑瓦才尼及苏莱姆二族也属于盖斯・阿兰，二族居内志的西部。安德法族亦属之。安德法族又分二支族，即阿比斯族及祖白扬族，二支族互相为仇，争战不已。著名的战争，有“达黑斯之役”及“艾布拉之役”。

2. 台米母族，居巴士拉沙漠。

3. 胡才尔族，居麦加附近诸山，历来以诗词丰富而雅丽见称。

4. 基那奈族，居汉志之南，中有古莱氏人，曾统治这个区域。

勒比尔及母才尔二族，互相为仇，延至数百年之久。勒比尔族常与也门人联盟，合攻母才尔族。

以上是阿拉伯半岛上最著名的部落，以及各部落所住地区的一个大概。我们在前面已经说过，这些宗谱，并非完全可靠，但是阿拉伯人——尤其是后代的阿拉伯人——都已承认这个宗谱的正确，我们可以不再细论。阿拉伯人的宗族意识，便是建立在这个宗谱上。他们并根据这个宗谱把他们所居住的地区，分为若干集团和若干宗派。我们根据着这种宗族的意识，便可以找出历史上许多事件的原因，还可以了解他们的文学诗歌——尤其是关于夸耀和谩骂的诗歌。伊斯兰教兴起后，阿拉伯人对于他们的宗系，更坚定地认为，阿拉伯人的宗系归之于三个根源，即勒比尔族、母才尔族和也门族。历代诗人夸耀和谩骂的诗歌，便是这种宗族意识的表现。后来倭马亚王朝及以后历代的哈里发，更利用这种褊狭的宗族观念，来作为互相攻击的工具。

阿拉伯人的社会状况

我们在前面已说过阿拉伯居民分为两大部分：游牧的和定居的，其中游牧的占大多数。

游牧人轻视工农业，不经商，不航海，专靠着牲畜的产品为生活：食其肉，饮其乳，衣其皮毛，并以皮毛制成帐幕。到生活困难的时候，便以蛇蝎、野兔、飞兔等物充饥。他们畜养牲畜，完全是靠着天时的转变，雨水季节，赶着牲畜到外面寻找水草放牧；雨季过了，又赶着牲畜回转故乡，等候第二年的甘霖。需求别的东西如椰枣和衣服的时候，便用牲畜或牲畜的产品去和别人交换。

“抢劫”和“掳掠”也是他们谋生的途径。他们常常进袭和自己有仇的部落——各部落之间的仇怨是非常之多的，——抢骆驼，掳妻孥。其他的部落也一样地在觊觎着，一有机会，便要报复。倘使他们无敌可攻，那么，本族的人也会自相掳掠。

因此，弱小的部落，便不得不求庇于强大的部落。不过他们彼此间的盟约，是不长久的，联合的局面破坏得非常快，所以同盟的部落，旦夕就可以变成交战的敌人。

游牧人的天性，本来不适于经商，最多只能做商队里的驮夫、向导或保护商队的镖客而已。

各部落内的团结，非常牢固，为了保全信义，就是为了本族中最低贱的一个人，也应当去为他驰驱。只问是不是本部落的人，是非曲直，一概不管，他们团结一致地对待部落以外的人。

本族的任何一个人在外面犯了什么罪恶，全族的人就要为他承担起来。倘若他得了战利品或掳掠物，全族的人都得分享，但好的部分却归酋长所有。假使一个人得不到部落的保护，他便去托庇于别的部落，承认他是那个部落的一分子。游牧民族的这种思想，可以说是一种部落主义，并非民族主义。而游牧人与其部落互相保护的感情，就是所谓的宗派主义。

老于游牧生活的人，宗教观念非常薄弱，除了盲从本部落风俗及因袭祖先外，便无信仰可言。《古兰经》云："游牧人最悖逆、最虚伪，他们当然不知道安拉降于先知的法度。安拉是全知的，睿智的。"

"豪侠"是游牧人认为道德的最高典型，也是诗词中歌咏的良好题材，但是这两个字的真义，很难说得明白。大体说来，就是勇敢、好义的意思。所谓"勇敢"，便是在双方对垒，为本部落奋战之时，冲锋陷阵，不惜牺牲性命全力以赴；所谓"好义"，便是宰牲待客，济困扶危，多给少取。勇敢好义就是“战争时舍身陷阵，获战利时廉洁不取”。

因为好义，便常常嘉宾满座，饱餐痛饮。然而荒凉贫瘠的沙漠地带，出产稀少，不能供他们的需求，他们便不得不用贫瘠地方的出产品，到叙利亚、伊拉克、也门各地去交换所需要的东西。

游牧人民中的妇女，多和男子分担事务：伐薪汲水，挤乳编篱，织布缝纫。大体而言，她们的才干和男子差不多，只有在战争方面，妇女赶不上男子，而战争又是游牧人的生活基础，所以她们的地位，较男子低下多了。有些部落，甚至活埋女儿。《古兰经》云：“他们每当听到生下一个女孩的时候，必怒气填膺，脸色发黑，躲在家中不愿与人会面，暗自犹豫：忍辱养活她呢，抑或将她活埋？啊！他们所判断的是何等的残忍！”（《古兰经》16：58—59）

至于定居的人，居有定所，以商业或农业为生，一切都比较进步。伊斯兰教兴起以前，也门人、爱萨西奈人及赖赫米人[1]，便曾经到叙利亚及伊拉克等地建立过一些国家。关于这一点，后面再叙述。

① 指波斯边境的“希拉王国”，参看本书第1篇，第2章。——译者

第二章 阿拉伯人与邻国的关系

有人以为蒙昧时代的阿拉伯人是和外面隔绝的，历来没有和外面发生过什么关系，以为天然的大海和无垠的沙漠围住了他们，使他们和四邻隔断，所以无论物质方面或精神方面，都没受外人的影响。其实，这是一种错误的见解。原来阿拉伯人无论在物质方面或精神方面，都曾和邻国发生过关系，不过因为地理环境及社会情况的限制，他们不能如同时代的文明诸邦与其邻国发生那样密切的关系罢了。

阿拉伯人和邻国发生关系是多方面的，最重要的是：1. 商业。2. 在波斯边境和东罗马边境建立阿拉伯城镇。3. 犹太教及基督教的传教团常深入阿拉伯内地宣传宗教。今分述于后：

商业：在古代，阿拉伯半岛原来是商业要道，商人们或将本地的物产——主要是南部，特别是佐法尔出产的香料——运到叙利亚、埃及等国，或将外国的货物转运到另外的国家。因为那时海道不宁，商人们不得不选择陆道。但是陆道的途程既长，危险又多，须要格外谨慎，所以商旅多按一定的时期，选择一定的路线，结成驼队而行。

在阿拉伯半岛上，有两条沟通叙利亚和印度洋之间的商业要道：一条是由哈达拉毛北行，经波斯湾的巴林群岛直达苏勒[1]；一条也是以哈达拉毛为起点，避开酷热的内志沙漠及崎岖难行的山路，遥顺红海海岸线向北而行，而麦加城便是这条航路必经之地，路程恰为由也门到巴特拉的一半。

这两条商道为阿拉伯人开了一条谋生之途，使他们得到了极大的好处。他们有的借此而移居于商路要冲的城市，自己经营商业，有的受雇于商旅，为别人做驮夫、镖客或向导。

阿拉伯人虽然好袭击掳掠，好威胁邻国的边城，但颇讲信义，爱好荣誉，坚守信约。所以颇能和四邻的居民交往，而且为商旅开辟了一条广阔而有条不紊的商道。有一些部落，常为商队保路而收取保路费，一旦商队在路上遇到侵袭，他们便不肯接受人家的保路费，但是他们既熟习道路的安危，又能忍苦耐热，所以常常是成功的。

古代，阿拉伯的商业掌握在也门人的手中。也门人是古代阿拉伯人中从事商业主要的能手，经过他们的手，把哈达拉毛和佐法尔的出产以及印度的货物输送到叙利亚和埃及。公元六世纪以后，由于上述的种种原因，汉志的阿拉伯人代替也门人执掌了商业的牛耳。汉志人从也门人和埃塞俄比亚人那里购买了货物，然后按照自己利益，销售到叙利亚和埃及的市场，有时也推销到波斯的市场。当时波斯的市场还是操纵在希拉的阿拉伯人手中。汉志的阿拉伯人把麦加作为他们贸易的根据地，把这一条商道置于他们的保护之下。在伊斯兰教兴起的前夕——由于在波斯人和罗马人之间的敌对极其严重，从而使麦加人的商业有了很大的发展。罗

① 即推罗城。——译者

马人自己的很多生活必需品,都依靠麦加人,甚至如丝绸等奢侈品,也仰仗于他们。有些西方历史家甚至认为,当时在麦加地方,已经有了许多罗马的商店,罗马人在那里,一方面经营贸易,一方面侦察阿拉伯人的情况。同时,在麦加还有埃塞俄比亚人,调查对自己有利的商业情况。[①]

麦加城中,以古莱氏族为最著名,古莱氏族是奈才尔·基拿奈的子孙,所以只要是奈才尔·基拿奈的后裔,都属于古莱氏族。有人说,称他们为“古莱氏人”,是因为他们从事商业。阿拉伯文“古莱氏”一字含“收集财物”之意。《阿拉伯大辞书》中说:“称他们为古莱氏人,是因为他们从事商业,没有从事畜牧与农业。”《诗歌集》又说:“俄玛莱·瓦立德和阿慕尔·阿绥是两个商人,常到埃塞俄比亚去经商,埃塞俄比亚是当时古莱氏人经商之地。”[②]

古莱氏人之所以有很重要的地位,是因为地理环境有利。前面曾说过,麦加恰位于由也门至巴特拉之间的中途,城里有渗渗泉,可供商旅之需。古莱氏族又是麦加城中管理天房[③]的主人,而阿拉伯人是非常尊重天房的尊严与圣洁的。《古兰经》云:“因为古莱氏族惯于冬、夏两季的旅行,让他们崇拜这座天房的主宰吧!安拉让他们饱食无饥,平安无恐。”(《古兰经》,106:114)宰麦赫舍里[④]注解这段经文说:古莱氏人每年有两次旅行,冬季到也门,夏

① 俄莱里:《穆罕默德以前的阿拉伯》。

② 艾布·法拉吉:《诗歌集》,第8卷,第52页。

③ 即Kaaba,中国伊斯兰教人译为“克尔白”或“天房”,另译为“卡巴”。——译者

④ 宰麦赫舍里(公元1075—1144年):中世纪阿拉伯著名学者,精于哲学、经济学、修辞学等。著有《〈古兰经〉敕降时的背景考查》、《无辜人的春天》。——译者

季到叙利亚。在这两次旅行中，他们可以平安地做买卖，谋生活，因为他们是禁地[①]的居民，又是天房的管理人。别族的人常受他人的抢掠、袭击，而他们独得平安。安拉说："难道我未曾为他们设置一个安宁的禁地，而集合百物以为我赐予的禄食吗？但是，他们大都不知道！"

商人运货出发，往往是大批驼队结集而行，每一个驼队好像一个部队的组织。根据塔巴里的记载，每一个驼队多的有一千五百只骆驼。伊本·希沙姆叙述"巴德尔战役"[②]时有这样一段话："先知穆罕默德听说艾布·苏福扬赶着大批古莱氏人的驼队从叙利亚归来，驼队中有古莱氏人的大量财物和商货。还有三四十个古莱氏人，包括默赫勒麦·诺法尔和阿穆尔·阿绥在内。这些驼队出发时，有充分的准备和周密的防范，前面有探路的前哨，有引路的向导和保商的武装队。"

希拉的阿拉伯人以很高的保险费在阿拉伯各地段为波斯商队护路。相传有一次波斯商人以保费太高，不肯交出，便惹起阿拉伯人的袭击，将波斯人自己的保商队击败。那一次的事迹在阿拉伯历史上是很有名的，称为"底哥尔之役"。阿拉伯的诗人多引为歌咏的资料，认为这是阿拉伯人战胜波斯人的一次战役。

东罗马政府为了征收入境的商税和监视外国人的行动，就在从阿拉伯到叙利亚的商道上，指定一些商站，让阿拉伯人的商队停

---

① 《古兰经》规定，在麦加大寺（天房）中禁止流血，故称为"禁地"（哈勒母）。——译者

② 巴德尔在麦地那西南，靠近红海，"巴德尔战役"是穆罕默德和麦加古莱氏人的一次决定性战争，穆罕默德胜。——译者

留。到罗马国的第一站是伊勒(今名亚喀巴)，由伊勒至加沙而与地中海一带的商人相接触；由加沙可达布斯拉。

相传穆罕默德曾两次参加阿拉伯人到叙利亚的商队，第一次到布斯拉，那时他才十二岁；第二次去的时候，已经二十五岁了。

*　　　　*　　　　*

有人认为阿拉伯人到邻国贸易，只限于交换商货与财物，对于精神和文化，没有什么影响。我们认为不是这样；除了财物商货的交换外，阿拉伯人确实从罗马和波斯得到了一些文化上的好处。这本来是很自然的，因为到文化发达的国家去旅行，旅客必然看到很多新鲜的事物，从而尽可能地吸取。譬如，现代也门和汉志的阿拉伯人到埃及和叙利亚去旅行的时候，还是不断地从埃及和叙利亚的学术文化中吸收好的东西。像阿拉伯那种大规模的商队，经常和外国人发生商业交往，如果说，他们当中没有懂得外国语言文字作为彼此互相了解的媒介的人，那是不可想象的。或者有人以为，即使有懂得外国语言文字的人，也不过等于现今的"翻译"，而翻译人员断非介绍学术文化的人才。我们以为就某种情形来说，这话固然不错，不过我们别忘记，那时从事贸易活动的阿拉伯商人中，有些是富有资财、广有知识的古莱氏人。从我们上面引证的材料看来，在商队中有艾布·苏福扬、默赫勒麦和阿慕尔这样的人，他们都是群众的首领。他们之中有的人后来在伊斯兰时代执掌了大权。这样的人绝不应和今天普通的"翻译"相提并论。他们很可能把所看见的文化，如生活的制度，伟大的建筑和教堂，政府管理市场和征收捐税的办法，以及所听到的文学和故事等等，介绍回去。每当他们在经商较为空闲的时候，懂得外国语言的人，便常把

见闻讲给不懂外国语言的人听。自然,这样不能算是,也不能被认为是关于历史、文学的真实的介绍或细致的翻译,没有一个人是这样认为的。但是,这样介绍去的历史和文学,纵然是被歪曲了的,对于阿拉伯人的思想总是会有影响的。蒙昧时代的阿拉伯商人,曾把所知道的波斯、罗马、埃及和埃塞俄比亚的许多词汇,移植到自己的语言中去,使之成为自己语言的一部分,并使之符合于本国语言的语法。《古兰经》中曾提到过这些字。这种情形颇足以作我们的论据。后面,我们将再引证论述。

在边区建立阿拉伯城市——我们看一看亚洲地图,必然看到:当时阿拉伯半岛介于两大文明国家之间,即东方的波斯和西方的东罗马。波斯人和罗马人为避免阿拉伯人的袭击与掳掠,常想把阿拉伯人置于自己统治之下。但是要征服荒凉的阿拉伯半岛,必须牺牲大量的生命和金钱。况且阿拉伯人的生活习惯,是不愿受任何一种权力束缚的。战胜了一个部族,只有一个部族服从,还有无数的部族需待逐一地全部去进行征服。这并非一件容易的事。所以波斯人和罗马人放弃了武力征服阿拉伯的计划。他们认为防止阿拉伯人侵扰的绝妙策略,就是帮助边境的阿拉伯部落,使他们定居下来,从事耕种,建立城市;使他们成为替自己抵御贝都因人袭击和掠夺的屏障。波斯边境的希拉王国和罗马边境的爱萨西奈王国,便是这样建立起来的。

1. 希拉王国——古代的阿拉伯人在希拉王国建立以前,就已经有移居到波斯边境去居住的,我们在这里无暇详述。公元 240 年左右,在波斯国王萨浦尔之时,波斯人才在幼发拉底河畔建立了希拉王国,以阿慕尔·阿定为国王。

希拉王国臣属于波斯国王，由波斯王任命希拉族中的一人为国王；希拉人担任保卫波斯边疆的责任，波斯人则免去希拉人每年的贡赋。

那时波斯的社会制度是封建制度，各省的长官不但可以自主行政，还可以终身在职，国王是尊重各省长官的意见的，这恰恰和罗马的中央集权制相反。

希拉王国的阿拉伯人较波斯各省尤为独立，除结约时所规定的义务外，可以不受波斯任何的约束。其国王一职，波斯王常任命赖赫米族（据谱录学家说，原为也门的一个部落）的人担任，一个国王死了，波斯国王再由赖赫米族中选择另一人继承。

那时希拉的阿拉伯人，因为土地肥沃，地方富庶，享受着舒适的生活，各方的阿拉伯人，都嫉妒他们。希拉人是波斯人和阿拉伯人中间的媒介，常贩运波斯的出产到阿拉伯的市场销售，并且传播波斯的文化。波斯国王叶兹德吉尔一世（公元399—420年），曾遣其长子巴赫兰赴希拉居住，一方面为跟希拉人学习猎艺，一方面享受那里温和的气候。那是发生在努尔曼一世为希拉国王的时候。巴赫兰通晓阿拉伯语和希腊语。他父亲死后，他的弟弟和他争夺王位，他曾受到阿拉伯人的大力援助与拥护，所以他即位后，不忘阿拉伯人的功绩，很亲近他们、重视他们。

希拉至门才尔三世为国王时，国势颇盛，门才尔与罗马皇帝查士丁尼同时代。有些历史家传说，当波斯与东罗马议和之时（公元522年），和约中有罗马人应向波斯国王和希拉国王门才尔赔款一条，可见当时希拉的地位。过了若干年，门才尔见波斯日渐衰弱，便私下里和罗马订约，但不久又倾向波斯，终为东罗马人拘捕，放逐西西里岛。

后来，门才尔之子努尔曼五世继承王位，他是杏德的丈夫，又名艾布·哥布斯。波斯国王恼恨他，他只好逃往国外，继又自投波斯国王，终被拘捕，以至于死。这大约是公元602年的事。努尔曼死后，波斯便废除以赖赫米族人为希拉王的制度，改以波斯人为总督。希拉的阿拉伯官吏，也只好俯首帖耳地屈服了。希拉王国这样继续下去，直到伊斯兰教兴起后，于公元633年为哈立德·瓦里德所灭。

希拉的阿拉伯人，由于是定居的，且又毗邻文化水平很高的波斯，彼此发生过密切的关系，故他们是阿拉伯人中文化水平最高、思想最丰富的。希拉人中有精通波斯文的。《伊本·赫勒敦历史》中记载说："希拉人阿定·赛德曾做过波斯国王伊布·勒威兹的翻译，他的父亲赛德是诗人又是演说家，曾遍读波斯文及阿拉伯文的书籍。"[①]这些精通波斯文的希拉人，必然是把波斯文化介绍到阿拉伯去的媒介，那是毫无疑问的。

希腊的学术文化也曾渗透到居住在希拉的阿拉伯人中去，因为波斯政府在胡尔术兹一世为国王之时，曾以东罗马的俘虏建立殖民地。这些东罗马人中，有些曾受过希腊文化熏陶，也有些在艺术、几何、医学方面胜过波斯人，所以波斯人很重用他们。这些俘虏定居于希拉的也不少。有人以为这就是希拉的基督教的来源。总之，那时的希拉，已有宣传基督教的人了。希拉国王努尔曼五世之妻杏德，便是在那时信奉基督教的。她曾建立了一所修道院，名"杏德修道院"，一直保存到大历史学家塔巴里的时代[②]。

① 伊本·赫勒敦：《历史绪论》，第2卷。

② 塔巴里（Al-Tabari）：阿拉伯著名历史学家，公元922年卒。——译者

希拉的阿拉伯人，他们的王公大臣，以及他们的历史，对于阿拉伯文学和阿拉伯人的精神生活有很大的影响。如《阿布莱西传说》、《赞巴尔神话》（阿布莱西和赞巴尔是两个希拉人，出生于希拉王国建立之前）、《海瓦尔纳格宫殿的故事》、《关于两座宫殿的建筑者西尼马尔的故事》[①]、《努尔曼王的两日——吉日与凶日的故事》[②]等。诸如此类的文学作品、故事，占据了阿拉伯文学的很大的一个部分，而这些文学作品、故事，全部都是跟希拉的阿拉伯人以及他们的生活有关系的。伊本·罗斯特在他的著作中提到："在蒙昧时代，希拉人教古莱氏人以不信神的学问，在伊斯兰初期，希拉人又教古莱氏人以书写。"

希拉历代国王，成为阿拉伯诗人共同趋向的一个目标。国王赠他们一些金钱，他们到游牧地区以及阿拉伯半岛各地去为国王宣传。所以著名诗人拿比艾·基巴尼[③]的诗集中，充满了赞扬希拉王努尔曼并为之辩解的诗词。

2. 爱萨西奈王国——据谱录学家说，爱萨西奈族原为也门人，他们在叙利亚建立王国和赖赫米族在希拉建立王国的情形相似。其权力曾达到豪兰[④]及巴尔加[⑤]等地。爱萨西奈王国似乎没

---

① 两座宫殿及西尼马尔故事，见原书第41页。——译者

② 希拉国王努尔曼把自己的日子分为吉凶二种，吉日往往有人受赏，凶日往往有人被杀。——译者

③ 拿比艾·基巴尼：伊斯兰前阿拉伯的著名诗人，生于公元六世纪后半期，蒙昧时代《悬诗》作者之一。——译者

④ 豪兰位于大马士革南部，西达谢赫山，东接托鲁斯山，南接脱巴利湖。公元634年被阿拉伯人征服，属大马士革地区。——译者

⑤ 巴尔加在今约旦南部。——译者

有一定的国都，各家诗词里，有的说在戈兰[①]，有的说在迦比叶[②]，有时又说在大马士革附近的吉尔格。

大体上说来，阿拉伯的史籍中，关于爱萨西奈王国的历史是很隐晦的，残缺不全而且矛盾很多，不如希拉王国的历史那样明白详细。譬如哈姆才·伊斯法汉尼[③]和艾布·费达[④]二人，记爱萨西奈历代的国王共三十一人，但伊本·古太白[⑤]及麦斯欧迪[⑥]二氏，则说共十人或十一人。哈姆才云哈利思·本·者白勒在位十年，而东罗马当时的历史学家则说在位四十年，诸如此类的不同说法，不一而足。阿拉伯史籍记载波斯及与波斯有关系的国家，甚为详细确实，可是记载东罗马等国，则不但残缺不全，而且多不可靠。其原因或为波斯历史和希拉历史多为波斯人所著，其原本虽不流传，但阿拉伯的历史学家，却将它们译为阿拉伯文了。

《塔巴里历史》中有这样的记载："伊本·希沙姆云：我由希拉的教堂中，考证出阿拉伯人的历史，希拉人纳塞尔·勒比尔王室的宗系，希拉人出仕于波斯王朝者的年龄及其宗谱历史；并且考证出历代的事迹。"[⑦]

至于当日著述爱萨西奈历史的历史家，多为希腊人，用希腊文

① 戈兰在今约旦北部。——译者

② 迦比叶在大马士革城西南。——译者

③ 哈姆才·伊斯法汉尼：阿拉伯著名历史学家，公元961年卒。——译者

④ 艾布·费达：阿拉伯著名历史学家，公元1331年卒。——译者

⑤ 伊本·古太白：阿拉伯著名历史学家，公元889年卒。——译者

⑥ 麦斯欧迪：阿拉伯著名历史学家，公元956年卒。——译者

⑦ 塔巴里：《先知与帝王历史》，第2卷，第37页。（本书在阿拉伯史书中，常简称为《塔巴里历史》。——译者）

写作。而阿拉伯人和希腊人的关系是没有跟波斯人的关系那样密切的。

并且波斯籍的释奴改奉伊斯兰教者，较希腊籍的释奴为多，而波斯人的民族性最强，他们认为保存及宣传自己的历史，可以提高自己的地位。

总之，爱萨西奈人确在叙利亚建立过王国，它和希拉王国曾结下不可和解的仇恨，两国之间常常战火不熄。

爱萨西奈王朝中，最重要的而且为忠实的历史学家所证实的第一个国王，为哈利思·查白拉。公元529年，东罗马皇帝查士丁尼任命他为叙利亚的阿拉伯各部落的首领，并赠他一等封号[①]，这种封号仅仅次于皇帝。他是奉雅各教派的基督教徒，是雅各教派教堂的保护者。他在位的时期，差不多把时间全消磨在和希拉国王门才尔三世的战争当中。公元554年6月，他在京斯里[②]地方大败门才尔。这次的战争，阿拉伯人称为“哈里玛之役”。后来“哈里玛之役并非秘密的”这句话，在阿拉伯文学里面，便成为人所周知的事情的典故了。公元563年，哈利思赴君士坦丁朝见东罗马皇帝，商量和希拉的战争问题，以及继承自己的人选问题。后卒于公元569或570年。

哈利思死后，他的儿子门才尔继承王位，仍不断地进攻希拉，曾于“阿尼伍巴之役”大获胜利。然而东罗马皇帝查士丁尼二世不信任他，常常想加以谋害，但没有成功。门才尔看破东罗马皇帝的

① 即 Phylarch and Patricius。——译者

② 叙利亚北部的一座古城。拜占庭帝国统治叙利亚时，在这里驻扎兵营；公元7世纪，被阿拉伯人攻占。

阴谋，便宣布独立，不再拥护东罗马。彼此相持三年，这却给予希拉人以进袭东罗马边疆的机会。东罗马皇帝不得已，在公元580年又和门才尔重修旧好。查士丁尼二世死后，门才尔携其二子往朝新皇。到君士坦丁时，不只受到很热烈的欢迎，并得东罗马新皇亲手为之加冕。后来因种种原因，彼此的关系又日趋恶劣。

波斯人进攻东罗马后，占领了耶路撒冷及大马士革(613—614年)。从此爱萨西奈便渐渐地衰弱下去了。阿拉伯的历史学家说："爱萨西奈最后的国王是查白拉·艾伊罕，伊斯兰教初兴，正是他在位之时。伊斯兰教人征服叙利亚后，哈利思·查白拉便信奉了伊斯兰教，随后赴麦地那朝圣。抵达时，麦地那人热烈地欢迎他，连妇女们都由帘子里伸出头来看他。哈里发欧麦尔款待备至，把他当作迁士[①]中地位最高的人看待。后来有一次他在街上走的时候，有一个费萨尔族的人无意中踏着他垂在地上的衣缘，他便举手掴之。那个人去向欧麦尔控诉，要求欧麦尔主张公道，欧氏允许了他……查白拉就逃奔东罗马皇帝。后来便居住在君士坦丁。伊斯兰历20年卒。"[②]

爱萨西奈人因为常和希腊、罗马的文化接近，故文化比希拉人为高。阿拉伯诗人常往爱萨西奈去旅行，受到欢迎。据我们所知，拿比艾、艾尔沙、穆兰克西、艾尔格穆等大诗人，都曾先后到过爱萨西奈。

阿拉伯文学中，关于爱萨西奈的历史、故事、典故等，非常丰

① 迁士：跟随穆罕默德迁移到麦地那的麦加人，旧通译为"迁士"。——译者

② 伊本·赫勒敦：《历史绪论》，第2卷。

富，如蒙昧时代大诗人伊姆勒·盖斯和塞马奥里的故事，便是很好的一个例子：相传诗人伊姆勒·盖斯要去朝见东罗马皇帝，便把所有的一百件甲胄寄存在塞马奥里处；后来伊姆勒·盖斯在外面，没有能够回去。爱萨西奈的一个国王便差人前来向塞马奥里索取甲胄，塞马奥里为保全信用，不肯交出。国王便引兵来逼，掳去塞马奥里的儿子，但是塞马奥里宁可让自己的儿子被杀，不愿毁坏信约。国王不遂所欲，终杀其子以泄愤。阿拉伯文学中像这一类的故事，不胜枚举。

艾布·法拉吉的《诗歌集》中有这样一段："有人邀请诗人汉萨·撒比特赴宴，汉萨在席上听到了两个歌女的歌唱，回家后说道：'这两个歌女使我回想起过去我们在蒙昧时代的情形，我那时随侍爱萨西奈国王查白拉·艾伊罕，每夜必宴饮通宵。那时的歌声曲调极为动听，以后就从未再听到过。那时我看见有十个歌女：五个东罗马姑娘，弹着琵琶，唱着东罗马的歌曲，五个希拉姑娘，唱着希拉歌曲。查白拉·艾伊罕在座开怀畅饮。他的脚下，遍撒着桃金娘、素馨花及各色各样的鲜花芳草，金盆银盏里燃着龙涎香和麝香。冬天的时候，燃的是湿润的沉香木。国王和他的近臣，夏着葛衫，冬衣轻裘，与众有别。我每次陪侍他时，他必把当日所穿的衣服，脱下来赏给我及我旁边的人。国王谦恭下士，即使对愚昧的人，也是和颜悦色、温言细语地去亲近，绝没有言语轻薄，性情乖张的地方。那时我们都还信奉着多神教'。"[①]这个故事若是真的，则为我们提供了不少当时爱萨西奈的文化生活情况。

---

① 艾布·法拉吉：《诗歌集》，第16卷，第15页。

*　　　　*　　　　*

我们由此发现一桩奇异的事：我们都知道，赖赫米人之在希拉，爱萨西奈人之在叙利亚，都曾建国数百年之久，他们的文明程度比半岛上的阿拉伯人高得多，他们又常常和波斯人与罗马人往来，很熟悉两国的语言文字；而他们所奉的基督教或祆教，一般说来都比同时代的其他阿拉伯人所奉的多神教为高。既然这样，按理他们应该是思想发达，诗才辈出，能产生一些在诗苑中放射异彩的大诗人，用美妙动人的文词，把他们的文明生活表现出来，但事实上却不是这样。我们在这两国竟找不出什么重要的诗歌来，譬如他们所常提及的希拉的阿定·赛德，不过是一个很平常的诗人。艾斯马尔和艾布·阿比德二人说："阿定·赛德在诗坛上的地位，好像众星中的小星球的地位一样，只是凑数，并不能随众星运行。"除阿定·赛德外，就没有别的重要诗人了。《蒙昧时代的基督教诗歌集》的著者，竭力想把那时代基督教的诗人都罗列出来，但是他并没有为我们举出一首爱萨西奈的诗歌，也没有举出一个爱萨西奈的诗人来。文学史家为我们列举的，都是些阿拉伯半岛到希拉与爱萨西奈旅行的诗人，如拿比艾、艾尔沙、汉萨等，这究竟是什么道理呢？

我们由各方面推考以后认为：游牧生活才是诗歌的泉源，这种生活能鼓动阿拉伯人的心胸，丰富阿拉伯人的想象和言辞，使他们常常保持着自己独立的精神及孤高的特性，不为一种权威所屈服，不受一种法律所束缚。周围是美丽的大自然，终日心旷神怡，便不知不觉地吟咏歌唱起来了。假如居于城市，既受环境的拘束，受法律、道德的限制，又不得享受美丽的大沙漠的风光，当然便和美丽的诗歌绝缘了。因此伊拉克没有遗下有价值的诗歌，爱萨西奈更没有产生什么诗歌。然而细想起来，这种说法也未见得真实。波斯的文化和罗马的文化，以及伊斯兰教在倭马亚朝和阿拔斯王朝的文化，都没有使他们的想象受到锢闭，没有使他们的文词受到拘束。今天欧洲的文明，也只是促进了而不是阻碍了诗歌的发展。所以我们只能这样说：都市的生活，只能阻碍歌咏游牧生活的诗歌，但却能发展歌咏城市生活的诗歌。

在我们看来，正确的解释是：希拉和爱萨西奈曾产生过若干诗人，但是当时除了通行于汉志的古莱氏人的语言外，他们还有自己的语言。古莱氏人的语言并没有流行于希拉和爱萨西奈，因为古莱氏距离这两个地方太远了。同时，希拉和爱萨西奈的文化较其他阿拉伯人的文化为高，绝不愿屈服于别人的语言之下。所以在他们的诗歌里必然具有表现他们的语言特点和思想意识的韵调。伊斯兰教兴起后，《古兰经》是用古莱氏人的语言写的，一般传述家便忽略了古莱氏语以外的古代语言了。

固然，今日还流传着希拉人阿定·赛德的诗歌，并且阿拉伯半岛的诗人们曾旅行于希拉和爱萨西奈，必然和两国的人发生交流关系……这种种说法都不能推翻我们上述的看法，因为阿定·赛德原来是属于阿拉伯半岛人的血统。至于诗人旅行可能发生的交流，那更不是什么有力的论据了，因为希拉和爱萨西奈的语言虽然跟古莱氏人的语言不同，但却是相近的，阿拉伯各种语言本来同是一个语系，后来才分出音调不同的阿拉伯的各种语言。希拉人和爱萨西奈人即使有自己的语言，也可以通晓古莱氏语，用来和古莱氏人交谈。

我们的论据是：谱录学家认为希拉人和爱萨西奈人同是源于也门，古今可靠的历史都肯定也门语并非古莱氏语。关于这点，伊本·赫勒敦说："母才尔语和希木雅尔语不同，无论从字义上，从字法的变化上都是有区别的。这可以从现存的一些字句上得到证明。浅见者以为二者是一种语言，企图使希木雅尔语文符合于母才尔语的语法标准。譬如他们把希木雅尔语中的 Kaïl（乳、乳驼）一字跟 Kaol（谈话）一字相混等，这是不正确的，希木雅尔语无论从字义和字音上，都是不同于母才尔语的。"①

如果我们以谱录学家的主张为然，则也门语与汉志语之不同，那是彰明较著的了。何况希拉人和爱萨西奈人原来是否为也门人也还是很成疑问的，我们认为二族原来既不是也门人也不是纯粹的阿拉伯人，而是奈巴特人，他们的文学诗词都是用奈巴特语写的。

伊斯兰教以前阿拉伯的犹太教与基督教

犹太教与基督教之传入阿拉伯，也是外国文化传入的一个原因。

1. 犹太教——犹太教传入阿拉伯半岛，远在伊斯兰教前数百年。犹太教人曾在阿拉伯开辟了许多殖民地，著名者如叶斯里伯（伊斯兰教兴起后改称麦地那）。然而阿拉伯半岛的犹太教徒究竟

① 伊本·赫勒敦：《历史绪论》，第 488 页。

是些什么人？是原来的犹太人呢，还是信奉犹太教的阿拉伯人？如果是犹太教人，那么他们是从哪一条路到阿拉伯内地去的？由巴勒斯坦呢，还是由别的地方？关于这些问题的答案，聚讼纷纭，莫衷一是。据考证的结果，大约犹太人与阿拉伯人都有。雅古特在所著《地理辞书》中说："叶斯里伯的犹太教徒是奉教的阿拉伯人。"《阿拉伯诗歌集》的著者也说："罗马人战败叙利亚的以色列人以后，蹂躏地方，杀害人民，强奸妇女。他们中的白努·奈底尔人，古赖兹人及白努·巴哈台里人不得已迁往汉志。"

我们不来考证这事的真伪。总之，在公元最初几世纪，阿拉伯半岛上的许多地区，如泰邑玛、费德克、海邑巴尔、卧底古拉诸地，特别是在叶斯里伯，已有犹太教人的殖民地了，那是无可疑义的。其中以叶斯里伯最为重要，这里的犹太教徒，分为奈底尔、盖伊努葛及古赖兹三个部落。

阿拉伯半岛的犹太人，在任何地方都以善于从事农业著称，同时居住在叶斯里伯者，更以金工特长，无论铸铁，冶金以及制造武器，都很著名。

叶斯里伯的阿拉伯居民分为两大族：奥斯族和海兹勒支族，据谱录学家的考证：两族是在公元300年前后才由也门迁去的，迁去的时候，犹太人早已定居在那里。当初他们和犹太人的关系很好，后因种种原因，彼此的关系日趋恶化。

犹太人曾在阿拉伯半岛南部进行传教工作，也门的许多部落都信奉犹太教，祖·诺瓦斯便是奉犹太教中之最著名的。他对犹太教十分狂热，常帮助犹太教人压迫纳季兰的基督教徒。原因是一个纳季兰的犹太人，有两个儿子，被当地的基督教徒无故杀害了。他便到祖·诺瓦斯那里去诉苦,求他念同教之情,为他报仇。祖·诺瓦斯允许了他;为保护他及保护犹太教而去袭击纳季兰的基督教徒。[①]

一部分历史家认为祖·诺瓦斯的这种举动,实在是一种民族运动。因为那时纳季兰人和埃塞俄比亚人很友好,而埃塞俄比亚又是纳季兰基督教徒的保护者。埃塞俄比亚的基督教徒想以此为口实,进而侵略也门。祖·诺瓦斯和他的族人,知道他们的野心,想乘此机会,消灭他们的这种企图。所以当祖·诺瓦斯屠杀纳季兰的基督教徒后,残余的基督教徒,便乞救于埃塞俄比亚。后来埃塞俄比亚人果然都来援助他们,两族之间,因此发生战火,这便是"象年"[②]事件,此处无暇详述。

犹太教人到阿拉伯半岛后,在所住的地区,宣传《旧约》的教训及《旧约》中关于创世、复活、赏善、罚恶的话,并宣传所有的经注家用来注解《旧约》的那些神话传说。后来改奉了伊斯兰教的犹太人,注解《古兰经》时,还常常把那些神话、传说掺杂进去,如卡尔巴·艾哈巴尔、瓦哈布·穆南比等人便是。犹太教徒对于阿拉伯文字的影响甚大,曾把阿拉伯人原来所不知道的许多单字及宗教术语,混入阿拉伯语中,如撒旦(恶魔)、加哈那(地狱)、伊比利斯(魔鬼)等,原来都不是阿拉伯字。

并且迁到阿拉伯去的犹太教徒,曾受过希腊文化很大的影响。因为犹太人曾被罗马人、希腊人统治了好几百年,同时犹太教徒多

---

① 伊本·赫勒敦:《历史绪论》,第2卷。

② 即象年战役,埃塞俄比亚人率"象队"进攻麦加之年,即穆罕默德出生于麦加之年。有的记载为公元570年,实误,应为571年。——译者

散布于亚历山大及地中海沿岸各地，那些地方都是希腊文化的领域。犹太教士中，有研究过希腊的哲学、文学和罗马的法典者，便把它们糅合在犹太教的教义里面。

布尔德威在所著的《哲学词典》中说过："东西文化在亚历山大城接触之后，罗马、希腊、叙利亚在学术、文化、宗教方面的思想，和东方的一切混为一气。西方的'研究精神'及东方的'灵感启迪'，产生出一种新的东西，而宗教与哲学，从此也发生了密切的关系。结果便产生了一种'宗教哲学'。不是纯粹的哲学，也不是纯粹的宗教。东西文化之所以能混合的原因是：一、犹太人深受希腊学术、思想的影响，常想把西方的思想，输入在自己的宗教信仰里面；二、受希腊哲学影响的思想家，常想把东方的宗教思想，糅和在自己的宗教思想里面。总之，无论由哪方面来说，东、西文化结合后，产生出来的结果，是一种'宗教哲学'，不是单纯的宗教，也不是纯粹的哲学。"犹太教人迁到阿拉伯半岛后，便把"宗教哲学"传进去了。

2. 基督教——基督教派别很多，传入阿拉伯的是两个大教派，即聂斯脱利派（景教）及雅各派（一性派）。聂斯脱利派盛行于希拉，雅各派盛行于爱萨西奈及叙利亚各地。卧底古拉也有不少的基督教堂。

纳季兰是基督教在阿拉伯最重要的居住地区。纳季兰是一个人烟稠密，土地肥沃的城市。人们从事农业耕种，制造丝织品和武器，进行皮革的贸易，并制造也门式的衣装，销售各地。诗人常有诗歌吟咏。纳季兰靠近通往希拉的商道。

纳季兰有三个领袖：即"赛义德"、"阿基布"和"爱斯古弗"。

“赛义德”是首领之意，为全国的元首，执掌军事、外交及对各部落关系的大权；“阿基布”的地位次于“赛义德”，管理世俗的政务；“爱斯古弗”是对基督教长老的称呼，管理宗教事务；对于重大事务，由三人商议决定。雅古特在《地理辞书》中说：“纳季兰派遣代表去谒见先知穆罕默德。其中一人为‘赛义德’，名瓦赫布；一人为‘阿基布’，名阿布笃·麦西哈；一人为‘爱西古弗’，名艾布·哈利才。先知穆罕默德要他们盟誓以见信，他们不肯盟誓，只愿讲和。穆圣便将和约写好，交给他们。后来到艾布·伯克尔继任哈里发时，仍执行这个和约。到欧麦尔继任哈里发时，把他们从纳季兰赶出去，没收了他们的财产。”

纳季兰原有一所“克尔白”（天房），雅古特说：“纳季兰的‘克尔白’是一所基督教堂，为白努·阿卜杜勒·买纳尼仿效麦加‘克尔白’的式样而建成的。纳季兰人敬重这所‘克尔白’，有心与麦加的‘克尔白’争胜，因此，被称为‘纳季兰的克尔白’里面有很多缠头巾的教士。”有些历史家说：这所“克尔白”在基督教未传入以前，原是阿拉伯人朝觐的地方，基督教传入后才改为教堂。

据俄莱里说：纳季兰的基督教信奉的是雅各派，因此他们跟埃塞俄比亚的关系比跟东罗马的关系更密切一些，因为埃塞俄比亚人也是信奉雅各教派的。

伊斯兰教以前，阿拉伯最著名的基督教领袖为古斯·萨尔德，阿拉伯的文学家说他是纳季兰的基督教长老，但拉曼斯已在其著作中驳斥了这一说法。拉曼斯认为古斯·萨尔德和纳季兰毫无关系。

“设火窟以坑信士的人们受诅咒了！焚烧之时，他们坐在火窟上;他们都承认曾施行这种惨刑。他们如此残忍,无非为信士信仰了全能的、受赞的安拉。”[①]有一部分历史学家认为这一段《古兰经》是指上面所提到的祖·诺瓦斯为保护一个犹太教人而进攻纳季兰的基督教徒的事件,这未免太牵强了。因为犹太教与基督教同是信仰上帝的,纳季兰的基督教徒被祖·诺瓦斯攻击后到埃塞俄比亚求救,公元522年埃塞俄比亚人两次派出大军,帮助他们进攻阿拉伯人。公元525年,祖·诺瓦斯战败,埃塞俄比亚人在红海沿岸建立了殖民地,统治提哈玛,一直到公元575年时,波斯人攻也门才占领提哈玛,把埃塞俄比亚人驱逐出去。至于纳季兰的基督教徒,则是到欧麦尔为哈里发的时候,才被逐出纳季兰的,大部流落到伊拉克。

基督教徒在阿拉伯宣传教义后,阿拉伯信徒出家修行和建立道院的很不少。据基督教人说:罕才尔·脱邑便是谢绝红尘,遁入空门的人。他曾在幼发拉底河附近,建立了一所道院,后人称之为罕才尔道院。他在里面一心修道,以至于死。又传说:古斯·萨尔德“曾遁入荒野,露宿苦修,以野兽为侣,以粗食充饥”。又说:俄曼叶·艾布·撒尔特读过许多经典之后,便穿上粗袍,专心修道。又说:阿定·赛德为希拉国王努尔曼讲说教义后,努尔曼竟信奉了基督教,最后甚至抛弃王冠、脱去王服、穿上道袍,和阿定·赛德相偕入山,坚持修行,以至于死。[②]

当时,基督教的长老、教士,曾到阿拉伯各市场讲道,传布福

① 《古兰经》,第86章,第4—7节。——译者

② 参看艾布·法拉吉:《诗歌集》,第8卷,第79页;第10卷,第143页。

音，讲死后复活、讲赏善罚恶、讲天堂地狱。《古兰经》里面，有好些地方提到他们的话，并驳斥他们的教派。可见伊斯兰教以前，基督教的教义便普遍于阿拉伯人之中。

这班基督教徒中，也曾出了不少的诗人，如古斯·萨尔德、俄曼叶、阿定·赛德等；他们所作的诗词都带着宗教的色彩，不外劝人谢绝红尘、参悟自然。这些诗歌，多半因袭传统的诗歌，且模仿得惟妙惟肖，可以表现原文的风格。

基督教人曾将阿拉伯人原来所不知道的许多词句和结构输入到阿拉伯文中。

基督教也和犹太教一样，未传入阿拉伯以前就受过希腊文化的影响。因为基督教是东方重要宗教之一，传布于曾建立过希腊文化学院的东罗马帝国。那时亚历山大城又是东、西文化融合的地理中心。所以基督教的初期几百年，一般基督教神父，在未充当神父之前，已经是哲学家了，他们面对多神教徒，必须借助于哲学的论据，来支持他们的信仰。后来便将亚里士多德、柏拉图以及其他人的哲学，掺入基督教的教义中。那时东方已模仿希腊的学院建立了许多神学学校，深受希腊哲学的影响。这些学校中，以公元三世纪初，建于亚历山大城者为最著。公元 270 年，“东正教”基督教徒在安条克建了一所；公元 292 年又在尼绥宾[①]建立了一所，都是同时教授叙利亚文与希腊文的。

聂斯托利派的基督教徒，特别精通希腊学术，曾由希腊文中翻

① 位于两河流域之间的一座古城。公元 489 年，爱德沙的学校被拜占庭封闭后，不久又在尼绥宾重新开办。萨珊王朝为了和拜占庭抗衡，大力支持这些学校。聂斯托利派和希腊学术之能传播于波斯，大半得力于这些学校。——译者

译了许多关于神学、哲学的书籍，同时他们又以医学及自然科学见长。他们的教士，有曾充任波斯皇医者，散居于希拉者亦不少。后来希拉国势衰替、伊斯兰教兴起，巴士拉人和库法人所以能执伊斯兰教学术界的牛耳，就是因为聂斯托利派人在希拉传布希腊学术思想的缘故，因为巴士拉、库法两地最接近希拉。传布希腊文化的第一本书籍，是聂斯托利学派的人用叙利亚文写了遗留下来的。

所以大体说来，聂斯托利人是介绍希腊文化到阿拉伯的媒介。

*　　　　*　　　　*

以上所述：商业，波斯、罗马边境的阿拉伯王国，以及基督教、犹太教这三桩因素，是外国文化得以传入阿拉伯半岛并渗入阿拉伯人的途径。海木达尼在所著《被记录下的毁谤》中说道："阿拉伯和波斯的事迹，都是由阿拉伯人传出后，外人才知道的。因为阿拉伯人住在麦加者，熟悉阿拉伯人、犹太人和基督教人的事迹；到各地经商者，熟悉各国的事迹；住在希拉和波斯边区者，熟悉波斯的事迹，也熟悉希木雅尔人的事迹；住在叙利亚者，知道罗马、希腊和以色列的事迹；住在巴林群岛和阿曼者，知道信地和波斯的事迹；住在也门者，知道各民族的事迹，因为当时的也门，往往处在异族的统治之下。"但是，阿拉伯所知道的各民族的事迹，多半残缺不全；流传到阿拉伯的各国文化，来源有限，又多不可靠。例如流传下来的《所罗门格言》，以及从波斯、罗马传入的传说和故事等，都不免有错误的地方。所以古代阿拉伯人吸收外国学术文化，并不是系统的，和我们现在吸收西洋学术、文化的情形不一样。阿拉伯与邻国之间，有重重障碍，不但有海洋重隔，有广漠险阻，受到自然的限制，而且彼此的社会情况又极不相同，文化程度十分悬殊。所

以吸收文化很难，必须思想相近的民族，文化才可能大量交流。况且阿拉伯人文盲普遍、知书识字者如凤毛麟角，一般与波斯人和罗马人常常往来者，只能介绍一些容易传布而又为游牧人容易接受的传奇、故事、历史、典故之类的东西。

由此可见，阿拉伯人在蒙昧时代与邻国人曾发生过密切的关系，他们在精神生活方面或物质生活方面，都受到了邻国人很大的影响。这是本章所欲说明的主题。

第三章　阿拉伯人的民族性

各民族在思想方面、心理方面，都有极大区别。英国人的思想不同于法国人的思想，英、法两国人的思想又异于埃及人的思想。思想与心理之不同，与各民族的自然环境和社会状况密切相关。一个民族在其发展过程中，分若干阶段，每一阶段，各有其思想和心理的特点。

每一民族的各个人，虽然禀赋不同，教养各异，但是彼此间却有共同点，这很可以从其体态上看出来，稍稍体验之后，便可以判断这是英国人，那是法国人，那又是埃及人。思想和心理方面有共同之点，一如其体态有共同点一样。那么，阿拉伯人共同的思想和心理是什么呢？换言之，哪一类型的思想和心理才足以代表阿拉伯人呢？对于这个问题的看法，极不一致，今引数说于下：

1. 阿拉伯人中部分“反阿拉伯人的民族主义者”[①]（舒欧比亚）说：“世界上任何民族都有国王的保护，有城市的范围，有让人遵守的法律，有哲学研究的成果，有工艺上种种瑰奇的成就，如织造绸缎，发明棋子与天秤；又如罗马人之研究哲学，创制法律，发明天文

---

① “反阿拉伯人的民族主义”：阿拉伯原文为“舒欧比亚”，伊斯兰初期，在波斯人之间形成，主张所有信奉伊斯兰教的民族，一律平等，否认统治者阿拉伯民族的优越性。部分阿拉伯人也有同样的主张。——译者

星盘等。只有阿拉伯人既没有国王出来团结大众,笼络边远,惩治顽强,制止愚蒙,又没有工艺的产品和哲学的遗产。虽在诗歌方面稍有成就,然而诗歌发达的民族,并不只是阿拉伯人,其他民族的诗歌,也是发达的,如罗马也产生过瑰奇美妙的、音调铿锵的诗歌。"①

2. 查希兹驳斥上面的说法。他将阿拉伯民族和别的民族作一比较,认为:"印度有许多著作乃是经过若干时代的淘汰,才由古代留传下来的文化遗产,并非某一个名人、某一个著名学者的个人成就。希腊产生过哲学、逻辑学,但发明逻辑学者,却是一个口齿迟钝、不善辞令的人。波斯虽然产生过许多演说家,但是波斯人措辞立意,都是经过长久的深思熟虑后,才发表出来的。至于阿拉伯人,无论讲什么,都无暇深思,不事推敲,直感所及,便如受了感召似的,一念之下,意思便涌上心头,言辞便脱口而出。阿拉伯人是文盲,不知书写;是自然人,不受拘束;不以强记他人的学问,模仿前辈的言辞为能事。他们的言辞多半发自内心,出于肺腑,同自己的思路,紧密相通;不矫揉造作,不生吞活剥;他们的言辞鲜明爽朗,丰富多彩。"②

3. 伊本·赫勒敦对于阿拉伯人的看法,散见于他所著的历史著作中,今摘要于下:

伊本·赫勒敦认为阿拉伯人的状况,是人类在文明进化的过程中所必经的一种自然社会的状况,他说:"阿拉伯人真实自然。"又说:"阿拉伯人喜骚动,好掠夺。其掳掠之道,是量力而行,不强

① 伊本·阿卜杜·莱比:《罕世璎珞》,第2卷,第86页。

② 查希兹:《修辞与阐释》,第3卷,第15页。

求，不冒险；掳掠后，便遁入荒野。所以，居住在险要的山区部落，便得幸免于他们的骚扰和袭击；居住在平地的部落，一旦国势微弱，无人保护之时，便是他们掠夺的目标，便遭到他们的袭击和掠夺，非至降服不止。他们侵入这些地方后，又不能善事经营，往往因为治理不善，致使其一切建设，完全崩溃。”①

“阿拉伯人侵袭到的地方，便很快变成废墟，因为阿拉伯人是野蛮民族，所到之处，便捣毁人家的房屋，把砖石搬回去支自己的炉灶，把房屋拆毁了去建自己的帐幕，把铁钉拔出来供自己造房之用。他们贪得无厌，到处打抢，既不顾什么法律，也不顾人们的指责。唯一关心的事，是掠夺人们的财富。无论征服了什么地方，对于那地方的善后与福利问题是完全不管的。争权好大，虽是自己的父兄与族长，也很少服从。于是人自为首，各自为法，统治者用各式各样的苛捐暴政，加在人民的头上。以致地方破坏，建筑倒毁，他们统治下的地方，原来是肥沃之区，后来也衰落了，如也门、伊拉克、叙利亚等地，除少数城镇外，无处不是废墟累累，人烟稀少，满目荒凉。”②

“阿拉伯人好高骛远，桀骜不驯，意见分歧，争为首领，意志很少一致。除宗教先贤及宗教遗迹外，他们对任何国王都是不服从的。”③

“阿拉伯人的建筑物最容易破坏倒毁，因为他们在建筑城市之前，不善于选择地点，很少考虑到地区气候的好坏、水量的多寡、土

① 伊本·赫勒敦：《历史绪论》，第125页。

② 同上书，第126页。

③ 同上书，第127页。

地的肥瘠、空气的清浊以及耕地和牧场的情况。而一座城市的能否发展，往往是取决于这些条件的。但是，阿拉伯人并不关心这些，他们所关心的只是如何放牧骆驼而已。所以选择库法、巴士拉、盖伊鲁旺这些地方建立城市，就是为了可以放牧骆驼，为了接近沙漠地区。其实这些地区缺乏建设城市的自然条件，缺乏必需的物质供应，又处于边远地带，很难经久地繁荣下去。因此，阿拉伯人的事业一旦瓦解，阿拉伯人赖以为强大藩篱的民族团结一旦消失，这些城市的一切，便荡然无存了。"①

"阿拉伯人的工艺极不发达。习于游牧生活，根深蒂固，和城市文明相距太远，所以阿拉伯各地从伊斯兰教兴起后，阿拉伯人所统治的地区，一般说，都是工艺衰落，事事仰求外地的供给。"②

"阿拉伯人的学术非常落后，因为学术与教育、工艺有密切的关系。阿拉伯的工艺极不发达，故学术很落后。当时有文化者，多为波斯人或为一般释奴，因此，在伊斯兰时代，执伊斯兰学术牛耳者，也多为波斯人，或深受波斯文化、波斯宗教熏陶的人。精通学术，从事著作者，也是波斯人。"③

"但是，阿拉伯人却容易接受真理和正义，因为他们的性格，没有染上恶劣的习气。只有性格特别野蛮，桀骜不驯，自绝于善良的人，才是例外。"④

"阿拉伯人勇敢尚武，他们要保护自身，不依赖别人，也不信任

① 伊本·赫勒敦：《历史绪论》，第130页。
② 同上书，第337页。
③ 同上书，第478页。
④ 同上书，第127页。

别人。他们随时身佩武器，行路之时，左顾右盼，以防不测。他们似乎‘好战’成癖，‘勇武’简直是他们的天性，而游牧的阿拉伯人往往比受法律束缚者更为勇悍。”①

“阿拉伯人口才锋利，擅长辞令，自古至今见称于各民族。”②

4. 俄莱里说：“阿拉伯人可算是物质派的典型人物，用低下的物质的眼光去看待一切事物，一切都是从物质利益打算。阿拉伯人贪婪成性，没有丰富的想象，缺乏宗教的感情，所关心的只是实际的利益和个人的尊严。他们反对任何方式的权力。虽至亲密友，如果一旦被推为族中领袖，则在战争之时，一定会遭到他们的妒嫉，受到他们的憎恨和背叛。谁要是对他们行善，谁就是他们仇恨的目标，因为他们认为，别人对自己行了善事，自己就得卑躬屈节地去服从他，降低身份去对他尽自己应尽的责任。”拉曼斯曾说过：“阿拉伯人是民主模型。其实是一个超过限度的民主模型。阿拉伯人反抗任何权力，如果稍稍限制他们的自由，即使这种限制对他们是有好处的，他们也是不愿意的，必定要反抗的。阿拉伯历史之所以充满罪恶欺诈的记载，就是这个缘故。现代的欧洲人不知道这种秘密，所以铸成大错，遭受了许多可以避免的无谓的牺牲。阿拉伯人这种野蛮难驯，不服从权力的性格，也就是阻碍他们不能达到西方文明的最大障碍。他们酷爱自由，如果对他们的自由，稍加限制，他们必如铁笼中的困兽一般，疯狂地奔突跳跃，竭力要打破铁栏，挣脱出来，恢复自由。但是，就另一方面来说，阿拉伯人是

① 伊本·赫勒敦：《历史绪论》，第106页。

② 同上书，第15页。

非常忠实的。他们服从本族的风俗习惯，慷慨好客，忠于友情，信守战争盟约。一般说来，阿拉伯人的这种民族性，与其说是某一族的特性，毋宁说是各民族在文明进化的过程中，所必有的一种通性。如果阿拉伯人能够定居下来，从事耕种，那么他们的民族性，也必然会改变的。"①

5. 除上面四种意见之外，其他见于各家文学著作者甚多，大都强调阿拉伯人的种种美德，否认他们的缺点。如阿鲁西对阿拉伯的民族性，发表了很多见解后，结尾说道："总之，阿拉伯人思想高尚，完美无比，言辞流利，理解高超，具有各种美德，继承了一切光荣。"伊本·赖希格也说："阿拉伯人性格高尚，智慧超绝，为各民族之冠。"

我们不认为阿拉伯人是特殊高尚的，不认为阿拉伯人具有尽善尽美的民族性。对于上述种种意见，我们应当注意。因为像这样的说法，不能称为学术研究。我们却相信阿拉伯民族也和别的民族一样，有优点，也有缺点，无论思想、气质、文学、历史等各方面，都如各民族一样，可以从学术上去讨论的。上面夸大阿拉伯人的言辞，固然不值得讨论辩驳，就是抹煞阿拉伯人的言辞，也不值一驳。抹煞论者以希腊的哲学、罗马的法律，来强求阿拉伯人，要求阿拉伯人也精于工艺，织出绸缎，或发明星盘，这是极其错误的。因为要在两个民族中进行比较，必须彼此文化程度相当，断不能拿一个文明古国和一个游牧民族相提并论。这种情形，有如以婴儿的思想和中年人的思想相提并论。波斯、罗马各文明国都曾经过

① 俄莱里：《穆罕默德以前的阿拉伯》。

无哲学、无发明的游牧时代。假使以文明兴盛后的阿拉伯而论，那么，又何尝没有法律？何尝没有学术？只不过是比较少一些。所以上面五种看法，只有伊本·赫勒敦与俄莱里二人的论述尚值得讨论。

伊本·赫勒敦认为阿拉伯人每征服一地，必迅速加以破坏。他们野蛮愚昧，性喜掠夺，很难服从自己的领袖。他们的工艺不兴，学术落后，不适应于从事工艺和研究学术，但阿拉伯人性格端正，勇于好义。

综括俄莱里的主张，他认为阿拉伯人是物质派的民族，思想闭塞，感情麻木，好大不羁，不服权力，但却好仁义，重风俗。

二人认为阿拉伯人着重物质及不服权力的看法是一致的。阿拉伯人之不服从权力，是毫无疑义的。俄莱里说："阿拉伯的历史之所以充满了罪恶欺诈的记载，就是这个缘故。"这话也是正确的。至于说阿拉伯人为物质派的民族，则许多的"东方学"学者也有同样的看法。如布朗在所著《波斯文学史》中说："阿拉伯人心目中有的只是物质及金币和银币。在他们看来，精神事业是毫无价值的。"这话不错，直到如今，不少阿拉伯游牧民族，依然还是这样。然而，这种民族性，在蒙昧时代的阿拉伯人中是普遍的吗？我们以为不然。流传至今的阿拉伯文学里面，如果那些描写仗义、守信、宽大、自我牺牲等美德的诗歌，真实可靠，那么认为阿拉伯人是物质派的说法，就显然与古代诗歌所反映的情况不相符合了。伊本·赫勒敦与俄莱里分析阿拉伯的民族性，因为没有一定的历史范围，所以不免于错误。我们相信，在若干方面，蒙昧时代的阿拉伯人，不同于伊斯兰时代的阿拉伯人；甚至蒙昧时代城市中的阿拉伯人，也不同于游牧的阿拉伯人；今日的阿拉伯游牧民族，绝不同于蒙昧时代的阿拉伯游牧民族。以伊本·赫勒敦研究历史之谨慎精细，还弄得界限不清，不免矛盾百出。他本来是叙述蒙昧时代的阿拉伯人，然而前后便发生极大的矛盾。譬如他说："阿拉伯人所到之处，便捣毁人家的房屋。把砖石搬回支自己的炉灶……"这是指一直过着游牧生活的阿拉伯人而言，不是指倭马亚王朝时代和阿拔斯王朝时代的定居的阿拉伯人。他又说："阿拉伯人不善选择地方，而在巴士拉、库法建城。"这似乎又不是指老于沙丘的阿拉伯游牧民族，而是指伊斯兰初期，远征波斯、罗马的阿拉伯人了。前面捣毁房屋、搬土木砖石去支炉灶的阿拉伯人，绝非后面建筑城市的阿拉伯人。他又说："阿拉伯人不长于学术，精通学术者，乃是一般释奴。"这里所说的阿拉伯人，既不是游牧的阿拉伯人，也不是伊斯兰初期的阿拉伯人，而是倭马亚王朝及阿拔斯王朝时代的阿拉伯人。诸如此类自相矛盾的地方很多。他在《历史绪论》中又说："阿拉伯人天性近于文化，能从所交往的民族吸取益处。"又说："阿拉伯人征服各方后，统治了波斯及罗马，便使用波斯、罗马的子女。那时的阿拉伯人，还没有文化可言。据说有人以薄饼献给阿拉伯人，阿拉伯人以为是纸片。阿拉伯人在波斯的仓库里得着些樟脑，以为是食盐，把它研碎撒在面食里。诸如此类的事很多。阿拉伯人用各国的俘虏，为他们制造工艺，办理家事，选出些精通工艺的人做各种各样的事情，许多困难，都需要他们去解决，一切技艺，都是他们设计的，他们在各方面都有高度的贡献。于是，阿拉伯人才进入文明的时期，衣食住及一切日常用品、军需器械，无不精益求精。"①

① 伊本·赫勒敦：《历史绪论》，第 144 页。

伊本·赫勒敦一方面把各个不同时代的阿拉伯人一概并论，作笼统不清的论断，一方面又说阿拉伯人经常随环境而变迁。

俄莱里说："阿拉伯人思想闭塞，感情麻木。"所谓思想闭塞者，或是因为阿拉伯的文学里没有惊人的叙事诗，没有戏剧，也没有如荷马的《伊利亚特》，菲尔多西的《帝王之书》[①]那样描写战争、歌颂民族光荣的长篇史诗，到现代仍没有产生想象深刻的出奇的小说及其他文艺作品。诚然，阿拉伯人对于这方面的确无甚表现，这是我们所承认的。不过我们认为这些东西，也只是想象力的一部分表现，并非想象力的全部表现。此外，如豪迈、夸耀的诗歌，尚武、豪爽的诗歌，抒情写爱的诗歌，以及描写自然、比喻、假借之类的文章修辞等，必须有丰富的想象力，才能表现出来。阿拉伯人对于这方面的创作虽不多，却也值得注意。

阿拉伯的文学里面，充满了讴歌爱情、凭吊废墟、纪念战役、描写内心等抒情写意的诗歌，我们能说阿拉伯人是感情麻木的民族吗？

至于查希兹的见解，他是同情抹杀论者的主张的，他认为阿拉伯人的确没有学术和哲理，没有古代遗传的巨典，但他以为阿拉伯人另具两种优点，可以弥补这些缺点，即口才伶俐，与思想敏锐。阿拉伯人的这两种优点是显而易见的，我们读一读他们所遗留下的文学作品，便可以窥见一斑了。

---

① 菲尔多西(公元943—1020年)：波斯诗人，贵族家庭出身。用波斯文写下《帝王之书》这部伟大史诗，约有六千行。歌颂波斯古代英雄抵抗外侮，以及反抗国内暴君的英雄事迹。这部史诗歌颂在阿拉伯人统治下的波斯人民的民族气节，颇为突出，对波斯文学的发展，影响很大。被列为和荷马史诗相提并论的世界名著。——译者

我们对于阿拉伯民族性的讨论意见，已略见于上。我们认为蒙昧时代的阿拉伯人和伊斯兰时代的阿拉伯人，无论思想方面，性情方面都不一样。现在且把蒙昧时代阿拉伯人的性格略述于下：

阿拉伯民族是神经质的民族，常常为了一点细小的事故而暴怒如雷，不可遏止。遇到个人的人格或部落的荣誉被损害时，立刻拔剑而起，牺牲性命也在所不惜。战争甚至已成为他们平常的习惯和日常的生活了。

神经质的人，往往是聪明的，其实阿拉伯人就是聪明的人。阿拉伯人的聪明，可以由他的语言看得出来，他们说话的时候，喜用暗示法；又可以由他们颖慧的性情看得出来，他们对别人的问话，常是不假思索地冲口而答。然而阿拉伯人的聪明，并非自出心裁的有创造性的聪明，他们只是把一个意思变为各种形式表达出来。他们说话的时候，翻新花样的词语比异想天开的意义，还要惊人。所以也可以说阿拉伯人的口齿强过心思。

阿拉伯人的想象力诚然有限，不是多样化的。他们不善于描绘出一幅更加美妙的图景，不能想象，也不能追求一种更加美妙的生活。所以他们根本不知道什么是“最高典型”。因为，最高典型是从想象产生出来的。不唯如是，据我们所知，他们的语言文字中，代表或指示“最高典型”一类的词句都没有。所以他们不会想象出一个有新意义的世界来。然而，他们在狭小的圈子里，却能左右逢源，任意往来。

阿拉伯人喜欢无限制的自由。他们所谓的自由，是个人的自由，并非社会的自由。所以他们不服从领袖，不服从长官。蒙昧时代——甚至伊斯兰时代——的阿拉伯历史，无非是一系列战争的记载。欧麦尔为哈里发时，是伊斯兰的黄金时代，他深切理解阿拉伯人的民族性，所以他全力向外发展，以防止内战。

阿拉伯人爱好平等。但是所谓“平等”，是指部落和种族范围内的平等。他们都以为自己的部落和民族才是最优秀的。他们的土地那样贫瘠，波斯、罗马那样富饶，他们仍不肯承认波斯、罗马的优越。所以征服了波斯、罗马之后，便以统治者看待被统治者的眼光去看待他们。这只是简略的叙述，下章我们还要详细地讨论。

第四章　蒙昧时代阿拉伯人的思想生活

我们在前面已说过，蒙昧时代的阿拉伯人大多为游牧人。“游牧时代”是各民族文化发展过程中必经的一个自然的社会阶段。现在叙述一下这个时期阿拉伯人的思想意识的种种表现。

蒙昧时代的阿拉伯人，“因果”观念异常薄弱，对一桩事的因果关系，不能作正确的理解。一个人害了病或感到什么痛苦，别人告诉他医治的方法后，他便知道了病痛和医药之间的某种关系。这种知识，并非经过精细的理智研究出来的。他们只是知道，按照本部落的习惯，害了这样的病，就得用这样的药。他们对任何事物都是如此理解的。所以，他们相信族长的血可以医治恐水病；相信害病是病魔的侵扰，要医治疾病，必须驱除病魔；又相信把污秽的东西或死人的骨头，放在一个人的身上，便可以医治他的精神病了。诸如此类的事，只要是本部落中流行的，他们便认为是天经地义，毫不为奇。当然，必须以精细的思想，研究出这种病症的原因、病状以及医治的方法，才会知道这些是迷信的，而当时阿拉伯人的思想，断没达到这样高的程度。

由于阿拉伯人的因果观念薄弱，所以他们的文学中，充满了神话，蒙昧时代的阿拉伯人对于那些神话都深信不疑。譬如阿拉伯的文学中有这样一个故事："有三座山，多泉水与山洪，只有出口一处，可以流通于外；古人便在这出口地方，筑了一座坚固的石堤，堤上开水闸若干，需要水的时候，便放开水闸，引出山水，从事灌溉，平时则闸门紧闭。后来，有一群老鼠在堤旁掘洞，竟掘倒一块百人不能移动的巨石，并将这块巨石搬到山溪之中，堵塞住水源出处，石堤便因此而倒坍了。"蒙昧时代的阿拉伯人，不知道老鼠与堤坝倒坍，并无真实的联系，他们不知道堤坝倒坍的原因乃是年久失修，不能支撑山洪的压力所致。

又有一段记载："一个名叫西尼玛尔的罗马人，为爱萨西奈国王努尔曼建筑了一所名叫'哈瓦尔纳格'的宫殿之后，对努尔曼说：'这座宫殿的顶上，有一块石砖，如果稍有移动，全殿必然坍塌。'努尔曼问道：'除你之外，有无别人知道这块石砖的所在？'西尼玛尔答道：'没有。'努尔曼说：'这样便不妨事了，他人是无从知道的。'但是努尔曼害怕西尼玛尔谋害他，便暗中命人将他由宫顶掷下，粉身碎骨而死。"后来这桩事情，便成为阿拉伯文学中著名的典故了。一所宫殿建筑的存在维系在一块石砖上，本来是荒诞不经的神话，然而蒙昧时代的阿拉伯人，公然深信不疑。阿拉伯古代的文学和历史中，像这类的传说故事很多，我们不及多引。总之，蒙昧时代的阿拉伯人，很少理解事物的因果关系。但不仅仅是阿拉伯人这样，希腊等各民族在游牧时代，也都是这样。"神话学"便是专门研究这些问题的。

阿拉伯人还依靠卜卦、算命，或惊动鸟儿，以它的飞向来占卜吉凶，这也同样是不能理解事物因果关系的表现。

诚然，每一个民族，无论文化怎样发展，哲理怎样丰富，都不免有捏造神话的人，不过没有阿拉伯民族那样普遍。信仰神话，依赖卜巫，差不多成为阿拉伯各部落共同的习惯，并非少数人的信仰。

由蒙昧时代的诗歌、谚语或故事里面，也可以看出一些高尚的思想及因果的观念。但是要经过一番深刻的参想和精密的分析才能懂得。如伊本·希沙姆在所著《先知穆罕默德传》里有这样的一段记载："赛基夫族中有人看见了流星坠落，很惊惶地跑去找那最聪明的、最有见解的阿慕尔·伍曼叶，问道：'阿慕尔！你看见星星由天上落下来了吗？那是怎么回事？'阿慕尔答道：'你们去仔细看看！那些坠落下来的星星，是不是引导人们在海上航行，陆上旅行，以及测验冬夏气候，有利于人类生活的星星？如果是那些星星，那么天便快要震动了，万物便快要毁灭了！如果那些星星的位置未曾移动，落下来的是其他的星星，那么，那不过是真主所愿意做的一桩事而已；你们快去看看吧，究竟是怎么一回事？'"

阿慕尔把星星分为恒星和流星两种，以为恒星关系于宇宙的秩序，流星则无关紧要。他这种观察是何等的精细，但是他的解释并非经过哲理推论出来的，也没有用明显的因果观念把事物的本身联系起来。

一部分"东方学"学者观察阿拉伯人之思想实质，以为阿拉伯人不能以普遍概括的眼光来观察事物，以前伊斯兰教古代的著作家也有这种见解。沙赫力斯坦在《宗教与教派》一书中论阿拉伯的哲学家说道："第二类是阿拉伯的哲学家，为数极少，他们的哲学多半是零碎的印象，思想的残影。"又说："阿拉伯人和印度人颇多近似，其相似之点是，研究事物，只论其特征，作概括的判断，多半由本能与印象得来。波斯人和东罗马人也颇近似，其相似之点是，研究事物，追本穷源，作本质的判断，多半由刻苦与钻研得来。”

阿拉伯人观察宇宙万物，并不如希腊人那样做普遍概括的观察。希腊人观察宇宙必问：宇宙由何而来？宇宙万物变化无穷，但在这无穷的变化中，有无一个稳定不移的基础，如果有，那是什么？是水？是空气？还是火？宇宙万物如一体，有一定的规律，这规律是什么？是怎样形成的？从何而来的？

这些问题，就是希腊人研究的问题，也是他们的哲学建立在整体的、全面的基础上的问题。阿拉伯人呢，无论在蒙昧时代或在伊斯兰教时代，都不是这样研究宇宙的，他们的思想并不长于作整体的、全面的研究与观察。他们的观察只局限于周围的事物，眼见一物，心有所感，便作为诗歌，或发为格言，或编为谚语。譬如阿拉伯诗歌有这样的句子：

太阳不断地运行着，
从来没有在夜间涌现的太阳；
太阳升起时，光耀明亮；
当它落下时，就像黄色的郁金香；
当它在太空中运行时，
有如死亡运行在人的身上；
今天，我知道将要发生什么，
昨天，已过的事，我更是了如指掌。

至于对一桩事物作整体的观察，作缜密的分析，那是和阿拉伯人的思想不适应的。

阿拉伯人观察事物不善于用深刻的思想，只能把握着足以感动他的一点：譬如观察一棵树，只注意那棵树的片面的形状，如树干的标直,枝叶的稀疏,并不注意到树的整体。走进一个花园,有如一只蜜蜂,由这朵花飞到那朵花,吸食花中蜜汁,并不像照相机一般,能用自己的智慧和观察,把整个园景摄了下来。

懂得阿拉伯人思想的特点,便不难知道蒙昧时代甚至伊斯兰教时代的阿拉伯文学的优点和缺点。

阿拉伯文学的共同缺点,无论诗歌或散文,就是"推理不精细,结构不紧密"。如果一首长诗——尤其是蒙昧时代的长诗,删去一部分,或将前后的句子倒置,则读者或听者,哪怕是专家,如果在先没有读过原诗,也是不容易发觉的。

这种"推理不精细、结构不紧密"的缺点,在阿拉伯历代的文学论著里面是很普遍的。如果将阿拉伯的文学泰斗查希兹、伊本·阿布得·朗比、艾布·西拉勒和阿斯克里等人,关于论演说的文章,和亚里士多德论演说的文章比较一下,则彼此是截然不同的,亚里士多德论演说必先用综合概括的方法,为"演说"下一定义,然后再分析演说学在修辞学中所占的地位、演说学的分类、演说学的内容、演说家必备的条件等;使人读后,对于演说学得到一个完整的概念。阿拉伯人关于此类的文章,却只是一些美妙的词句,散碎的珠子,对于演说学,并未作全面概括的叙述。

推而至于他人,也都是这样,但是这种比较,并不是指受过希腊哲学影响的文人,如阿拉伯学者桑卡克一流的人而言。

这种"推理不精细、结构不紧密"的缺点,在阿拉伯的文学作品里面,触目皆是。阿拉伯文学受传统因袭的影响很深,所以无论读艾布·法拉吉的《诗歌集》,或读伊本·阿卜杜·莱比《罕世璎珞》,或读查希兹的《动物志》及《修辞与阐释》……都看得出来。一篇文章，不围绕着一个主题说话，没有一定的中心思想，无非是东鳞西爪，支离破碎的一些东西，读者便很难把握住一篇文章的中心思想。但是这种文章，也自有其滋味，自有其美妙，这是我们所不能否认的事实。

阿拉伯诗人既有了这共同的缺点，所以不能写出内容丰富多彩的史诗，不能写出如《伊利亚特》和《奥德赛》那样描写战争的长篇史诗。

但是阿拉伯文学有它的优点，有它的特殊的风格。阿拉伯的作家虽然只作片面的描写，但是他能用一种精致瑰奇的文句，来作刻骨铭心的描述，虽然描写的不概括、不周到，却能用许多各异其趣的佳句，反复吟咏一件东西。所以阿拉伯的文学，充满了玲珑简短的格言，深刻隽永的譬喻。阿拉伯的文学家，对于这方面，其艺术水平之高，不能言喻。他们的思想非常敏锐，口才非常伶俐，往往一个演说家起而演说的时候，通篇讲词，都是些深刻的譬喻和简短而隽永的格言。每一个句子，都包含着许多意思，好像许多意义含蓄在一颗米粒之中，又如分散的蒸气，凝结成为一滴水珠。伊斯兰教兴起后，他们能尽量吸收印度、波斯、罗马的学术，于是阿拉伯的文学事业蒸蒸日上。关于这点，以后还有专章讲述。总而言之，希腊人是用概括、分析研究的眼光观察事物，阿拉伯人则是盘旋于一件事物的周围，看到的是许多各种各样的珠宝，却没有把它穿成珠宝串。

*　　　　*　　　　*

我们已知道阿拉伯人的思想的特性，现在应当研究一下，阿拉伯人的这种思想，究竟是各民族在发展的过程中所必经的自然的阶段呢，还是为塞姆族所特有的思想？我们在这里无暇作详细的讨论，只能概括地这样说：凡自然环境及社会情形与阿拉伯人相近的各民族，无不有这种思想。所以“继承性”便是指继承环境的结果而言。如果别的民族，其环境和阿拉伯人的环境相似，那么，其人民的思想，一定和阿拉伯人的思想相近。历史学家认为，各民族如果生活环境相同，则彼此的性情思想必定十分相似，这很可以证明我们的话是对的。阿拉伯人居于沙漠之中，所以他们的思想性情与其他住在沙漠的游牧民族相近。现在让我们来解释对阿拉伯人的民族性起重大影响的各种因素。

*　　　　*　　　　*

上面已说过，阿拉伯人居于沙漠区域，烈日如焚，雨水稀少，空气干燥，除适宜于干燥酷热的沙漠气候的稀疏的绿草及零散的树木而外，不能更多地生长别的植物，所以在阿拉伯各地，人瘠畜瘦，交通困难，往来运输专赖骆驼，以致邻国波斯、罗马的文化，不易传入，即有所输入，也不过是由旁门小道流入少许而已。

现在应当研究，这种沙漠区域对于人的性情有什么影响？沙漠地带生物稀疏，无论植物、动物以及人类都较城市稀少。大部分的地方，差不多没有人类的踪迹，没有壮丽的建筑，没有广大的田庄，没有茂密的森林。沙漠地方的人，面对大自然，目无所障；烈日当空，则脑袋如焚；明月悠悠，则心花怒放；星光灿烂，则心旷神怡；狂飙袭来，则所挡立摧。人们在这样强烈的、美丽的、残酷的大自然之下生活，心性未有不驰思于仁慈的造物、化育的主宰的。这或许可以解释世界上大多数人信仰的三大宗教产生于沙漠地区的秘密：犹太教产生于西奈沙漠，基督教产生于巴勒斯坦沙漠，伊斯兰教产生于阿拉伯沙漠。

寂静笼罩沙漠，沙漠里面的居民，内心常充满着恐怖与纯洁的情感，因为沙漠中，除了造物主创造的自然物外，什么东西也没有。在无垠的广漠里，映入眼帘者无非是光耀的烈日、密语的群星、悠悠的明月、狂舞的风儿。沙漠里面的人，其纯洁的内心所感受的情形，断非城市中人所能领会的。

沙漠里有一种自然的音乐——单调而凄愁、雄壮而威严的音乐。沙漠里的人，常听这种单调不变的声音，凄凉悲惨的情调，心里面便常常蕴蓄着无限凄婉的情绪；无怪诗人们发出来的言语，自然成为单调不变的诗歌。因为在沙漠中，他们内心所感触的只是一种声音，因而就吟咏出一种声调单一的诗歌。

沙漠里的人，是自然界的产儿，没有崇高的建筑阻挠流动的大风，没有稠密的云层遮住强暴的烈日。雨落洪泛，则奔流无碍，没有什么堤坝阻住它的奔放。自然之物是不羁的，自然界里的人也是自由的。人们不从事农业，也不从事工艺；不受政府的管束，也不受法律的限制。他们所受的拘束，只是两件事："宗教"与"风俗"。他们崇拜偶像，谨守无谓的仪式，担负无谓的牺牲；他们尊重成俗，虽繁难的义务，也坚守无违。

*　　　　*　　　　*

这种沙漠里的自然环境，局限着阿拉伯人的生活，他们到处飘流，寻求水草，他们是贫困的。他们全部的资产，就是所畜养着的牲畜。牧放牲畜，全赖雨水，所以他们的资财，就不啻寄存于大自然的恩赐之下。若遇泉水干涸，雨水稀少之时，绿草不生，生活就困难了。所以阿拉伯人称"雨水"为"救星"，这是很合道理的。这种沙漠里的自然环境，又限制了阿拉伯人的思想与性情。因为地方贫瘠，生活困难，于是仁义者之备食济贫，或者燃炬招客的行为，便成了高尚仁慈的美德。因为地方贫瘠，生活困难，而性又好掳掠，于是便形成赞美牺牲，贬责懦怯的风尚，也因为处在你攻我夺的生活当中，道路不宁，保护无人，于是便不得不以勇敢豪侠、忠恕守信为最高的美德。阿拉伯人的性情如此，思想又何尝不是如此，无论公道、暴虐、善、恶、好、坏……无一样不是跟着地方上的风俗习惯而来，而地方的风俗习惯，又跟着其特殊的生活而形成。

如果翻开阿拉伯文字和阿拉伯文学看看，便知道阿拉伯文字都是这种生活之下的自然产物，也是阿拉伯人的生活、环境的一幅真实的写照。以文字而言，若为阿拉伯游牧生活的必需之物，则字数之繁多，字义之细密，已达极点；假使不是阿拉伯人必需的东西，则字义便异常稀少。譬如："骆驼"乃是阿拉伯游牧人的生活柱石，他们的衣、食、住、行，都仰求于骆驼，离开骆驼，阿拉伯人断不能在沙漠中生活。所以关于骆驼的一切，如驼肉，驼毛，驼乳，驼的年龄，驼的高、矮、肥、瘦，驼的声音、毛色，驼的草料，驼的反刍等，莫不各有专词，应有尽有，巨细咸备。而且，同一事物，往往设置了许多不同的词。至于如"船只"一类的字，就十分稀少了，不能形容船只的各部分，每一部分也没有固定的字，尽管有一些和船只相关的字，多半不是阿拉伯语，而是外来语，而且多半是蒙昧时代以后才输入的。

其他如沙漠，如高山、深谷，如草、木、虫、蛇，地面之平坦、崎岖、软、硬、广袤、宁静、肥沃、瘠瘦等，在阿拉伯文中，都有极完备丰富的字义。至于汪洋大海、海中鱼介、海上风波、海水的种类、海水的性质等字义，便比较稀少了。如果读者翻开阿拉伯的分类词书，如伊本·西戴的《词典类编》，将各类的字义比较一下，可以看见单骆驼一类，便占一百七十六页之多，而关于船只一类的字，则仅占七页而已。《词典类编》共十七册，骆驼一类，竟占去一册，假使我们说“骆驼”的字义占阿拉伯文的十七分之一，这并非过甚其词，因为骆驼是阿拉伯游牧人的生活柱石。

感观名词，抽象名词也是如此。薄命、杀戮、忧愁、苦痛的字，总是比快乐、欢欣、消闲、游戏的字为多；阿拉伯人单为“灾祸”一字便设置了四百多字，虽文字学家，亦苦不能备记，这可以想见阿拉伯人的灾祸之多。甚至有人形容：“灾难”一字已经多到成为学习文字时的灾难了。因为阿拉伯人的环境是贫祸相导的环境，不是舒适快乐的环境。

在阿拉伯蒙昧时代的文学中，是很容易看到同样的情况，吟咏骆驼、描写丘陵的诗词特别多。诗人们对歌功、颂德、凭吊之类的作品，大多采用当时流行的仁慈慷慨一类的词语。所以歌咏英雄义士，提倡尚武精神，颂扬进袭敌人、退保乡邦一类的诗词，在阿拉伯文学里，便占了很高的地位。诗词以外，还有典故、谚语，都是阿拉伯人生活的真实写照。

*　　　*　　　*

阿拉伯人在蒙昧时代的思想生活，大多表现在文字、诗歌、谚语、故事里面，至于科学哲学，则因当时的社会发展的水平，还不可能有什么表现。阿拉伯人在那时虽然知道宗谱、天象以及少许历史和少许医药知识，却绝不能叫它为学术。俄鲁西等人对此倍加渲染，谓当时的阿拉伯人精医学、气象学、天文学，好像当时真有系统的科学似的，那显然是错误的。其实那时的阿拉伯人，不过略具些微少的知识与简单的观察而已，还说不上什么科学。伊本·赫勒敦说："较开化的游牧人，虽有所谓医药，但多半是由少数人的短暂的经验产生出来的，其中由族中老人传述下来的一些知识，也有正确的，然而并不依照自然的规律，也不合于人类的本质。这类医术在蒙昧时代的阿拉伯是很多的，也有医生，如哈利思·克尔达等人。"[①]此外，对于天文、气候的认识，也是建立在微少的经验上，由祖先遗传后人，有正确的，也有错误的。蒙昧时代的阿拉伯人还没有什么哲学系统。有人说蒙昧时代的诗歌，含着哲学的系统，那是不正确的。蒙昧时代的诗歌中，只有哲学的感念，没有哲学的系统。如艾尔沙写道：

生呀！死呀！复活呀！
原是荒诞不经的传说。

又如祖黑尔的诗句：

"死亡"向人袭击，
袭击着谁，谁就死了，
击不着的就得生存、老迈了！

这是哲学的感念。哲学的系统与哲学的感念是有很大分别的，前者是系统的研究的结果，必须阐述一种看法，推求证据，驳斥反对者——蒙昧时代的阿拉伯人没有达到这个阶段。后者只是对于宇宙现象，偶有所触的一点感念，未经过系统的研究，缺乏有力的证据——这是蒙昧时代阿拉伯人所有的东西。

① 伊本·赫勒敦：《历史绪论》，第 214 页。

第五章　思想生活的表现

本章将研究阿拉伯人在蒙昧时代的思想生活的表现，如语言、诗歌、谚语、故事等。我们且不论这些东西的艺术性与修辞风格，因为这和我们的研究范围没有关系；我们所欲讨论的，只限于足以表现思想生活的方面。

我们应当研究几个问题：首先蒙昧时代的诗歌是否有两百多年没有书本的记载，专靠口头的传述？我们知道这样的传述是会发生错误和更改的；其次，传述之时，是不是人们为了宗教、政治、种族的关系，而假冒伪托？据可靠的评论家的说法，蒙昧时代的诗歌，有许多是后人伪造的。诗歌如此，语言、谚语、故事等等自然也不能例外。这样说来，我们怎能根据这些东西来研究阿拉伯人的思想生活呢？

但是，从来没有一个人曾把蒙昧时代的诗歌一笔抹煞，不过有的人疑惑太过，有的人相信太过，有的人不这么极端。我们研究蒙昧时代的诗歌的态度和研究别的历史事迹的态度一样，要由两方面来研究：1. 传述者的系统是否可靠？2. 诗歌原文是否可靠？如果两方面都毫无疑义，而又没有发生问题，我们便应该承认它是真的，研究诗歌也是如此。如果传述者不可靠，我们便不应盲从；如果原文真实性的证据不足，譬如某诗人歌咏某一地方，而历史证明那诗人不仅未曾到过那地方，并且和那个地方没有发生过什么关系，这样，我们对那首诗就应该完全否定。据可靠的批评家的研究，伊本·易斯哈格、罕马德和赫尔弗等所传述的诗歌多不可靠，而艾布·阿慕尔及艾斯美尔等所传述的则甚为可靠，这样我们便放弃前者传述的。至于后者传述的，如正文毫无疑点，便可以做我们研究的材料。这样一来，我们相信一定会剩下若干东西来帮助我们研究那个时代的思想生活。

由另一方面说，伪造诗歌的人，如果精于蒙昧时代的诗歌技巧和风格，那么，他伪造出来的诗歌也可以反映出一点那个时代的思想生活。譬如伊本·塞兰说："赫尔弗·艾哈迈德最擅长诗歌，最精于言辞。"那么，如果赫尔弗模仿蒙昧时代诗人的技巧和格调，作了一首诗，连评论家也分辨不出它的真伪来。我们只要能由他的诗里知道一点蒙昧时代的情形，则引以为证，又有何妨？赫尔弗作一首诗出来，可以表示蒙昧时代的精神生活，这和他叙述他所知道的蒙昧时代的事迹，不是同样有很大的价值吗？

语　　言

语言文字是各时代各民族的思想的一种表现，所以语言文字也可以揭示出各民族思想生活的情况。语言文字不是一次创造出来的，也不是后人由祖先整部地接受而来的。人们开始创造文字的时候，只限于他们急需的事物。后来事物有新旧更替，语言文字也随之而常有增减；语法的变化，字义的使用，也是随着时代而发展的。发展的程度，以民族的进化为准则，这是毫无疑问的。看某一时代通用的词书，必然可以知道某些物质名词和抽象名词已为当时的人所认识，某些尚未认识。但是现在我们通用的阿拉伯文字典却不是这样，因为现在所存的阿拉伯文字典，差不多都是阿拔斯王朝遗留下来的陈迹，不是现代人编写的，故不能代表我们的时代。至于现代文明各国所用的字典，便可以表示那个国家当时的精神生活了。譬如百年前的法国辞典里面没有电报、电话等名词，这便可以知道法国人在百年前尚未认识这两种东西。其他可以类推。

如此，我们可以从蒙昧时代的阿拉伯人所用的词语里面，知道某些物质的或抽象的名词已为他们所认识，某些尚未认识。如果在他们的语言里找不着"直觉"、"感情"、"情绪"、"认识"一类的字，便可以证明他们在那时还不知道这些意思，所以没有收入这些名词。这样来研究，我们便可以明了那个时代的阿拉伯人的思想，是达到了什么程度。但可惜当时还没有这样的字典，我们又如何能够找到呢？因此在这一方面的研究上，我们遭遇到许多困难：

1. 蒙昧时代的诗文，多散佚不全。艾布·阿慕尔说："阿拉伯人的诗歌遗留给你们的很少，如果完全遗留下来，则你们必获得很多的学问与诗词。"所以我们可以说某些词语，在阿拉伯的蒙昧时代可能有，却不说某些词语在那个时代绝对没有。如果现在存着蒙昧时代的一首诗，我们都已知道这首诗毫无疑点，那么，我们当然可以断定这首诗的词句及意思，都曾为蒙昧时代的阿拉伯人所知道。但是如果没有这样的诗，我们却不能说蒙昧时代的阿拉伯人绝对不知道某种词句及某种意思。因为大部分的诗文，既未曾遗留下来，我们从何而断定没有呢？由于蒙昧时代的阿拉伯人的诗文，大部分未遗留下来，所以那时代的思想生活，也就大部分不为我们所认识了。

2. 阿拉伯人在蒙昧时代，过的是部落生活，而各部落的言辞、语调，并不完全一致，这个部落和那个部落的言辞，常常有不同之处。相传艾布·胡赖勒在海邑巴尔之年[①]由道斯来谒见穆罕默德，那时穆圣[②]手里拿着的一把小刀落在地上，穆圣对艾布·胡赖勒说："请你把刀（新克）递给我！"艾布·胡赖勒听后，东瞻西望，完全不懂。经穆圣再三重复之后，他才指着地上的刀说："你要刀（木得亚）吗？"穆圣答道："是的！"艾布·胡赖勒说道："这东西，你们称为'新克'吗？指安拉发誓，我今天才第一次听到这个名称！"各部落间不同的语言，在伊斯兰教兴起前，就开始发生糅合；伊斯兰教兴起后仍继续不断地糅合统一。蒙昧时代各部落所使用的语言，各不相同，这个部落使用的，那个部落不使用，特别是在自然环境和社会状况悬殊的地区，有的近海滨，有的居高山，有的住平原。所以，我们在一首诗里所发见的语言，并不能拿来做解释那个时代全部阿拉伯人生活的根据。

3. 有许多阿拉伯字，是伊斯兰时代才创造的。伊本·基尼[③]所著《阿拉伯语的特征》里说道："阿拉伯人中口才伶俐者，往往能出口成章，发前人所未发，鲁阿拜父子便是这样的人。他所发出来

① 海邑巴尔：在麦地那和通往大马士革途中的一块绿洲。伊斯兰教兴起前，为犹太人居住地，伊斯兰历 28 年，被穆罕默德攻克，阿拉伯人称这一年为"海邑巴尔之手"。——译者

② 阿拉伯史书每写到穆罕默德，都称为"安拉的使者穆罕默德，愿安拉赐福于他"或称为"先知穆罕默德，愿安拉赐福于他"。译者采取中国的旧译，译为"穆圣"二字。以下同此。——译者

③ 伊本·基尼：阿拉伯语言学家（公元 932—1002 年），遗语法、修辞学的著作多种。——译者

的言语，不惟前人不知道，即便他们父子也是第一次使用。”又有不少的词语，它的意思在伊斯兰教时代不同于蒙昧时代，譬如“礼拜”、“天课”、“朝觐”、“贩卖”、“耕地”等词，在蒙昧时代，其意思很广泛，到伊斯兰教时代便成为专词了。不惟如此，即使同一名词，常因听者文化程度之不同，而产生许多不同的意义，譬如坐椅、席宴、餐桌、厨房、炉灶、游戏场等词，在游牧人的心中是一种概念，在城市居民的心中又是一种概念。“坐椅”在游牧人的心中，是十分简陋的一件东西，而在城市居民的心中却是一种式样繁多、构造复杂而为游牧人所想象不到的东西了。至于如现在我们所知道的“会议”、“日报”、“印刷”等名词，不惟蒙昧时代的游牧人不知道，就是阿拔斯王朝时代的人也无法认识。

可是，到哪里去找蒙昧时代阿拉伯人的辞典呢？即使有这样的辞典，又从何知道每个词语的精确意义呢？这都是困难所在。

或谓《古兰经》便足以解决这个困难，认为《古兰经》是用阿拉伯文写的。当它产生的时候，阿拉伯人都懂得它的意义，里面的文章又毫无可疑之处，我们可以借着《古兰经》来认识蒙昧时代的语言。诚然，《古兰经》是用阿拉伯文写的，其原文毫无可疑，《古兰经》里面模仿悖逆之人所说的话，以及关于描写他们的社会状况、生活状况的地方很多，对我们研究蒙昧时代的思想生活，是很有用处的。但是《古兰经》的词语、意义不能代表蒙昧时代的整部语言，因为《古兰经》里面的许多字句、许多专词以及修辞上的假借、比喻、暗示等用法，都超出了蒙昧时代的使用范围。《古兰经》吸引人的文章，感动人的义理，也都和蒙昧时代的风格不同。苏郁退在其著作《木兹雪尔》(语言之花)中说：“‘蒙昧’(查西里叶)一词是伊斯兰教时代才产生的，指伊斯兰教以前的时代而言，‘伪君子’（母拿费格）一词，也是在伊斯兰教以前所没有的。”伊本·阿拉比说：“蒙昧时代的诗歌和谈话里都没有‘恶人’（法西格）一词。”因此，《古兰经》也不能完全代表蒙昧时代语言方面的思想生活。

虽然有上述许多困难，但是我们认为蒙昧时代遗留下来的一些正确可靠的诗歌和谚语，多少总能反映一些那个时代的生活。譬如一件衣服，虽然只剩下了一只袖子，我们也可以借着这只袖子来知道这件衣服的长短和宽窄。

我们从遗留下来的诗歌和谚语，可以看出阿拉伯语言之丰富的一斑，尤其是与他们的生活有关系的词语。对于此点，诺尔德基解释得很好，他说：阿拉伯古代语言之丰富，令人惊异不止。阿拉伯人生活事务那样简单，自然环境那样单调，都使他们思想狭隘，但是他们却能在那狭隘的圈子里，为每一种事物都设置一个名称。阿拉伯诗人用一个词来形容一样东西，文字学家便把那个形容词变为名词。所以阿拉伯语汇便日渐丰富起来，这是我们应当承认的。譬如“海士米”和“海尔斯”两个词都是“捣碎”之意，经过诗人用以描写狮子的凶猛以后，两个词都成为狮子的本名了。阿拉伯人自创出来骂人的许多奇奇怪怪、形形色色的词语，特别是用以诋毁人的词语，都进入了阿拉伯的字典和文学——此类词语，多已散佚。但是，有好些在诗歌里面不多见的或只是少数部落所用的词语，已被文字学家一概删去不存。阿拉伯词汇虽经过这样的删削，却仍然丰富得令人惊奇。阿拉伯文字必定能永远存在下去，因为阿拉伯语是解释塞姆语系其他语文的重要参考，那些语种大都屡经变易，已隐晦难明了。

阿拉伯文不仅词语丰富，语法的条规、字根的变化、复数名词之多、动词性名词之广，也都远远超乎需要之外。

我们同意诺尔德基的说法，阿拉伯文在那样狭小的环境中，确是丰富得超乎限度了。但是阿拉伯语汇之丰富，只是关于骆驼、沙漠之类的名词及他们心胸所感觉到的有限的抽象名同。至于有关海、洋等另一世界以及都市中物质生活方面的词汇，那就很少了。阿拉伯人熟悉各大小部落的情形，大小部落都有自己的名称，因为部落制度就是他们自己的制度。但是他们对于政府的制度和政府机关的组织，便毫无所知了，所以便无从收入这类名词。到后来知道有“政府机关”这类事物，便只好借外国现成名称了。大凡和他们的生活无关的事物，那是不可能设置名词的。古人能把所感所见的东西，设词名之，那是光荣的事，但是今人在文明进化、生活充实的时代，还抱残守缺，文字方面仍自限于祖先所画定的狭小圈子之内，那是耻辱的事。

毫无疑义，阿拉伯语的派生名词和动词变化是很丰富的，每一时态都有动词变化，各种派生名词表达不同的意义。这都足以证明阿拉伯语之丰富，证明阿拉伯语之适于存在。

从另一方面来说，文字也能表示时代的思想生活，因为思想生活所表现的诗歌、谚语、故事等都是用语言表达出来的。关于这些，详述于下章。

诗　　歌

阿拉伯文里的“诗歌”一词，原来是“知道”的意思，“诗人”原来是“学者”的意思。所以有些历史学家以为阿拉伯蒙昧时代的诗人，是知识渊博的人[①]。所谓知识渊博者，并非精通各种学术的意思，而是说最熟悉跟他们的生活有关的事物，如宗族的系谱，各部落的光荣与耻辱的历史等。[②]

阿拉伯蒙昧时代的诗人，是不是知识最渊博的人，这是一个疑问，因为阿拉伯蒙昧时代除诗人外，尚有“仲裁”一类的人。“仲裁”的职务是调解和裁判族人中的争执，每一族有一个或几个“仲裁”。如爱克塞姆、哈吉白、艾格兰、阿米尔等，都是著名的仲裁。由阿拉伯文学书中所记载的关于这些仲裁的言行和仲裁纠纷的情况看来，可以证明这些仲裁的思想见解，都是超越同时代的诗人的。不过诗人的想象较为宽广，言辞较为动人而已。

由蒙昧时代的诗歌和轶事，可以看出诗人们在思想方面，确是居于高尚的等级，也可以窥见诗人们的自负，他们认为他们的思想是非常高尚的。伊本·希沙姆在《穆罕默德传》中有这样一段话：“图法罗到麦加时，穆罕默德圣人住在麦加，麦加的古莱氏人恐怕图法罗为穆圣所感动，便警告他，不让他去听穆圣讲道。图法罗自己曾说过：‘他们包围着我，直到我答应他们说不去。后来我心里想，我是何等的愚蠢啊！我是一个聪明的诗人，我自己知道善恶之分，我为什么不去听听那人究竟讲些什么？讲得好就接受，讲得不好就抛弃它。’”

蒙昧时代的阿拉伯诗人，大多是最受族人尊重的，因为他们的

① 第·博尔：《伊斯兰哲学史》。(中译本《回教哲学史》，马坚译，商务印书馆1936年版。——译者)

② 此外解释“诗歌”(阿·希尔勒)一词的字法、语法，略去不译。——译者

职务是歌颂本族的功德，凭吊本族的亡人，攻击本族的仇敌。那时的诗人很少卑污下贱如后人胡太叶之辈，以诗歌为职业者。

所以说诗人是同时代人中思想高尚者，我们是同意的，但不是“最”高尚者。

*　　　*　　　*

诗歌能表示古代阿拉伯人的思想生活，也可以说“阿拉伯人的诗歌，就是阿拉伯人的文库”。诗歌里面记载着阿拉伯人的性格、生活、风俗、宗教、思想，或者可以说，记载着他们自己的历史。古代文学家研究了蒙昧时代的阿拉伯诗歌，便知道阿拉伯人的许多战役，知道他们褒扬什么和贬责什么。还由那些诗歌里面考证出关于阿拉伯半岛的山谷和平原的地理状况，植物和动物的生长情形，以及阿拉伯人对于精灵、偶像、神话等的信仰。各文史学家把所研究出来的东西，编成许多不同的书籍。

研究蒙昧时代的阿拉伯诗歌，最好的方法是仿照圣训家，由考证“传述系统”及“原文”两方面着手，找出真实可靠的，删去虚伪假造的。蒙昧时代的阿拉伯诗集中，找不出像《布哈里圣训集》、《穆斯林圣训集》等，那样详载历代传述系统的诗集。但是，如果要把蒙昧时代的诗歌，当作阿拉伯人记载历史和风尚的文库，并看作研究历史的真实材料，那就应当运用研究圣训的方法去研究它。文史学家用上述的眼光来研究蒙昧时代阿拉伯诗歌的，似乎很少。他们大抵把诗歌看作研究文字的范本及演说的材料，或看作一种消遣的东西，所以很少有人用研究圣训的方法来研究诗歌。在他们看来，假托某人伪造了些诗歌，算不了什么罪恶。

诚然，也有少数人，用研究圣训的方法去研究蒙昧时代的诗歌，详述其传述的次序，并创设出一些术语。然而这仅是一种初步的试探，还未成熟，而且他们也没有继续做下去。

蒙昧时代阿拉伯的诗歌，遗留到今天的，都曾经过前人的选择淘汰。然而，那是以文学家的眼光去选择的，并非用历史家的眼光。古代的一首诗，虽然结构不佳，文辞欠美，音韵不协，在历史学家看来，远比一首文辞尽善尽美的诗歌更有价值，更足以表示时代的思想生活。我们相信阿拉伯的诗歌达到现在成熟的阶段，是服从发展规律的，是渐进的。但是现在我们在阿拉伯的诗歌里却找不到从早期的幼稚阶段，演变到今天的高级阶段的发展线索。这或许就是因为历代的文人以文学的眼光研究阿拉伯诗歌的缘故：因为一般文人对音律不协、文笔幼稚的诗歌，往往不加注意，甚至任意修改原文，许多历史线索因而消失了。

假使蒙昧时代的阿拉伯诗歌，不经过后人的选择、删改，一定会有许多真实的材料，供给我们研究那个时代的思想生活。

蒙昧时代的阿拉伯诗歌，虽经历代文人的选择删改，却也留下一些正确可靠的东西——纵然很不完全。除了各家专集之外，尚有下面几种：1. 罕马德[①]所辑的《七篇悬诗》。2. 穆方才理所辑的《穆方才理诗集》，共收集一百二十八首长诗。3. 艾布·台玛木[②]所辑的《尚武诗钞》内收蒙昧时代的短诗甚多。4. 巴哈台里[③]所辑

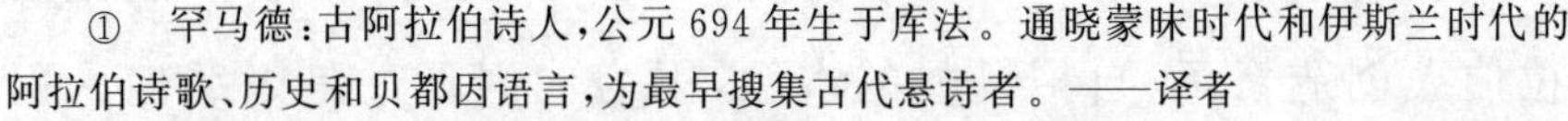

① 罕马德：古阿拉伯诗人，公元 694 年生于库法。通晓蒙昧时代和伊斯兰时代的阿拉伯诗歌、历史和贝都因语言，为最早搜集古代悬诗者。——译者

② 艾布·台玛木：阿拔斯王朝初期叙利亚诗人，对阿拉伯古代诗歌博闻强记。《尚武诗钞》收集公元 6—8 世纪的阿拉伯诗歌。——译者

③ 巴哈台里：阿拔斯王朝的宫廷诗人（公元 820—897 年），继艾布·台玛木之后，博收古代阿拉伯诗歌，成《尚武诗集》。——译者

的《尚武诗钞》。5. 伊本·古太白[1]著的《诗与诗人》和艾布·法拉吉的《诗歌集》两部书中收集蒙昧时代的诗词很多。6. 伊本·舍哲尔所辑的《诗选》。7. 艾布·赛德所辑的《阿拉伯诗集》。

蒙昧时代的诗歌遗留至今者，最古的也不超过伊斯兰教前150年。大体看来，蒙昧时代的诗歌，题材不广，意义不深，音韵单纯，所用的譬喻，大都重复，很少有什么新的创造。我们且看看蒙昧时代的诗歌所描写的究竟是些什么？

诗人想象自己和朋友骑着骆驼在外面旅行，途中遇见死了的爱人的遗迹，诗人回顾前情，不禁面对朋友，黯然泣下；一面追念已往和爱人在一块儿的甜蜜生活，一面回顾目前这种寂寞不支的情状，便不能自主地忽而追述爱人，忽而回吊自身；继而描述自己的骆驼、骏马，或将骆驼与骏马比为麋鹿、比为鸵鸟、比为羚羊；又进而描写山中行猎的情景——这就是一首诗的开端。接着便是英雄自负，或颂扬宗族，或赞美盛德仁风，或夸耀乡党战功，或攻击诋毁来侵犯的其他部落，甚至高唱雪耻，或痛哭亡人。蒙昧时代的阿拉伯诗歌题材仅此而已。这些题材之狭小，是显而易见的，然而却是沙漠生活的真实缩影，游牧生活的真实写照。实际上，阿拉伯人对于雕饰文辞和推敲字句的本领，远远超过创造题材及充实意义的能力，所以本来是一个单纯的意义，诗人使用起来，却能翻出许多新奇的花样。我们并非不钦佩阿拉伯人创造新意、自拟题材的本领，因为他们不过是因袭前人而

① 伊本·古太白：阿拔斯时代文学家（公元828—889年），著有《诗与诗人》、《史事泉源》等书。——译者

已。安特勒说，阿拉伯人创造力薄弱，是因为一切诗题、诗意统统被前人说尽用绝，他们不得不模仿前人。这种解说，牵强得很。其实言辞的范围很宽广，丰富的想象，时时都会涌现出新的东西，时时都会发现新的题材和意义；前人怎会用尽说绝呢？阿拉伯人不能跳出前人的圈子，不过是受了自身的拘束，或环境的限制，所以不能不模仿前人。

蒙昧时代的阿拉伯也曾产生过少数有新的意义、有创造性的诗歌；产生过少数有特殊的气质，有鲜明的个性，而能创造出新颖的声调的诗人，如祖赫尔[①]，他很注意民族的特性，并能很忠实地将它表现出来。

读蒙昧时代的阿拉伯诗歌时，必定觉得阿拉伯诗人的个性是完全同自己的部落糅合在一起的。诗人好像没有特殊的个性，这在阿穆尔·库尔苏木[②]的《悬诗》中，尤为明显，那时代的诗歌，很少诗人自己抒情写意之作，很少表露一种舍宗族而独立的性格。

犹太教和基督教传入阿拉伯后，便产生出一种含有新的宗教意味的诗歌，这在希拉诗人阿定·赛德[③]及塔伊夫诗人渥曼叶·艾比·桑勒特的作品里都看得出来。

由本节中，我们知道蒙昧时代阿拉伯的诗歌，辞藻华美，擅长表达，但是没有复杂广博的想象，也没有抒情写意的描写。

① 祖赫尔：蒙昧时代阿拉伯半岛内志地方的诗人，生卒不可考。——译者

② 阿穆尔·库尔苏木：蒙昧时代的著名诗人，生于公元6世纪，奉基督教，著有《悬诗》，有诗集传世，为研究伊斯兰教兴起前阿拉伯历史的重要资料。——译者

③ 阿定·赛德：伊斯兰教前希拉王国的宫廷诗人，奉基督教。他的诗歌多收入艾布·法拉吉的《诗歌集》。——译者

谚　语

据阿拉伯的文学家说，阿拉伯文中谚语曰“麦桑”，原来是“比喻”的意思，后来成了“谚语”的专名。又有人说，“麦桑”并非阿拉伯语，原是由希伯来语“麦珊”一字转变而来的。“麦珊”的意思很广泛，凡流行民间的格言和谚语，以及简短有趣的传说故事，都叫做“麦珊”。

民间流行的谚语，可以表示一个民族的文化程度及其人情风俗；我们现在研究谚语，只是注重这一方面。

“谚语”在表示民族的思想生活方面，较诗歌更具有特点，因为诗歌是较高等级的表达形式，不是一般平民的产物；诗人们大抵经过一番思考，先在心里将本部落的事物描绘一番，再用诗歌所必需的、经过锤炼的文辞表达出来。谚语则不然，谚语产生于民间，表达大众的思想，语言朴素，大多未加修饰。就是说，谚语不使用文学家和思想家惯用的语言。例如：“壁虎首先露出的是尾巴”①，又如：“古拜斯之父和古拜斯之母都是一丘之貉”等谚语，都是一听就懂的。但有些谚语也是难懂的。艾布·西拉里在他的《谚语集》中，注解“我用任何一只眼睛盯住你”这句谚语时写道：“这句谚语的意思是‘你快点！’，这是得之于传闻的，不是从文辞领会出来的。”由此可知，阿拉伯语言之流传至今者，是不完备的，有许多词句，连文字学家也不能理解。

---

① 有如我国谚语“狐狸尾巴露出来了”。——译者

阿拉伯的诗歌、演说等流传至今者，都是经过雕饰琢磨后的文人的言词，并非平民大众的言语，真正的大众语言，留传至今者，只有少数的谚语。

我并不是说，凡谚语都是文辞拙劣的。我的意思是说谚语是代表人民大众的语言，言辞朴素，但同时也有一些谚语是产生于上层阶级的，其文辞便经过相当的锤炼了。至于诗歌则多产生于诗人，诗人的文化程度比较高，他们的诗歌即使不含深意，至少辞藻也是华美的，故阿拉伯人称谚语为“人民之声”。所以谚语在表示民族的精神生活方面，是比诗歌还要真实的。

研究谚语者以为谚语有普遍流行各族的，有各族互异的。对于前者应该研究的是，各民族的谚语何以会彼此相同？尤其是同出一源的语言如塞姆族系的语言，其中有许多谚语彼此很相近。阿拉伯的谚语中，有许多很近似所罗门[①]的谚语，阿拉伯人为要使它适合阿拉伯人的口味，便稍事修改，使符合阿拉伯谚语的形式，和原意没有多大出入。对于后者应该研究的是，各民族何以各有其特殊的谚语？从事农耕的民族，其谚语大都关于农事；从事商业的民族，其谚语大都关于商业。阿拉伯游牧人的谚语，便大抵是骆驼及与骆驼有关的事物，如：“他变成一头母驼了”[②]，“有作为的乃是青年而不是骆驼。”至于麦加古莱氏人的谚语便大都与商业有关系。譬如古莱氏嘲弄一个无名的人：“商队里找不着你，镖队里也

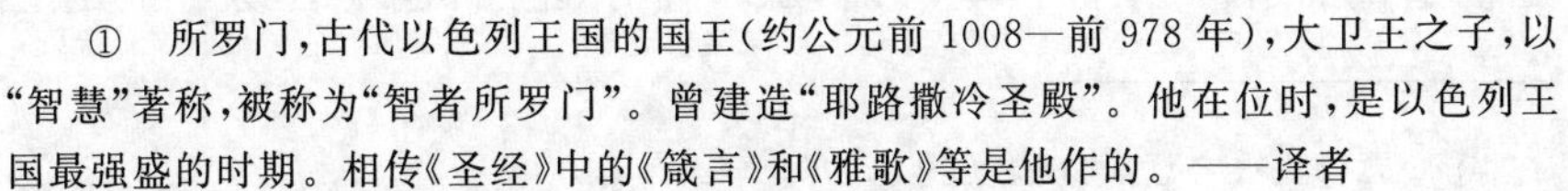

① 所罗门，古代以色列王国的国王（约公元前1008—前978年），大卫王之子，以“智慧”著称，被称为“智者所罗门”。曾建造“耶路撒冷圣殿”。他在位时，是以色列王国最强盛的时期。相传《圣经》中的《箴言》和《雅歌》等是他作的。——译者

② 比喻说话颠三倒四之人。——译者

数不到你。”

但是我们要由阿拉伯的谚语来研究蒙昧时代阿拉伯人的思想生活，却也有两个困难：

第一个困难是，蒙昧时代的谚语和伊斯兰时代的谚语，混淆不清，很难分辨，这是我们根据谚语研究思想生活之前，必须探讨的第一步。相传在哈里发叶基德・穆尔威叶时代，有名艾拉盖者，曾收集了很多阿拉伯谚语，可惜没有留传至今，否则当受益不浅。因为当时所收集的，必然只是限于蒙昧时代和伊斯兰初期的谚语。

诚然，用下列的方法也可以考证出阿拉伯谚语的根源：

1. 关于历史的谚语，只要谚语中所指示的史事是真实的，则谚语的表示也是真实的。如："西尼玛尔的报酬"[①]、"耳勒古比的约会"[②]、"眼见木尔定其人，不如耳闻其名"。

2. 研究蒙昧时代阿拉伯的社会情形之后，便可以考证出哪些谚语属于蒙昧时代的产物。如："帮助你的弟兄，无论他是行亏的或是被亏枉的！"这乃是蒙昧时代的性格，并非伊斯兰时代的性格，因此便可以断定是蒙昧时代的谚语。

3. 有很多谚语，著作家引证时，常提及谚语所表示的典故，由此也可以知道它产生的时代，即便是大体知道。但是，关于谚语产生时的事实，也免不了有后人的假托伪造，故意假造出一段故事来，作为那个谚语的范本，一个谚语而有许多传说不同的故事，便是伪造的证据。并且有些谚语，虽产生于近代，也不容易考证出它

---

① 恩将仇报之意，其典故见第 47 页。——译者

② 屡次爽约之意。——译者

的传述者来，因为谚语不过是一些简短的句子，原来是经过长时期的经验的结语，当初并不称其为谚语，后来因为它很适合于大众的胃口，便辗转相传，日子久了，不期而然地便成为一种谚语了。这样，传述者的姓名，自然被人忘记了。

第二个困难是，大多数收集谚语的人，在编辑的时候，是依照阿拉伯字母排列，不以社会情况为分类，如贫与富，青春与老年，婚姻与家庭，工作与贸易，薄命与幸福，朋友与邻居，妇女及其性格，健康与疾病等。假使以社会情况为分类标准，如欧洲人研究谚语那样，则对于本题的研究必有很大的帮助。

*　　　　*　　　　*

在阿拉伯蒙昧时代，有个叫鲁格曼的很著名的人，后人尊之为哲学泰斗，凡考不出作者来的谚语，都说是他作的。《古兰经》里也有《鲁格曼章》，有些历史学家说，阿拉伯有两个鲁格曼，一个是哲学家鲁格曼，一个是阿德地方的鲁格曼。两个鲁格曼都有很多关于他们的谚语留传于世，譬如："鲁格曼的一个姘头"，"某人的饭量比鲁格曼还要大些"这些谚语，便是指阿德的鲁格曼而言。关于哲学家鲁格曼的谚语则非常多，流传也很广。伊本·希沙姆在《穆罕默德传》里曾有这样一段记载，苏威德·撒米特前往麦加"朝圣"或"小朝"，他"有着高贵的世系，为人刚强，族人誉之为'全知者'。有一次苏威德到麦加朝山，先知穆罕默德去访问他，劝他信奉安拉、崇奉伊斯兰教。苏威德说：'你所知道的或许和我所知道的是一样吧！'穆圣问他道：'你知道什么？'苏威德答道：'我知道鲁格曼谚语。'穆圣说：'请你讲些给我听听！'苏威德便讲述了一些格言。穆圣听后说道：'这确是很好的言辞，但是我所知道的比这还更好。

我知道的是安拉的默示,是人生的正道,是黑暗中的光明!'说后,便朗诵《古兰经》数节。苏威德听了,没有不好的批评,只说道:'这确是很好的言辞。'……"①

然而哲学家鲁格曼究竟是什么人呢?是哪一族的人?他的格言反映出什么文化?他是什么时代的人?关于这些问题,言人人殊,到现在还没有可靠的考证。有的说他是努比亚人,有的说是埃塞俄比亚人,有的说是埃及的黑人,而瓦赫布·木南比甚至说他是犹太人,是先知大卫②的外甥,又有人说他是大卫的姨表弟,与大卫同时。据《白邑达威古兰经注》③的记载:"他是先知安郁比④的外甥或姨表弟——阿才尔之后裔,他的父亲名巴伍拉。大卫出世时,鲁格曼还在世,故曾就学于大卫。"据雅古特的《地理辞书》一书的记载:"塔巴里湖之东有哲人鲁格曼及其子的坟墓。也门也有鲁格曼的坟墓,哪一个是真,哪一个是假,只有安拉才知道。"相传圣训中曾有这样的话:"苏丹领袖有四人:鲁格曼、南查西、比拉勒和迈赫哲尔。"其实所谓"苏丹"者,并非指今日的苏丹国而言,乃是指普通的黑人而言。

总之,由上面的话看来,鲁格曼并非阿拉伯人,这是各家一致的说法。然而,他虽不是阿拉伯人,却把另一个民族的谚语、格言

① 伊斯兰历 12 月 8—10 日这三天,为穆斯林正式朝圣日期;在这三天内,在麦加参加正式的朝拜仪式,称为"朝圣";在这三天外的任何时期前往麦加朝拜,称为"小朝"。——译者

② 大卫:以色列古代国王(公元前 11—前 10 世纪)。——译者

③ 白邑达威(公元 1282 年卒):阿拉伯著名《古兰经》注家,他的《经注》在伊斯兰逊尼派中,享有崇高地位。——译者

④ 即《旧约》中的"约伯",以"忍耐"著称的人物,有"约伯的忍耐"这句谚语。——译者

传入了阿拉伯。研究阿拉伯文学的人，大多认为鲁格曼的谚语都是由希伯来传去的。“鲁格曼”一语也是希伯来文“贝勒安”一字的转音。贝勒安就是前面所说的犹太人巴伍拉之子。马立克教长在所著《穆宛脱圣训实录》里，收集了很多关于鲁格曼的谚语、格言。有人并将鲁氏寓言收集起来，编成一本《鲁格曼寓言集》，然而其文笔拙劣，词句肤浅，语法错误很多，处处都足以证明是近代人的赝典。据我们所知，阿拉伯的古籍里，从没有人提及这本书。有许多历史学家认为鲁格曼的寓言与希腊的《伊索寓言》很相似，曾作许多假设以解释其源流，此处无暇详述。

蒙昧时代阿拉伯的谚语，有的意思简单，只值一笑，如前面听说的文笔拙劣的谚语便是；有的词语猥亵；有的表示生活中矛盾之感，譬如：“你将狗养肥了，他便咬你。”“你将狗养肥了，他便追随于你”。蒙昧时代阿拉伯人的谚语大多是人生真实经验的结语，冥想深思的产物。又如：“好中藏歹”，“妇人饥饿时，别吸她的乳！”，“椰枣加椰枣还是椰枣”，“丧子之母，同情丧子之母”，“战争使人变为鳏寡孤独”，“他们当中有医治盲人的药物”……

阿拉伯人创作谚语的本领，确实高超，为我们遗下许多谚语，其中表示阿拉伯人的精神生活，较诗歌故事为多，也许这是由于谚语很适合阿拉伯人本性的缘故。阿拉伯人善作部分的观察，不善作整体的研究，而谚语是产生于日常生活的一种片断的经验，用不着多认识宇宙事物，也用不着丰富的想象及精深的研究，只需要关于日常生活的局部经验。

阿拉伯的谚语，能表示蒙昧时代阿拉伯的社会状况，已如上述。研究关于妇女的谚语，便知道阿拉伯古代妇女地位的低贱；研究关于物质生活的谚语，便知道阿拉伯地方穷困、土地贫瘠的情形。我们在此处只能把我们对于研究阿拉伯谚语的见解提出来，不能把所有的谚语全面地、分门别类地加以分析。若要进一步作深入研究，可看《迈伊达尼谚语集》、《艾布·雪兰谚语集》、《木方才尔谚语集》等。

还有两种近似谚语的东西，在表现阿拉伯人的思想生活方面，也和谚语一样有很大的价值，但许多著作家都不大注意，没有收集，只是散见各书：

1. 谜语、隐语。谜语是什么？

如相传："某日阿比德与诗人伊姆勒·盖斯相聚，阿比德问他道：'你知道一些怪异之事吗？'他答道：'请你随便问吧，我答复你。'阿比德问他：

'一件同名的东西，忽黑忽白，看得见摸不着，是什么？'

伊姆勒·盖斯答道：

'那是云，安拉造化它，让它滋润干燥的大地。'"

又传："伊姆勒·盖斯自誓：如果不能猜中他的谜语的女子他绝不和她结婚。他的谜语是'八，四，二。'他问了许多女子，她们都回答说是'十四'。最后遇着一个人，背着一个少女，少女娇美得好似圆月，伊氏一见倾心，便问道：'姑娘！你知道八，四，二是什么？'少女答道：'八是狗的八只乳房，四是骆驼的四只乳房，二是妇女的一双乳峰。'伊姆勒·盖斯便向其父求婚而娶之。"

我们引证上面这两段谜语并非相信它确是蒙昧时代的产品，因为有好些地方可以证明它是后来伊斯兰教时代的作品，如："那是云，安拉造化它……"之句，以及这首诗后面："那是天秤，安拉使它成为准衡"的诗句,从文词和意义上看,都显然是伊斯兰时代的产品。我们引证它,不过说明什么是谜语而已。诸如此类的谜语,散见于阿拉伯文学专集中的很多,如艾布·阿里·阿尔卡里的《艾玛里文集》,查希兹的《动物篇》,伊本·艾西尔的《谚语集》,迈伊达尼的《谚语集》等书,都收集了很多。如有人将这些谚语加以研究,编成专书,则能帮助我们了解蒙昧时代阿拉伯人的思想情况。

2. 禽兽寓言。今举数例于后:

"鸵鸟要寻找两支角,反失去两只耳。"①

"乌鸦学竹鸡走路,没有学会,反而忘了自己原来的步法,所以只能跳着走了。"

"青蛙原来是有尾巴的,后来被壁虎咬去了。"

"戴胜鸟的母亲死了,他顶着母亲的尸体寻找葬地。后来,母亲的尸体陷入他的头中,他的头顶成了母亲的坟墓,从此他的头发便腐臭不堪了。"②

"先知亚诺时代,一只鸽子被猎人打死,后来别的鸽子便时时痛哭流涕地喊叫它,但却听不见它的应声了。阿拉伯人有诗:

'你们求他帮助,他的应声不会比鸽子快。'"

故 事

"故事"在阿拉伯文学中占着很重要的位置,最足以表现阿拉

① 即偷鸡不着,反蚀一把米之意。——译者

② 伊本·古太白:《诗与诗人》,第280页。

伯人的思想生活。蒙昧时代的故事种类很多：

1. 战争故事。这一类的故事，或是记述蒙昧时代阿拉伯各族间历次战争，如达哈斯之役、艾布拉之役、费札尔之役、库拉白之役；或是记述阿拉伯人与外国人的战争，如底哥尔之役。底哥尔之役是阿拉伯西拜族人与波斯人的战争，结果阿拉伯人战胜。这些故事是蒙昧时代或伊斯兰时代阿拉伯人长夜聚谈时的好资料。有人曾问某圣门弟子："你们在闲暇聚谈的时候，喜欢谈些什么？"对方答道："或吟咏诗歌，或追述蒙昧时代的事迹。"阿拉伯的战争故事，差不多都收在伊本·阿卜杜·莱比的《罕世璎珞》和迈伊达尼的《谚语集》两部书里面。阿拉伯故事被人增凑者很多，已失去真面目。如有关"宰诺比亚之死"[①]的故事，阿拉伯书中所传述的和公正的历史学家所传述的，完全两样。前者简直是一篇虚构的小说，全与历史不符。这种改头换面之事，究竟起于蒙昧时代，还是出于伊斯兰教时代，现在已考证不出来了。

2. 爱情故事。爱情故事在阿拉伯文学中很多，如穆南海利和努尔曼之妻的故事和诗歌，[②]便是很好的例子。

有许多故事，原来是由外国传入的，然而传述的人为要使它适合于阿拉伯人的口味，便改换过了。如舍利克和国王门才尔的故事便是："有一天国王门才尔正在烦闷的时候，有名罕才莱者去谒见他，门才尔怒而欲杀之。罕才莱哀求延期一年，期届必前来伏

---

① 宰诺比亚：古代叙利亚北部巴尔米拉王朝（塔德木尔王朝）的女王，阿拉伯人称之为赞巴伊女王。公元273年，罗马攻陷巴尔米拉城，俘女王。女王当政时，巴尔米拉城颇为繁荣，成为商业文化中心。——译者

② 艾布·法拉吉：《诗歌集》，第18卷，第154页。

法。门才尔命他请人担保，有名舍利克者愿意为其担保。一年期满之时，罕才莱没有来，门才尔命令斩舍利克。执刑前，马蹄响处，罕才莱已奔驰而来。门才尔见二人如此信义，叹服不置，遂赦之。”[①]这本是一个希腊的著名故事。又如：“有一个章拜族的人有七个儿子，各携猎犬出外行猎。至一山洞之前，适巨山崩塌，七人都被压死，猎犬见而群殉之。老父见儿子不回去，便循着足迹寻去，寻至上洞之前便看不见足迹，才知道他的儿子全都死了。回家后，作了许多诗痛哭他们。”[②]这个故事很像基督教初期的故事。

阿拉伯人知道许多波斯故事，他们常常辗转传述，用来作为消磨长夜的资料。伊本·希沙姆的《穆罕默德传》中有这样一段记载：“奈才尔·哈利思是古莱氏族中最可恶的一个人，常常仇视穆罕默德。他曾到过希拉，学到了不少关于波斯王室的掌故轶事。有一天，穆圣与族人聚谈，为他们讲述信仰安拉的道理，及已往各民族因为违背主命而惨遭灭亡的故事。穆圣立起讲述之时，奈才尔走到穆圣的位上坐着，随即站起来喊道：‘古莱氏的人们！指安拉盟誓：我的言辞比他的还要甜蜜，你们都跟我来！我讲述一些更好的故事给你们。’说罢，接着讲述了一些波斯王室的故事。讲后又说道：‘穆罕默德能讲得比我更好吗？’”伊本·希沙姆说：“这个奈才尔便是说：‘我将降下安拉所降下的经典’的人。”[③]

在本篇中，我们叙述了蒙昧时代阿拉伯人和邻国波斯、罗马在商业、政治、宗教等各方面所发生的关系；叙述了哲学家鲁格曼是

① 艾布·法拉吉：《诗歌集》，第 19 卷，第 87 页。
② 同上书，第 1 卷，第 61 页。
③ 伊本·希沙姆：《穆罕默德传》，第 1 卷，第 190 页。

埃塞俄比亚人、或犹太人或埃及人，而不是阿拉伯人；叙述了所罗门谚语和阿拉伯谚语很相似；叙述了阿拉伯文学中的故事传说，有的很像别的民族的产品，有的简直是由别的民族传入的东西。由此种种看来，我们已知道，蒙昧时代的阿拉伯人无论在经济方面、政治方面或文学方面都不是和邻近各民族完全隔绝的。伊斯兰教兴起后，与各民族的关系尤为深切，彼此的同化，尤为明显。这且留在后面叙述。

本篇主要参考书目

（1）《伊斯兰百科全书》（*Encyclopaedia of Islam*），“阿拉伯”、“希木雅尔”诸条。

（2）俄莱里：《穆罕默德以前的阿拉伯》（O'leary, *Arabia before Mohammed*）。

（3）《大英百科全书》，“塞姆”条。

（4）迈伊达尼：《谚语集》（Al-Meïdani, *Amthal Al-Meïeani*）。

（5）艾布·西拉勒：《谚语集》（Abu Hilal, *Amthal Abi Hilal*）。

（6）穆方才理：《谚语集》（Al-Mofaddal, *Amthal Al-Mofaddal*）。

（7）其他在正文中引用的参考书目，此处不再列举。

第 二 篇

伊斯兰教

第一章　蒙昧时代与伊斯兰时代

伊斯兰教对于阿拉伯人的思想，从不同的两方面来说，有两种巨大的影响：一是直接的，即伊斯兰教同阿拉伯人的信仰相反的教训；一是间接的，即伊斯兰教使阿拉伯人征服并统治了波斯和罗马的殖民地，而这两个地区乃是当时文化极高的两个大民族。伊斯兰教征服两国后，两国的制度、典章、学术、哲理等，灿然呈现于阿拉伯人眼前，使阿拉伯人得以尽量的吸收，这对于他们的思想影响极大，我们将在后面叙述。

伊斯兰原是"和平"之意，同"战争"、"仇恨"是相对的。《古兰经》中说："安拉的仆人在路上小心翼翼地走着，蒙昧的人呼喊他们，他们答曰：'和平'。"这节经文，或许就是说明为什么把穆罕默德以前的阿拉伯称为"蒙昧时代"，穆罕默德以后称为"伊斯兰时代"的原因。所谓"蒙昧"并不是和"知识"相对的意思，乃是忿恨、轻薄、骄矜、暴戾的意思。圣训云："忿恨使他们愚昧了"，意即骄矜、暴怒使他们变为蒙昧的了。又如当艾布才理辱骂别人的母亲时，穆圣对他说："你是一个有蒙昧意识的人。"

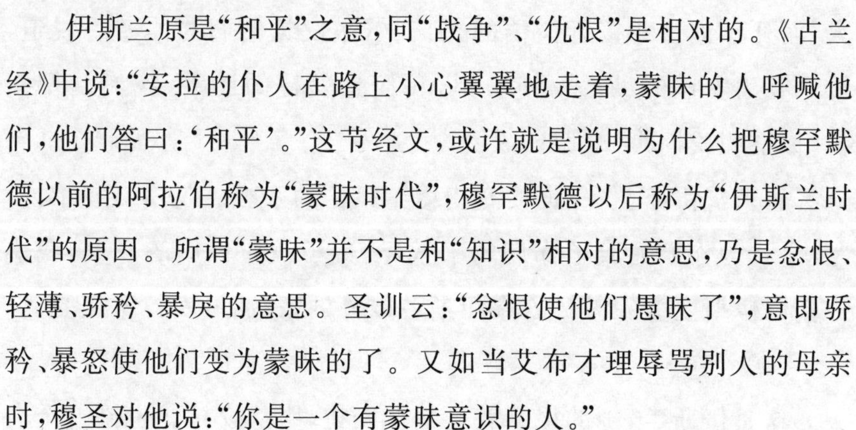

由此可以看出"蒙昧"一词含有轻佻、骄矜、暴戾、夸耀等意思，这都是伊斯兰以前阿拉伯人在生活中的鲜明的意识。所以把那个时代称为"蒙昧时代"。和这些意识相反的是心地宁静、谦恭、好善，以工作为贵，并非以宗系为荣等，这些都是和平的象征。塔巴里的《古兰经注》中说："安拉的信徒宽仁地在路上行走，别人对他蒙昧无理，他对别人却不这样。"因此"伊斯兰"一字含着谦恭、服从的意思，因为只有谦恭才能导致和平。《古兰经》说："'你们归之于安拉，你们服从(Islam)安拉！'你说：'我服从安拉。'"《古兰经》里有时把"穆斯林"(Muslim)一字通指一切服从安拉的人而言。

所以凡顺服安拉，服从历代任何先知者，统称为"穆斯林"(Musulman)。伊卜拉欣(亚伯拉罕)、尔撒(耶稣)、穆罕默德的信徒都称为穆斯林。《古兰经》中说："女王对众首领说道，我接着一封尊贵的书信，是来自苏里曼的。信上说：'奉大仁大慈安拉之尊名，你们归我！你们来'顺服'(Musulmany)我！'""伊卜拉欣、雅各嘱咐他们的子孙道：'孩子们！安拉为你们特选了正教，你们只能做一个'顺服的人'(muslman)而死！'"又说："你让我做'顺服的人'而死！你让我接近廉洁的人！""尔撒发觉他们的悖逆后说道，谁是我为安拉的助手？使徒说，我们是安拉的助手，我们信仰安拉，你证明我们是'顺服的人'。"

后来，"伊斯兰"一词便专指穆罕默德的宗教。《古兰经》中说："我今日为你们完成了你们的宗教，全美了我对你们的恩典，我愿你们以伊斯兰为宗教！"，"奉伊斯兰以外的宗教者，安拉不接受。"

*　　　*　　　*

这是伊斯兰，她的根基就是信仰安拉，服从安拉。也许这个名词就是和蒙昧时代的思想意识"忿恨"、"轻佻"相对而言。

伊斯兰教的教训　伊斯兰教的教训分为两方面："信仰"与"实践"。这两方面的教训都包括在下面一段《古兰经》里：

“这经典，毫无疑义，是引导敬畏者、信未来者、立行拜功者、施散安拉赐予的衣禄者、信天经、后世者的经典……”(《古兰经》1：1—5)今分析于后：

信仰——伊斯兰教最重要的信条是信仰安拉。本来，世界上各民族，无论是野蛮的或文明的，差不多都信仰自己的神，但是各民族对于神的观念，对于神的解释，却有很大的差别。伊斯兰教对于安拉的观念，根据《古兰经》的解释是：安拉非一部落之主，非单独阿拉伯民族之主，也非单独人类之主，乃万物之主，“全世之主”。万物都是安拉所造的，都是服从安拉的命令的。“天地万物，皆属安拉”，“安拉为你们创造大地上的一切”，“安拉是创造天地万物者”，“安拉，你们的主，你们祖先的主”。

安拉是宇宙万物的泉源：“安拉为你们制服了海洋”，“安拉在大地上竖起了山岳，以便承载你们”，“安拉为你们升起了诸天而不需要你们所看得见的支柱”，“安拉以其普慈在你们之中，吹出了幸福的和风”，“安拉为你们使大地成为地毡”，“安拉使你们自己成为配偶”，“安拉在大地上为你们滋长了植物”。

安拉无所不知，无所不能：“安拉执掌未来的锁钥，只有安拉知道未来的秘密。安拉知道陆上的和海中的一切，虽一叶坠地，安拉也洞悉无遗。地里埋着的籽粒是湿的还是干的，都载于明白的经典。”“安拉周知万物”，“安拉洞察胸怀”，“安拉是万能的”，“你的主是强大的、万能的”……

安拉是唯一的，无所谓善神，无所谓恶神；没有什么美神，也没有什么风神；没有与安拉对偶的：“须知万物非主，惟有安拉”。“除独一的安拉外，别无主宰”。“安拉说：勿信二主，真主惟一”。“敬事安拉，勿以任何物比拟他”。

任何人、任何集团都不能操纵人类的信仰，任何人都不能具有安拉的一种德性：“他们除安拉外，又以祭师、牧师为主宰！”就是先知穆罕默德也无非是一个传教的人而已：“你记住！你只是一个警告者，你不能统治他们。”总之安拉是绝对独一的。伊斯兰教绝不承认任何方式或任何象征所表示的多神。

安拉由人类中特选一般人，借“默示”而与他们相联系。伊卜拉欣、母撒（摩西）、尔撒、穆罕默德等便是安拉所特选的人：“我默示你如默示努哈及努哈以后的列圣一样，我默示伊卜拉欣、伊斯玛仪、伊斯哈格、雅尔孤卜及其后裔；默示尔撒、安郁白、郁努斯、何鲁乃及苏来曼。”“默示”的目的是要先知教导世人，把安拉告诉他的告诉世人，把他们指引于至上：“我每差一先知，必以其本族的语言为媒介，以便他向族人解释。”“我差先知传吉报，申警告；俾差先知之后，人类对安拉无所借口。”“默示”不是安拉的形体的显现，乃通过灵感的暗示，我们不能知其究竟：“无人能与安拉交谈，除非借着默示，或在帐幕之后默示，或派遣先知，而先知借安拉的命令告谕世人。”“我命天使默示你，你本不知经典为何物，信仰为何物，但是我以他为光明，用来指引我愿意指引的仆人。”

“一神教”的宗旨，大体是相同的。各教都要人信仰唯一的安拉，禁止比拟安拉。但是有的宗教，其教旨已为后人所改易，《古兰经》中说：“在你之前，我派遣过许多人，我默示他们：除我外别无主宰，你们当敬事我！”“我默示你及前代的列圣；如果你用他物比拟安拉，则你的善功便要作废。”

现世的生活之后，还有来世的生活，来世的生活，就是末日、审问之日、宗教之日："你们必定要死亡，到末日，你们必定再被复生。"复生之日，便是赏善罚恶之日。人类在现世的行为，都被天神记在功过簿中，至末日，各人的功过簿展现在各人面前："我令人们各负其责。到末日，我把功过簿展开在各人的面前，对他说道，你读读你的功过簿吧！今日你自己计算一下就够了。""到了那日，人们都分散出去看各人的行为，行微尘之善者必见之，作微尘之恶者亦必见之。"行善者的归宿是乐园，作恶者的下场是火狱。乐园里有两种报酬，一种是身体的报酬："你向信仰安拉并且行善的人报喜！他们得享受天园，天园中有潺潺的河流。人们得到果品之时，便说：这是安拉以前赏赐过我的禄食。他们在乐园中还得享受有纯洁的伴偶之乐。他们得永远居住在乐园之中。"一种是精神的报酬："安定的灵魂！心悦诚服地归依你的主吧！""安拉的喜悦更大。""下火狱者，使遭烈火的焚烧及安拉的震怒。"

伊斯兰教认为物质世界以外，尚有一个精神世界。精神世界中有善、恶两种精灵。善者服从安拉的命令，并且引人于善，称为天使；恶者诱人于恶，称为恶魔。

善功——伊斯兰教人应尽若干善功，"善功"与"信仰"，同为伊斯兰教的基础。伊斯兰教的善功是：一、礼拜。礼拜是忠于安拉的一种表示，是尊敬安拉的一种宗教仪式："你们当谨守拜功，礼拜能禁人淫乱与罪恶；纪念安拉是很重大的事。"二、天课。富有的人，应该拨出定额的钱财，施济贫困，办理公益。《古兰经》特别叮嘱拜功与天课，常把这两件事同时并提。三、斋戒。四、朝天房。有能力的人，一生应该往麦加朝天房一次。

伦理——《古兰经》关于伦理方面的教训有两种：一种是关于

礼节的教训:“如果有人为你们祝福,你们应当以更好的言辞为他祝福,或以同样的祝词报答他。”“不要进入别人的住宅,如果要进去,必须得到许可,向主人问安。”一种是最高尚的美德:践约、坚忍、对爱好的人或厌恶的人施以公道,以及宽恕、廉洁、忍受贫病战争者。“安拉命人公正,命人行善、命人周济亲戚、禁人淫乱作恶。”“你应当宽恕人,劝人行善、弃绝愚人。”“你说,谁禁人享受安拉为其仆人而造化的衣饰及洁净的禄食?”“你说,我的主只禁止明显的和暗藏的淫乱。”

伊斯兰教打破部落的单位与种族的单位。伊斯兰教厌恶各部落和各种族间的争荣。凡为信士,都是一体。个人自己毫无尊贵之可言,只有顺从安拉,执行安拉命令的人,才是尊贵的。《古兰经》中说:“惟信士是兄弟,你们当为你们的兄弟和解。”又说:“在安拉之前,你们中最贵的是最敬畏安拉的人。”圣训也说:“提倡宗族意识而进行战争者不是我们的信徒。”

伊斯兰教命人必须服从安拉、服从先知、服从民族领袖,但领袖必须服从安拉。《古兰经》中说:“你们应当服从安拉、服从圣人、服从你们的领袖。”圣训说:“不要为了服从人,而悖逆安拉。”

伊斯兰教教训对于阿拉伯人的影响——伊斯兰教把阿拉伯人的思想提高到了高级阶段,这是毫无疑义的。伊斯兰教以各种德性称颂安拉,使崇拜偶像、思想低下的阿拉伯人,一变而为敬事超越物质的安拉:“肉眼不能见安拉,安拉却能见肉眼。”大多数阿拉伯人原始所崇拜的神是一个部落的神,权力稍稍扩张后,才变成几个部落或全阿拉伯人的神。依照伊斯兰教的解释:神是全世界的造物主,大自然的调度者,无所不能,无所不知。从这些教训,阿拉伯人提高到认识了超物质的主宰，全知、全能的主宰。伊斯兰教使阿拉伯人知道，伊斯兰教是最完善的宗教，四周的世界，莫非迷妄者。伊斯兰教又使他们知道，穆罕默德是人类的导师，阿拉伯人承继了穆罕默德的使命，去指引各民族。因此，后来阿拉伯人征服四邻的民族，把他们引向伊斯兰教，用伊斯兰教向他们报喜，凡奉伊斯兰教者，便是一家。阿拉伯人信仰死后末日，信仰后世，信仰天堂、地狱的境界，这就使他们能够舍身去为宗教牺牲。《古兰经》中说："安拉以天园买了信士的生命及财产：那些信士，为正道而战争，或杀敌人，或被敌人所杀。安拉在《旧约》、《新约》及《古兰经》中确以天园应许过他们。谁比安拉更能践约呢？你们应当为自己所订的盟约而庆幸，那是伟大的成功。"

伊斯兰教对阿拉伯人改变对于事物及道德的价值之看法，起了很大的影响。有些事物变成有价值的，有的事物变成无价值的。在阿拉伯人看来，他们奉伊斯兰教后的生活基础和未奉伊斯兰教时的生活基础，完全不同。穆罕默德改变阿拉伯的"蒙昧思想"成为"伊斯兰教思想"时，曾遭遇很大困难，这在《圣传》中是记载着的，而首先奉教的穆斯林也遭受到无穷的迫害。伊本·阿拔斯说："多神教徒对待改奉伊斯兰教的人，断绝饮食，百般拷打，使之遍身受伤，不能端坐。除非他依着他们离弃正道，背叛安拉，去尊奉拉特与欧萨[①]为主宰。"到了先知传教后的第五年，伊斯兰教徒百余人，因为不能忍受多神教徒的压迫，只得迁到基督教国埃塞俄比亚去求庇于人，抛下少数信徒伴着穆圣居住麦加。那个时代的伊斯

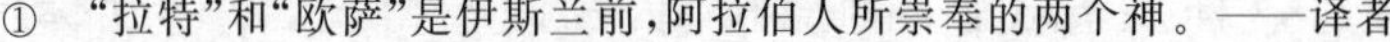

① "拉特"和"欧萨"是伊斯兰前，阿拉伯人所崇奉的两个神。——译者

兰教，还没有传播开来，只有在穆圣迁移到麦地那，麦加的古莱氏人战败之后，伊斯兰教才渐渐的传布各方。由表面看来，那个时候的阿拉伯，起初是穆圣和古莱氏人的冲突，后来一变而为麦地那人与麦加人的冲突，再变而为阿拉伯半岛的伊斯兰教徒与非伊斯兰教徒的冲突：其实这就是两种思想的战争，一种是多神教的思想，这种思想是纵欲享乐的思想，具有一种特殊的理论观念，许可绝对的、无限制的自由。另一种是一神的思想，这种思想，是毫不妥协地打破迷信，鄙视崇拜偶像，粉碎崇拜偶像的思想，只许可有限度的享乐和有限度的自由。要缴纳税课，以周济贫困和举办公共事业；有许多束缚个人自由的限制；要按时举行礼拜。尊重个人的生命财产，推翻愚昧的伦理制度，打破报复血仇的不良行为……札尔法尔与首先奉伊斯兰教者，不堪麦加多神教徒的迫害，逃往埃塞俄比亚去。埃塞俄比亚国王问他们在麦加时的情形，札尔法尔的答复很足以表示那时多神教徒压迫伊斯兰教徒的情形。札尔法尔说："我们原来是蒙昧时代的多神教徒，我们啖死物，纵淫欲，断绝骨肉，伤害邻居，欺压弱小。当此之时，安拉遣一位先知来引导我们。这位先知，我们知道他有光荣的宗系，是一个忠实廉洁的人。他劝我们信仰唯一的安拉，敬事唯一的造物主，抛弃我们自祖先以来所崇拜的偶像，教导我们忠信待人，维系骨肉，顾惜邻居，禁止盗窃、杀人、奸淫、诬告以及鲸吞孤儿的遗产，破坏贞女的名节。命我们敬事唯一无偶的安拉、礼拜、纳课、斋戒。我们听了他的教导，都皈依了他、信赖了他。于是便惹怒族人仇视我们，压迫我们，逼着我们抛去正道，崇拜多神，强迫我们承认猥亵卑污的行为为合法。他们继续着这样压迫我们、阻挠我们，我们不得已，才逃到你们的地方来。"[1]

这段故事，很像后人的伪托，因为札尔法尔迁到埃塞俄比亚的时候，还没有斋戒的制度，那是以后才制定的。但是这段故事指出两种思想冲突的情形，却是再真实不过了。

哥尔德基叶[2]在所著的一本书中特辟《宗教与道德》一章，论伊斯兰教伦理与蒙昧时代阿拉伯人伦理的冲突，他说：伊斯兰教时代和蒙昧时代的阿拉伯人，对于人生最高行为的准则，不惟不相似，而且很相反。如匹夫之勇、无节的豪侠、过分的慷慨、宗族的狭隘、血仇，都是蒙昧时代信仰多神教的阿拉伯人所认定的最高行为的标准。至于伊斯兰教所认为的最高德行却是：敬事安拉、顺服主命、遵守教律、忍耐、放弃个人的和宗族的利益，服从宗教的利益，乐天知足、不矜夸、不聚敛、不骄傲。

如果我们以《古兰经》中关于人生最高行为的标准和蒙昧时代人生最高行为的标准相比较，则尤为明了了。

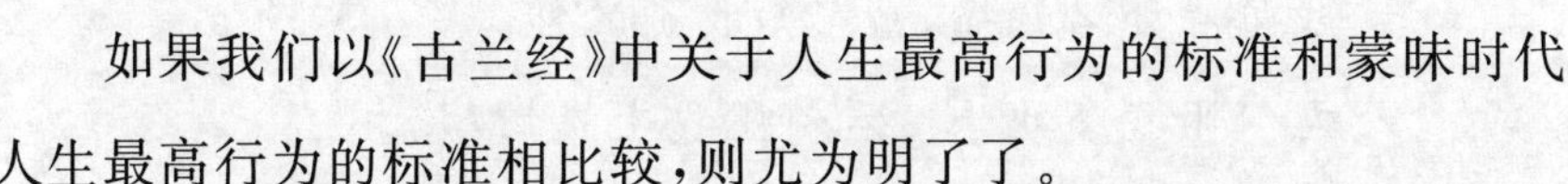

《古兰经》中说："善功不是把你们的面转向东方或西方，善功是信仰安拉、末日、天神、天经、圣人；把心爱的财帛施散给近亲、孤儿、贫困者、路人、乞丐及不自由的人；立行拜功，抽天课、践约、忍受伤害，这些人是诚笃者，这些人是敬畏安拉者。"

这是伊斯兰教的道德观，是伊斯兰教徒认为的最高的典型。你再读一首蒙昧时代阿拉伯诗人脱尔法的诗（意译）：

族人问道："谁家子，独行广漠走荒山，

① 伊本·希沙姆：《穆罕默德传》。

② 哥尔德基叶（Goldzier）：荷兰人，以研究伊斯兰教法律著称。——译者

我闻言来细思量，应声急起不彷徨，
长鞭策马往前行，沙如烈火酷骄阳；
胯下雄骓昂摆尾，一似娇姬舞罗衫。
我非杜门逃山野，人求我兮我行善；
贵族会上君求我，盛宴席前舞杯觞；
芬芳冽酒奉尊前，劝君痛饮勿徜徉。
乡里聚会争荣耀，我家贵胄高门墙；
樽前良俦皎若月，白衣歌女衬红衫；
女儿引吭作高歌，珠喉玉润声婉转。
娇音再起多凄凉，哀如母驼悲子殇。
欢乐畅饮无已时，挥金如土父遗产。
穷奢引起家人恨，弃我索居如羔羊。
我虽独处名远播，富家知我贫瞻仰。
君何阻我多欢乐？君何阻我上战场？
如君不能保我千百寿，我必狂饮欢乐寻死亡！（脱尔法）”

这是蒙昧时代阿拉伯人道德的最高典型，夸耀勇敢豪迈，夸耀慷慨仁慈，夸耀门第高贵，夸耀与贵族起坐，夸耀欢歌纵饮，有漂亮的朋友，有美丽的歌女。这是那时阿拉伯人的生活。

阿拉伯人受伊斯兰教的影响，究竟到什么程度？是否阿拉伯人刚刚奉了伊斯兰教之后，蒙昧时代的思想与意识就完全消灭了？不，不是的，任何宗教，任何派别，其发展的历史，绝非如是简单。新思想与旧思想的水火，新宗教与旧宗教的冲突，是赓续的，新旧交替的，是渐进的，旧的事物不是立刻被消灭的。蒙昧时代和伊斯兰时代的情形，也是如此。伊斯兰教兴起后，蒙昧时代的思想与意识，仍不断地显露着，不断地和伊斯兰教的思想与意识对垒着，彼此相持，为时甚久。现略述其斗争的情况：

伊斯兰教兴起，号召打破狭隘的部落思想与宗族观念，提倡人类的平等。故《古兰经》中说："在安拉面前，你们中最尊贵的是你们中最敬畏安拉者。"圣训说："信士皆兄弟，他们的血统是相同的，他们中最低的人可以主持他们的盟约，他们一致对外。"穆圣最后一次朝天房时，对众人演说道："众人们！安拉已消灭了蒙昧时代以祖先相夸耀的习气；你们都是亚当的后裔；亚当是由泥土造成的；所以阿拉伯人并不比别人高贵。要清廉有德者，才算高贵的。"又说："凡为宗族而愤怒，为宣传宗族，或为扶助宗族而参加迷惘者的战争，因而战死者，则其死也，如死在蒙昧时代。"麦加人与麦地那人原结下不解之仇，穆圣却命他们每两人结为弟兄。

伊斯兰教虽然以这样的教训，劝化阿拉伯人，但是阿拉伯人的宗族观念，并未因而完全消除，稍遇刺激，又复爆发。姆士脱里格之役，穆圣带着迁士与辅士[①]出征，有一个迁士用拳击一辅士，二人就发生斗争，这个喊："辅士们，快来吧！"那个喊："迁士们，快来吧！"穆圣听见后就说："你们为什么要作这种蒙昧时代的鼓动呢？"众人说明原委。穆圣又说："以后你们应当抛弃这种号召，因为它是卑劣的。"于是麦地那的伪君子阿卜杜拉·伍本叶怀恨地说："等我们回到麦地那后，尊贵的一定要将卑贱的驱逐出城。"[②]

看吧！为一点细微的争执，也会激动他们的感情，燃起他们蒙

① 辅士：穆罕默德迁到麦地那后，麦地那人改奉伊斯兰教者，旧通译为辅士。——译者

② 塔巴里：《塔巴里古兰经注》，第28卷，第72页。

昧时代的观念，把麦加的与麦地那的狭隘宗族意识提了出来。

倭马亚王朝时代，蒙昧时代的宗派主义又重新抬头。倭马亚人和哈西姆人恢复了蒙昧时代的斗争，各自夸耀本族人的韬略与才智，夸耀本族人的演说家与诗人之多。那种情形，简直是蒙昧时代的一幅真实的写真[①]。同时葛哈唐与阿德尼两族之间，战争纠结，无时或已。此外呼罗珊的艾兹地族（也门人）与台米母族（麦加人），叙利亚的克尔布族（也门人）与盖斯族（麦加人），以及西班牙、伊拉克等地，无不如此。据伊本·艾布·哈底德说："阿里为哈里发之末期，库法人分化为若干部落，各部落借端寻衅、聚众逞凶，彼此报复，祸患不止。"[②]艾布·法拉吉的《韵文集》中说："有名突爱斯者，喜欢歌唱奥斯与海兹勒支两族的战歌，目的在挑拨两族的感情。凡有两族之人在座的宴会，突爱斯必起而高歌，歌后无不激起风波。他又好揭人隐私，燃人怒火。"[③]此种事件，不胜枚举，当时阿拉伯各部落之间不断发生战火，原因就是蒙昧时代思想意识之复活。

倭马亚王朝时代的诗人，表现蒙昧时代的思想尤为鲜明，他们最好吟咏诗歌，到处颂扬本族的光荣，攻击别族的劣点，如遮利里、费勒兹德格、爱赫唐勒等便是这一类的诗人。

阿拉伯人在伊斯兰教时代所表露的蒙昧时代的意识，尚不限于狭隘的宗族主义思想，其他方面表露得很明显的，也是很多的。

---

① 伊本·艾布·哈底德：《辞章之道注释》，第3卷，第476页。

② 同上。

③ 艾布·法拉吉：《诗歌集》，第2卷，第175页。

阿拉伯有若干部落认为，哈里发政府征收天课，无非是污辱他们，待他们苛刻。他们认为交天课，无异是一个部落统治另外一个部落，而向他们征收贡赋。所以穆罕默德死后，艾布·伯克为哈里发时，北部的部落便乘机抗缴天课，复活了蒙昧时代的意识。哥莱·胡白尔为此事曾向阿慕尔说："阿拉伯人不愿向你们进贡，如果能够免除，他们定能服从；若不免除，就要联合起来反抗你们。"阿拉伯人不知道，天课是伊斯兰教制定的财政制度的一部分，是用来办理公共福利的。

此外，一部分穆斯林——尤其是游牧人，在社会生活方面，也脱不了蒙昧时代的习俗，好斗纵饮。有名胡太叶者，褒其所好，贬其所恶，不顾事实，欧麦尔把他拘留起来。释放后，将要出去之时，欧麦尔唤他转回说道："胡太叶！你好像在一个古莱氏少年之前，他为你铺毡叠枕之后，请你坐下，对你说道：请唱吧！胡太叶！于是你便不顾他人名节，信口胡唱了。"赛德·艾斯兰说："欧麦尔死后，我曾见胡太叶在欧麦尔之子俄伯衣笃拉的家里，人家为他铺毡叠枕之后对他说，唱吧，胡太叶！为我们唱几曲来！胡太叶果然便唱起来了。我问他，胡太叶，你忘记哈里发欧麦尔对你说的话了吗？胡太叶听了很动容地答道：祈安拉赐福于他，如果他还在世，我们绝不敢如此放荡。"

倭马亚族及哈西姆族的许多青年所过的生活，与其说是伊斯兰教时代的生活，毋宁说是蒙昧时代的生活：他们纵酒行猎，纵欲调情，如哈里发叶基德及其近臣就是最著名的。麦斯欧迪说："叶基德好唱、喜猎、纵酒。他执政时，歌曲已盛行于麦加及麦地那，并有游艺场所。人民公开饮酒。叶基德如此，其近臣及下属当然更加效尤了。”

瓦立德是哈里发奥斯曼的同母弟，是古莱氏少年中豪勇慷慨的诗人。奥斯曼在位时，瓦立德曾任库法省长。他生平受伊斯兰教的熏陶很少。他沉溺于杯酒，收留伊拉克的叛教人在他的家里，处处表现蒙昧时代的慷慨行为及宗族观念。[①] 艾布·法拉吉的《诗歌集》中也有这一类的记载：“阿卜杜勒·马里克任哈利斯·哈立德为麦加省长后，哈利斯爱上一个名阿以涉的女子。有一次阿以涉为要游转天房，叫哈利斯延迟礼拜的时间等候她，哈利斯果然下令招祷的人，叫把礼拜的时间延展。于是朝天房者大哗，到处夸大其词地宣传。哈利斯遂被免职。”[②]

但是有多少人曾受了伊斯兰教精神的陶冶，他们和蒙昧时代的一切意识完全断绝了。试读艾布·伯克尔和欧麦尔以及圣门各弟子的传记，便可见其诚笃、廉洁、谦恭及坚守宗教的情形。他们的生平，绝没有带着丝毫和伊斯兰教教训相背的蒙昧时代之恶习。从他们的演说、书信、谈话中很明显地看出伊斯兰对他们的影响，他们好像是生在伊斯兰时代，具有新的性格。

其实伊斯兰教的心理状况和思想意识的冲突是很厉害的，其冲突的时期是很长久的。阿拉伯人受伊斯兰教熏陶的程度，并非人人一样，大抵最先奉教的迁士与辅士，受伊斯兰教的影响最深，伊斯兰教的精神已深入在他们心中，所以他们的信仰非常诚挚，坚守着伊斯兰的制度。至于伊斯兰教胜利后才奉教的人，他们原来

① 艾布·法拉吉：《诗歌集》，第 4 卷。

② 同上书，第 3 卷，第 103 页。

是倔强的、悖逆的，看见穆罕默德及其弟子取得胜利，觉得除奉教之外，别无容身之处，便只好信奉伊斯兰教了，故其信仰大都是微弱的。《古兰经》中说："胜利以前，为教牺牲钱财、努力出征的人，其品级较胜利后才为教输财、为教作战的人不是一样的，他们的品级更高。这两等人都得承受安拉的善报。"历史学家分圣门弟子为十二品，而以胜利日奉教者为最下品[①]，这是不错的。

城市居民与游牧人民的情形也是如此，彼此受伊斯兰教影响的程度很不相同。伊斯兰教胜利后，奉教的城市居民与奉教的游牧人比较，不惟信仰坚强而且最了解伊斯兰教的法律。有一个游牧人去谒见赛德·萨汗时，赛德·萨汗正与属下闲谈，那时他的手已在奈哈宛德之役被敌人砍断了。游牧人听了赛德·萨汗的谈话后说道："你的谈话我很佩服，但是你的手却令我怀疑。"[②]赛德说："割去的是左手呀，何用怀疑！"[③]游牧人说："我不知道他们所割的是左手或右手！"赛德·萨汗见他如此倔强，便说："信哉！安拉的教训：'游牧人是迷信与顽固之最甚者，毫不知安拉降于先知的法令。安拉是全知的、睿智的。'"塔巴里注解这节《古兰经》文说："游牧人坚决不信安拉，比城乡定居人，更加倔强，更加顽固，野蛮残忍，少和良善之人交往，故昧于真理，桀骜不驯。所以安拉降这段默示，斥责他们。"

有很多游牧人，只认识伊斯兰教的皮毛，他们沉溺杯酒，因袭蒙昧时代的习俗、在伊斯兰时代还结约联盟，向敌对的部族进攻，

① 艾布·费达:《人类简史》，第1卷，第163页。

② 怀疑是犯偷窃罪而被砍去的。——译者

③ 按伊斯兰教法，第一次犯偷窃罪者，砍去右手，第二次砍去左手。——译者

有如蒙昧时代一样。真正的伊斯兰教及伊斯兰教的思想，却大多表现于城市之中。克服麦加前信奉伊斯兰的，以及远征后各城市中信奉伊斯兰的，都是忠诚于伊斯兰教的人。

读本章者可以知道：在伊斯兰教初期，蒙昧时代的习尚，曾同时并行。倭马亚王朝的文学——尤其是诗歌——保存蒙昧时代的习尚，特别的浓厚，所以蒙昧时代的行为如好斗、矜夸、豪迈等，莫不在其诗歌中很明显地表现出来。至于伊斯兰教的习尚，则多表现于宗教学中，因为伊斯兰教徒研究天经、搜集圣训，以为立法的根据，及传教的标准。关于这些，下面将有详细的叙述。

第二章　伊斯兰远征胜利对于阿拉伯人思想生活的影响

本章研究伊斯兰教胜利后穆斯林的思想生活与宗教生活，换言之，研究伊斯兰教对学术与宗教的直接和间接的影响。至于政治生活，则详见于我们另外的专书。

穆罕默德死的时候，伊斯兰教还未跨出阿拉伯半岛，刚开始向邻近的民族号召和斗争。接着，它征服了一系列的地方：

伊拉克——伊拉克的居民，除原来土著的人民外，有自阿拉伯南部迁去的勒比尔族与母才尔族，有波斯人。这些人当中，有信奉基督教的，有信奉马兹德教的，有信奉琐罗亚斯德教的。伊斯兰教入伊拉克后，哈里发欧麦尔见马达邑尼[①]和哥底西叶[②]二城的气候不适于阿拉伯人居住，就命部属选择另外的地方，建筑城市。后来便开辟、建筑了巴士拉与库法二城，因为巴士拉和库法跟阿拉伯半岛毗连，没有高山和大海的阻隔。欧麦尔选择这两个地方，建筑兵营，以便阿拉伯人既可以生活于沙漠气候，又可以避免城市的恶

① 马达邑尼：伊拉克古城，即“忒息丰”，在今巴格达南三十公里。古国“安息”的行都，萨珊王朝的首都。公元647年被阿拉伯人征服。——译者

② 哥底西叶：伊拉克古城。伊斯兰教兴起前，属波斯萨珊王朝。公元636年被阿拉伯人征服。——译者

习。巴士拉城建筑于伊斯兰历 15 年(公元 637 年),库法城建筑于伊斯兰历 17 年(公元 639 年)。

波斯——波斯的居民,除本国人外,还有少数的犹太人,及波斯与东罗马战争中被俘虏的东罗马人。

叙利亚——叙利亚是文明古国,历受异族文化的影响,如腓尼基人、阿摩里特人、迦南人,都先后轮替占领过叙利亚;埃及的法老和希腊人、罗马人以及阿拉伯的爱萨西奈人,都先后进攻过叙利亚。伊斯兰教兴起时,叙利亚是东罗马的一个省区,颇受罗马文化的熏陶,居民多奉基督教。所以伊斯兰教人进入叙利亚以后,继承了古代丰富的文化。

当时叙利亚的居民,除本地的叙利亚人外,还有亚美尼亚人,犹太人及少数的罗马人和少数的阿拉伯部族。最著名的阿拉伯部落为爱萨尼族、赖赫米族、朱萨母族、克尔布族、古达尔族及台依利白族。这些部族住在叙利亚的南部者较北部为多,历为邻国所统治。居住叙利亚的阿拉伯人,使用阿拉米语和阿拉伯语混合的语言。他们自称为"沙姆"[1]人,认为他们和汉志的阿拉伯人,除商业的交往外,再没有其他关系,所以伊斯兰教进攻叙利亚时,他们站在罗马人那边,出来抵抗阿拉伯人[2]。

埃及——埃及是古代文化的摇篮,是古代埃及文化和希腊、罗马文化的继承者。埃及有亚历山大城,为哲学与宗教融汇之处,也是沟通东西文化的枢纽。埃及的居民,除科普特人外,杂居着其他

① "沙姆":过去通称整个"大叙利亚"地区,包括今叙利亚、黎巴嫩、巴勒斯坦和约旦。"沙姆人"的含义,较"叙利亚人"更加广泛。——译者

② 《伊斯兰百科全书》,"沙姆"条。

民族，如犹太人及东罗马人。

伊斯兰教所攻克的地方，除上述地区外，还有马格里布的巴尔加、突尼斯、阿尔及利亚、摩洛哥以至直布罗陀海峡。当时这些地方，属于东罗马。

在倭马亚王朝哈里发瓦立德（公元 705—714 年）在位之时，伊斯兰教徒又继续向东、西扩张，向东征服信地、布哈拉、花拉子模、撒马尔罕诸地，向西征服西班牙。这是以后的事，不在本书叙述范围。

伊斯兰教远征之胜利，对于征服者与被征服者之间，起了很大的交流混合作用，如血统的混合、社会制度的混合、思想意识的糅合、宗教信仰的糅合等。这些混合是由各种方面发生的，其重要者是：

胜利后伊斯兰教训的传布；

战败国人民之改奉伊斯兰教；

阿拉伯人与各族的杂居。

1. 战胜后伊斯兰教训的传布　穆斯林凡攻克一个地方，首先就负着传布伊斯兰教的使命。奉教的人，得与穆斯林受到同等的待遇。圣训中说："我奉命同人们作战，一直到他们说'一切非主，惟安拉是真主'，引导各方的人信仰惟一的安拉。假使他们奉教，我就保护他们的生命和财产，他们或行善或作恶，自有安拉的赏罚。"倘使他们不愿奉教，就应该叫他们把他们的地方交给穆斯林管理，缴纳丁税[①]，让他们信奉他们自己的宗教。如果他们接受了

① "丁税"（吉兹雅）即人头税，乃阿拉伯多神教徒以外的基督教徒、犹太教徒、火祆教徒所缴纳的税赋。仅男子负担，女子、小孩不缴。缴纳现金或实物，如布匹等。最初每人一年缴一枚金币（第纳尔）或十三枚银币（迪尔汗）。后来逐有增加，缴两枚金币，或二十四枚银币；有时富裕者缴纳四枚金币。若拒缴丁税，即可加以拘禁。土地租税，称为"赫拉吉"不在此数。

这些条件，他们就得享受穆斯林所享受的权利，也必须尽穆斯林应尽的义务。在这种情形之下，伊斯兰教徒就负着管理和保护他们的责任。所以称这种人为“被保护的人”。倘若既不愿奉教，又不愿服从统治，不愿缴纳丁税，那么就要同他们作战。在作战期间，凡参加作战的，或间接助战的，穆斯林都可以杀掉他们。至于妇孺老残之辈，若没有什么危害穆斯林的行为，则禁止伤害他们。穆罕默德在“胡奈尼之役”[①]曾杀了一个名叫笃莱尼的老人，就是因为他指挥群众，蛊惑人民起来危害穆斯林。作战期间，假使敌人提出讲和，则经首领的考虑认可之后，就应该提出条件，互订和约，并须督促实践和约上的条文。如果在没有媾和之前战胜而攻克一个地方，则穆斯林面前有两种人：一种是参加战争的俘虏，一种是未参加战争的居民。对待俘虏的办法，《古兰经》里曾有明文规定：“如果他们战败被掳，你们或善意释放，或要求赎金。”由此，可以证明穆斯林首领对于俘虏有释放和要求赎金之权。此外，也可以用来交换自己被敌方掳去的人。但是穆罕默德对于俘虏，除释放与交赎之外，还用过格杀与收为奴隶两种办法。穆圣在“巴德尔之役”曾杀俘虏俄格白，又杀了一些白努·古赖兹人。他又用一群多神教徒的俘虏去交换在巴德尔战役被俘虏的穆斯林，同时又释放了亲手擒来的赛玛迈，并收古来查的后裔和豪桑族的妇女和后裔为奴隶。穆圣处置俘虏的办法不一，所以后代的法学家就有不同的主张。但是我以为伊玛目对于穆圣的这四种办法，有自由选择之权，应该根据不同情况，审时度势，斟酌处理。根据曾经侍候过奥马·阿卜杜

① “胡奈尼”：麦加和塔伊夫之间的一个低洼地带，穆罕默德曾在这里和游牧部落发生一次战役，穆斯林先负后胜，称为“胡奈尼之役”。——译者

勒·阿齐兹的一个叙利亚人说:“我生平只看见奥马杀过一个土耳其俘虏。原来一次有人解送许多土耳其的俘虏请奥马发落,奥马命令将他们收为奴隶。那护送的人起来指着当中的一个俘虏说道:‘穆民的领袖!假使你看见这个人杀戮穆斯林的情况,你一定要为那些被害的人痛哭不止的。’奥马于是便命令把那个人斩了。”①

对待没有参加战争的居民呢,或蓄为奴隶,或释放为自由人交纳丁税,伊玛目有自由处置之权。征服伊拉克后,欧麦尔允许伊拉克的人民成为自由人,只是规定一种赋税:富者每人年缴四十八个“迪尔汗”,贫者二十四个“迪尔汗”②。后来关于处置俘虏的许多问题,都是根据欧麦尔的处理办法决定的。

如果把战俘或被征服地区的人蓄为奴隶,则战后获得的战利品,分为五份,一份散给孤儿、贫民以及出家人;四份分给出征的战士,骑兵比步兵多得一倍。

由此可见,伊斯兰教远征胜利后,跟着就蓄养奴隶。蓄奴对于阿拉伯民族与非阿拉伯民族之间的混合,有着巨大的影响,所以不能不专门谈一谈。

蓄奴制度在伊斯兰教以前原是普遍于世界的,各民族实行奴隶制度只是在对奴隶的待遇上有好坏的不同。犹太人蓄养奴隶,犹太教命人善待奴隶,限制蓄奴的限期为七年,七年期满后,便得脱离奴籍,成为自由人。希腊人在历史上也蓄养奴隶,此处不再详细阐述。罗马也蓄养奴隶,罗马的法律给奴隶主以处置奴隶的绝对的权利,生、杀、予、夺,完全自由,他人不得过问。罗马时代,

① 塔巴里:《经注》,第26卷,第27页。

② 参看《买布苏退经注》和塔巴里的《先知与帝王历史》等书。

奴隶很多，据一部分历史学家说，当时罗马的奴隶，比自由人多三倍。公元二世纪，罗马的法律才改善了对奴隶的待遇。

蒙昧时代的阿拉伯人，互相攻击掳掠，掳掠来的男女便蓄为奴隶。阿拉伯人有许多买卖奴隶的市场。据伊本·艾西尔《圣门弟子传记》一书的记载：“穆罕默德的释奴赛德·哈利思原为古达尔人，他的母亲是唐邑人。他母亲出外探访族人——白努·默阿族人时，他被白努·盖尼族的马队袭击后掳走，带到奥卡兹的市场上出卖，遂为哈克木·希查母替他的伯母海底彻购去。后来海底彻将他转送穆罕默德，先知解放了他。”

根据阿里的传述：“胡德比叶之役，在媾和之前，有两个奴隶逃归先知。奴隶主写信来说：‘穆罕默德！他们投你，是为逃脱奴籍，并非真心皈依你的宗教。’有人主张将二人交还奴主，穆圣大怒，不愿交出。”[①]在蒙昧时代和穆圣时代的奴隶，有阿拉伯人也有非阿拉伯人的黑种人及白种人。白种人多为阿拉伯半岛四邻的居民。圣门弟子中，有许多人是奴隶出身的，如比拉勒原为埃塞俄比亚人；赛尔曼原为波斯人；苏海伯原为伊勒人，后为东罗马人掳去，长久居住在东罗马，故有人又称他为罗马人。穆圣曾以女奴赛绮林赠汉撒·撒比特。赛绮林原是埃及科普特人，后与汉撒生一子，名阿卜杜·拉赫曼·汉撒。

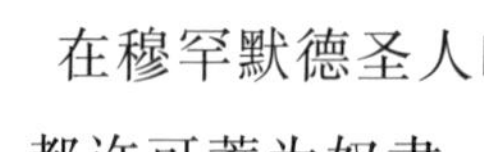

在穆罕默德圣人时代，奴隶制度仍然盛行。历次圣战中的俘虏，都许可蓄为奴隶。例如在白努·木斯脱里格之役中的俘虏，便是被蓄为奴隶的。根据伊本·希沙姆的《穆罕默德传》中的记载：“在白努·木斯脱立格的战役中，俘虏了许多胡查尔族的阿拉伯

① 参看提尔米儿：《圣训实录》。

人，穆圣将他们分配给穆斯林们。”

伊斯兰在阿拉伯半岛传布开后，对待阿拉伯人，只许可“奉教”或“战争”两条路，不再允许蓄为奴隶。战争的俘虏，若不奉教，便要被杀掉。

对外攻克的地方日多，被征服的民族被蓄为奴隶者，急剧增加。蓄奴有男子，有妇女，有小孩，被分配给胜利的阿拉伯人。根据马斯欧德的记载：祖白尔·尔瓦姆一人即占有一千个男奴和一千个女奴。

奴隶被当作奴隶主的财货，奴隶主有权将奴隶出售或赠予他人，并可以用女奴来享受取乐。

奴隶主蓄养奴隶的数目，不受限制。一个人可以蓄养大批奴隶。在自己家里，可以蓄养女奴。奴隶主和女奴生下来的孩子，属于奴隶主所有。生了孩子的女奴便改称为“孩子的妈妈”，她仍归奴隶主所有，供主人享乐，但主人不能再将她出卖或转赠。主人死后，她便获得自由。

伊斯兰责成人们善待奴隶，鼓励奴隶主释放奴隶，规定释放奴隶的行为是一种善功，可以赎很多的罪。

奴隶主可以释放自己的奴隶，给奴隶以自由。但是在释奴者和释奴之间，继续保持着名分关系，这一种关系叫做“瓦拉关系”，[①]释奴在名分上仍隶属于释奴者。譬如称呼赛德·哈利思为“穆罕默德的释奴赛德·哈利思”。如果属于一个族的释奴，就冠以族名，如“哈西姆族的释奴某人”，“赛基弗族的释奴某人”等。根

① “瓦拉”意为“忠贞”、“亲睦”、“管理”等。“瓦拉”是词根，“毛拉”是从本词根派生出来的被动名词。意即“被管理者”、“被释放者”、“被解放者”。——译者

据这种“瓦拉”的关系，释奴死后，若没有继承人，则释奴者（主人）就可以继承他的财产。

“瓦拉关系”也可以出卖。《诗歌集》中记载：有名撒伊布·哈西尔者，原是一个波斯的俘虏，被主人释放为释奴。后来，阿卜杜拉·札尔法勒向他的主人购买了他的“瓦拉关系”[①]。

另外一种“瓦拉关系”，并非奴、主关系，而是奉教的关系。一个人跟随另外一个人信奉了伊斯兰教，彼此结约，于是二人之间的“约定”，也称为“瓦拉关系”[②]。

上面说的“瓦拉关系”是从法律方面而论的。若从历史上看：在蒙昧时期，阿拉伯人之间的“瓦拉关系”，并不含有上面所说的意义。当时说：“某人的‘毛拉’”，乃指某人的同盟、同宗、侄子、弟兄而言。塔巴里的《古兰经注》里有这样的记载：“伊本·赛德解释《古兰经》‘我让每一个人都成为毛拉’这句话时说道：‘蒙昧时代，称同宗的人为毛拉。后来对外国人无以称之，便称为毛拉。’”伊本·赛德的意思是说，伊斯兰兴起后，“毛拉”一词才出现新的含义，而这种新的用法，开始于穆罕默德时代。从那时起，阿拉伯人开始称呼赛德·哈利思为“先知穆罕默德的‘毛拉’（释奴）赛德·哈和思。”圣训中也有许多地方提到这种关系，如：“先知禁止买卖

① 艾布·法拉吉：《塔巴里》，第7卷，第188页。

② 这里提到的“瓦拉”一词，乃用其狭义，其实“瓦拉”一词的意思，广泛得多。根据许多文学、历史著作的记载，阿拉伯人以外的一切外国人，不管是否被蓄为奴隶，只要信奉了伊斯兰教，都被称为“毛拉”。甚至在伊斯兰教的法典中也有这样的用法。《才伊勒尔法典》中说道：“所有波斯人都被称为‘毛拉’，因为波斯地区是阿拉伯人武力征服的，阿拉伯人本来可以将所有的波斯人蓄为奴隶，而事实上许多波斯人并未成为奴隶，他们是自由人，但也被称为‘毛拉’。‘毛拉’一词本来就是通指，‘被释放者’而言，并不一定专指‘被释放的奴隶’。”

'瓦拉关系'","'瓦拉关系'有如亲属关系。"后来奴隶的数目增多，被释放奴隶的事件也随之增多，于是"瓦拉"一字成为专指释奴与释奴者之间的关系而言了。"瓦拉关系"颇受阿拉伯人宗族主义的影响，一般释奴必须和所隶属的部落完全一致，跟着部落一起出去打仗，为部落从事各种劳役。尽管伊斯兰教曾号召：凡为穆斯林一律平等。但是阿拉伯人，特别是倭马亚王朝，对待释奴是十分歧视的。因此，在倭马亚王朝时代，释奴们十分敌视王朝，并且曾组织起来，坚决反抗。在塔巴里的《先知与帝王历史》中，叙述木赫它尔的变乱，有这样的记载："阿拉伯贵族们聚集在库法城，对木赫它尔的变乱，颇为震惊。他们说，木赫它尔背叛了我们，他去接近释奴，让释奴们享受驼骑和战利，利用释奴掠夺我们的孤儿和寡妇。……贵族们派遣舍百斯往见木赫它尔，对木赫它尔说，安拉将这般释奴和他们的地方，一齐赏赐给我们作为战利品。我们解脱他们的奴籍，原是希望获得代价和感谢。而你却违背了我们的意图，让释奴跟我们一起分享战利品！"这一段记载，真实地告诉我们，当时阿拉伯人怎样看待释奴。伊本·阿卜杜·莱比在《罕世璎珞》中记载："穆尔威叶说，我看这般驴子（指波斯人和罗马人中的释奴）太多了，他们将会起来反抗阿拉伯人，夺取政权。我打算把他们杀掉一部分，将另外一部分送去筑街、修路。……后来穆尔威叶并没有这样做。"①

奴隶与释奴的制度，在阿拉伯人的思想生活中，发生了巨大的影响。被征服地区的男男女女，被当做战利品分配给阿拉伯军队，

① 伊本·阿卜杜·莱比：《罕世璎珞》，第2卷，第90页。

几乎每一个士兵都占有几个男女奴隶，为他们的生活服役。阿拉伯士兵可以随便同女奴结合生孩子。结果，在阿拉伯人的家庭中混入了另外的血缘成分。即波斯人、罗马人、叙利亚人、埃及人、柏柏尔人的血缘成分。阿拉伯人的家庭已经不是纯粹的阿拉伯血统，而是各民族的混合血统了。仅仅家庭的主人为阿拉伯人，而他们的孩子却具有两种血缘的成分：父亲方面的阿拉伯血缘成分及母亲方面的外族血缘成分。在欧麦尔时代以及以后的时代，阿拉伯人对外征服的地区十分辽阔，所以混血种是非常多的。有许多地区是完全用武力夺取的，当地的居民多变成俘虏的目标。甚至有大批俘虏，乃是当地王公贵族的子女。宰麦赫舍里在所著《无辜人的春天》里说道："欧麦尔时代，圣门弟子们带着波斯的俘虏回到麦地那，俘虏当中有三个女子是波斯国王叶兹德吉尔的女儿。当出卖俘虏的时候，欧麦尔命令将波斯国王的三个女儿一道出卖。阿里阻止说，帝王的女儿，不能跟市井的女子同样看待。欧麦尔说，如何处置呢？阿里道，将她们加以教育，待使她们身价高贵时，然后匹配给人。欧麦尔果然同意将三个女子加以教育，由阿里主持配给人。阿里将一女配给欧麦尔的儿子阿卜杜拉，一女配给自己的儿子侯赛因，一女配给艾布·伯克尔的儿子穆罕默德。后来阿卜杜拉生子撒林姆，侯赛因生子阿里·宰伊尼·阿比丁，穆罕默德生子葛西姆。因此，撒林姆、阿里·宰伊尼·阿比丁和葛西姆三人都是波斯国王叶兹德吉尔的外孙。"这三个女子是否为波斯国王的女儿，一部分学者未加以肯定。但她们都是出身于波斯贵族家庭，那是毫无疑义的。木邦利德在所著《全史》中说："麦地那人最初讨厌与女奴匹配，到了撒林姆、阿里·宰伊尼·阿比丁和葛西姆出世之后，他们都成为虔诚的人，有知识的人，而且胜过了麦地那人。于是麦地那人都乐意和女奴匹配了。”

伊斯兰历2世纪时，奴隶和释奴的数目激增。当中有不少是再传弟子中的领袖，是穆斯林中的优秀人物，曾执学术的牛耳。本书论述学术活动的部分将加以叙述。

2. 战败国人民之改奉伊斯兰教　战败国人民之崇奉伊斯兰教，是阿拉伯人与战败国人民混合的第二个原因。原来伊斯兰教远征胜利之后，战败国人民奉教者很多，与阿拉伯人混合后，简直跟阿拉伯人无甚区别了。根据白拉祖里的《各地的征服》一书的记载："有一名艾布·拉威兹者，率仆从四千人，转向迪来木地区[①]。他死后，其仆从投到波斯大将罗斯坦的部下，参加了'哥德西叶战役'。后来，罗斯坦被杀，波斯军大败。于是艾布·拉威兹的侍从们离开了波斯人，并互相说道，我们比不上他们，我们没有归宿，阿拉伯人对我们又没有好感，不如改奉他们的宗教，或尚可以保持荣誉，遂离开了波斯军营。阿拉伯统帅赛德·伊本·艾布·宛葛斯看见后，就派大将木伊勒去问他们。他们把情况告诉了木伊勒，并说，我们愿意改奉你们的宗教。木伊勒回去把情况转告艾布·宛葛斯，艾布·宛葛斯答应保护他们的安全。于是这些波斯人遂改信伊斯兰教，并追随伊本·艾布·宛葛斯参加了攻克迈达邑尼城（忒息丰）的战役和其他战役。后来都居住在库法城。"[②]这类的事实是很多的。

战败国人民改奉伊斯兰教的原因是各式各样的。有的是看见伊斯兰教的道理优越、教义正确、信仰简明，容易了解，便心悦诚服

① 波斯北部的山区。——译者

② 白拉祖理：《各地的征服》，第280页。

地皈依。有的是为了避免丁税而奉教，因为当时不奉伊斯兰教的人必须纳丁税，奉教后便可以免缴。为了避免丁税而奉教者甚众，后来竟使各地总督大起恐慌。哈查吉[①]的官吏向他报告说："被保护的人民纷纷奉教而迁居城市，税收已经枯竭了！"于是哈查吉下令，虽奉伊斯兰教，也必缴纳丁税。[②] 有的感觉地位低下而改奉伊斯兰教，因为伊斯兰教是统治者、执政者的宗教，奉伊斯兰教者以信教而自豪。阿拉伯人虽予异教徒以信仰的自由、举行宗教仪式的自由，但是伊斯兰教以外的宗教在伊斯兰国家中，终是受憎恶的，令人讨厌的。同时，一部分地方官不遵守宗教宽待"被保护者"的教训，有时还加以压迫，于是异教徒不得已，大部改奉伊斯兰教。

3. 阿拉伯人与各族的杂居　阿拉伯人与战败国人民之杂居，是阿拉伯人与非阿拉伯人同化的第三个原因。远征胜利后，阿拉伯人与被征服的人混合杂居，共同参加社会、经济活动。威尔浩森说："库法城的居民大半是释放了的奴隶，这些释奴，原来或从事工艺、或经商，他们大抵为波斯人，操波斯语。战败后被俘，送到库法。奉伊斯兰教后，奴隶主——阿拉伯人解放了他们，他们成为'释奴'，成为自由人。但他们仍受主人的保护，无论在战时或平时，都是充当阿拉伯人的侍役和仆从。"此外，波斯、叙利亚、埃及、马格里布等地的阿拉伯人与非阿拉伯人，也完全混合同化。就是阿拉伯半岛，也不是以前的"阿拉伯半岛"了，已经变为"穆斯林半岛"了。在伊斯兰教大胜利时期，(欧麦尔时)麦地那城乃是哈里发

① 公元八世纪初，阿卜杜勒·马立克时代(公元674—705年)的伊拉克总督，以血腥的统治著名。——译者

② 伊本·艾西尔：《全史》，第4卷，第179页。

驻节的首府，为各民族使节和公干者不断前往的地方。前方所获的俘虏与战利品，也必须送到麦地那，因为根据欧麦尔的训令，战利品与俘虏不准在前方处置，必须送到哈里发所在地，再加分配。于是麦地那城便充满了非阿拉伯人的成分了。后来欧麦尔之被害，便是出于麦地那城及其周围的波斯居民的阴谋，主谋者为波斯人爱布鲁罗。况且麦加、麦地那又是各地伊斯兰教人朝觐的圣地。这都是各种血统在阿拉伯半岛混合的原因。被征服各国的情形也是这样，所不同的是，在阿拉伯半岛以阿拉伯人为主要成分，在被征服各国以外国人为主要成分。

*　　　*　　　*

上述种种，都是阿拉伯人与非阿拉伯人同化的主要原因。波斯人与罗马人的习俗同阿拉伯的习俗糅合；波斯法与罗马法同《古兰经》所阐明的伊斯兰教法糅合。波斯、罗马哲学同阿拉伯哲学糅合；波斯、罗马的政体，同阿拉伯政体糅合。总而言之，举凡一切生活的方式，政治、社会的制度、思想的实质……，无一样不受混合的巨大的影响。

由于被征服各民族的文化较阿拉伯人的为高，社会组织较为严密，所以被征服国的文化与制度便很自然地居于统治的地位。又由于阿拉伯人为战胜的有力成分，所以他们有权力改变各种制度以适合于他们的情况。因此，伊斯兰教统治以前各地的一切制度与系统，如行政机关的组织，依然跟过去一样，行使于被征服各国，甚至到了哈里发阿卜杜勒·马立克时代，各机关的文件，还沿用各国原有的文字。本书的目的，不是叙述社会、政治制度的系统，只讨论“思想生活”。但是阿拉伯人与外族在社会、政治制度方面的同化，乃是阿拉伯人的思想与外国人的思想混合后所产生的结果。

战败的人民，大批改奉伊斯兰教。他们有自己的哲学，自己的格言、文学、诗歌，一部分的人还从事于学术的著作与学术的研究。奉了伊斯兰教之后，生活日渐安定下来，于是他们以及他们的后人又开始依循自己的学术途径，整理自己和祖先所著作的东西。这些情形我们在后面将要提到。

甚至伊斯兰教的信仰，也不免受到这种同化的影响，你以为波斯人，或信奉基督教的叙利亚人，或罗马人，或科普特人，改奉伊斯兰教后，便完全抛弃了千百年来祖先遗留下来的信仰了吗？你以为他们对伊斯兰教的教训能如伊斯兰教所要求的那样去了解吗？不是，绝不是如此的。波斯人的上帝观，绝不同于罗马基督教人的上帝观；波斯人、罗马人的上帝观，又绝不同于埃及基督教人的上帝观。就是许多宗教的术语，如地狱、天堂、魔鬼、天使、末日、先知等，也是各有自己不同的含义。这些人奉伊斯兰教后，纵然成为虔诚的笃信者，也不可能如阿拉伯人那样去理解伊斯兰教的内容。每一个民族之了解伊斯兰教，必定掺杂着本族许多古代宗教的传统；每一个民族了解伊斯兰教的术语，必定模拟它，使它近似自己的宗教术语。关于这种事实的例证很多，爱兹底在《叙利亚之征服》一书中说："叙利亚的一个穆斯林同一个人相约，那个人为他牧羊，条件是让自己的妻子去和他欢度一宵。哈里发欧麦尔闻之，召二人来问，二人承认了，但并不知道那是玷污道德的行为。"又如伊本·阿卜杜·莱比在所著《罕世璎珞》里面说："一般释奴们遵守宗教之严肃，绝不是阿拉伯的游牧民族赶得上的。"[1]伊斯兰历一世

① 伊本·阿卜杜·莱比：《罕世璎珞》，第2卷，第90—91页。

纪末叶，伊斯兰教教派的产生，便是受了其他民族的影响。在欧麦尔时代，阿拉伯人远征胜利，俘虏很多，欧麦尔很有顾虑。据底纳瓦利在所著《历史长篇》一书中的记载："哲鲁拉[①]之役，穆斯林获得了空前未有的战利品，俘虏了大批波斯女子。欧麦尔看见后曾说：'主啊！求你保护，使我不要受哲鲁拉俘虏的祸害。'"不错，欧麦尔是应当求主保护的，因为有的俘虏，都有自己的政治意识和宗教传统，和阿拉伯人不同，他们必然会反对伊斯兰的简单的宗教意识的。

实际上，阿拉伯人与非阿拉伯人的混合是非常强烈的。释奴们对于生活的各方面，都有很大的影响。社会问题方面的斗争，也像疆场上士兵的肉搏一样的厉害，这种问题最应当加以注意，而历史学家却不重视分析。如：伊斯兰教与其他宗教的斗争，阿拉伯语与非阿拉伯语的斗争，阿拉伯思想与非阿拉伯思想的斗争，阿拉伯的简单的社会制度与波斯、罗马的社会制度的斗争。疆场上的肉搏，经过艾布·伯克尔、欧麦尔、奥斯曼诸人的胜利后，已大体结束，可是其他方面的种种斗争，却是长时期存在着的。伊斯兰教国家成了各种思想的广阔的战场。波斯人眷恋他们的故国，相信他们比阿拉伯人高尚，罗马人也抱着这种见解；埃及人和西非洲人则希望独立自主。同时，在政治制度方面，彼此也存在着尖锐的矛盾，波斯人有波斯人的制度，罗马人有罗马人的制度。罗马法律曾经统治过罗马的殖民地，波斯法律曾经统治过波斯帝国；而伊斯兰教的法律，有的和波斯法与罗马法相符合，有的又相违背。波斯人

① 哲鲁拉：波斯北部通往中亚呼罗珊途中的城市。欧麦尔为哈里发时，征服了这座城（公元636年）。——译者

中有继续信奉祆教的，有改奉伊斯兰教的；罗马人中有继续信奉基督教的，有改奉伊斯兰教的；埃及人中有继续信奉基督教的，有改奉伊斯兰教的；犹太人中有继续信奉犹太教的，有改奉伊斯兰教的。文字方面，有阿拉伯语、波斯语、科普特语、希腊语、希伯来语。这种种意识和语言，不断地斗争着，整个伊斯兰教国家，全成了战争的广场。这种种矛盾与斗争的事实，不幸而传于今日者很少——所以胜利后的伊斯兰民族，并非如穆罕默德时代一样，是语言统一，宗教统一，理想统一的纯粹的阿拉伯民族。胜利后的伊斯兰民族实际上是由许多个习尚不同、思想意识不同的民族所组合的。在这种种斗争中互有胜负：有时是波斯人胜利，有时是阿拉伯人胜利，有时是罗马人胜利。

实际上，阿拉伯人在政治组织、社会制度以及哲学、科学等方面是失败了，阿拉伯人只获得了两种胜利：就是“语言”与“宗教”。阿拉伯语统治了整个的伊斯兰教国家，各国固有的语言都溃败在阿拉伯语的面前。阿拉伯语成为政治与学术的文字。语言的胜利，在大部分国家中，一直保持到了今天。宗教方面也是这样，伊斯兰教成为这些地区的人民普遍信奉的宗教，这些国家的人民很少保持他们原来的宗教的。不过，阿拉伯人虽然在文字与宗教方面获得胜利，但是这两种东西，在各种矛盾的斗争中，也不免受到外来的影响：阿拉伯语已失去了它自然的音节，不再是往昔那种纯正的语言了，因而需要设置文法来为之矫正。许多外国的单字与词句，想象与意义，亦转入到阿拉伯语言中。宗教虽然胜利了，却受到了外来的影响，穆斯林中产生了若干派别，各派的人，都根据从别的书籍中所得到的东西，以注解《古兰经》，如创造天地之类的传说。各个教派，有时以文字为辩论的工具，有时以刀剑为斗争的武器。

我们拟把这种思想活动——宗教与语言——的范围，扩大讨论。波斯人有自己的宗教、哲学、思想……罗马人也有自己的宗教、哲学、思想。他们对于伊斯兰民族都有深刻的影响，今阐述于后。

本篇主要参考书目

(1) 塔巴里:《先知与帝王历史》(Ibn Jarir At-tabari, *Kitab Akhbar Ar-Rusul Wal-Muluk*)。

(2) 白拉祖理:《各地的征服》(Al-Balazuri, *Futuh Al-Buldani*)。

(3) 底纳瓦利:《历史长编》(Ad-Dinawari, *Al-Akhbar At-tiwal*)。

(4) 沙裴尔:《阿尔·温姆》(Ash-Shafiï, *Al-Umm*)。

(5) 马瓦勒底:《伊斯兰法典》(Mawerdi, *Al-Ahkam As-Sultaniya*)。

(6) 爱米尔·阿里:《撒拉森简史》(Ameer Ali, *A Short History of the Saracens*)。

(7) 布朗:《波斯文学史》(Browne, *Literary History of Persia*)。

(8) 爱米尔·阿里:《伊斯兰的精神》(Ameer Ali, *Spirit of Islam*)。

(9) 其他在正文中引用的阿拉伯文参考书目，此处不再列举。

第三篇

波斯对于阿拉伯人的影响

第一章　波斯的宗教

伊斯兰教远征胜利后，波斯失去了独立，变为伊斯兰国家的一个行省。大批波斯人被阿拉伯人俘虏，一部分成为奴隶，被分配给阿拉伯人。波斯人中改奉伊斯兰教并学习阿拉伯文的非常得多。伊斯兰历二世纪时，波斯人中精通阿拉伯文者，与阿拉伯人简直没有分别。可是大多数波斯人在信仰、思想、追求、风尚等各方面，都未能和阿拉伯人一致。他们信奉伊斯兰教后，把伊斯兰教染上一层波斯的色彩，因为他们未能完全拔出固有宗教的信仰与传统。他们只能在他们的族人和祖先世世代代信仰过的旧宗教许可的范围内，去了解伊斯兰教。学阿拉伯文学的人也是这样，未能抛弃波斯的思想，未能忘情于波斯的诗歌、谚语和格言。这样的结果，一种新的思想和新的宗教意识，自然掺入伊斯兰教的教训中，在以后产生了很大影响。受这种影响最深的，为什叶派与苏菲派（神秘派），同时阿拉伯的文学，也受了很大的影响，因为波斯人已经把许多波斯人的格言、故事和想象掺杂在阿拉伯文学里面了。

波斯的宗教及文学，对于伊斯兰教既然有很深的影响，那么，我们为明了其究竟，应当简单地研究一下波斯的宗教与文学。但是我们并不研究波斯宗教的源流，也不涉及波斯文学产生和发展的过程，因为这对于我们研究的范围，没有太大的关系。我们只是概括地叙述一下从萨珊王朝统治波斯到阿拉伯征服时期的波斯的宗教与文学，因为萨珊王朝在宗教方面和文学方面，对于伊斯兰教都有直接的影响。

波斯的宗教——波斯人和其他雅利安人一样，是以崇拜自然现象著称的：晶莹的天空、光、火、空气、雨水……都吸引住了他们的目光，都能感动他们去顶礼膜拜。在他们看来，那些东西，都是神的象征，所以他们称太阳为“神眼”，称光为“神子”。他们认为黑暗、旱灾等，都是恶神的象征，都是应受诅咒的邪恶。

他们认为人类首要的任务，就是服从善神，求助于善神去克服恶神，要礼拜善神，赞美善神，用牺牲品供奉善神。

他们认为善神不断地和恶神斗争着，人们礼拜善神，赞美善神的种种仪式，便能帮助他去和恶神斗争。他们以火光为光明的象征，就是说光明是善神的象征。所以他们在神庙里供奉着“火”，让“火”随时放着光亮，使善神可以借此制服恶神。这火光便是波斯诗歌的丰富想象的泉源。

琐罗亚斯德教——后来出现了波斯人的先知——琐罗亚斯德。是琐罗亚斯德根据波斯古代宗教加以改革创立出来的一个新的宗教。

琐罗亚斯德是否为历史上实在的人物，这是历史上争辩未决的一个问题。主张琐罗亚斯德在历史上实有其人的人，对于琐罗亚斯德出生的年代的看法，也很不一致，大抵主张他生于公元前六百年至前五百五十年之间。詹克森所著的《琐罗亚斯德的生平》一书，在很大程度上证实了琐罗亚斯德的“存在”。詹克森以为琐罗亚斯德确是历史上实在的人物，并非神话中的人物。他是波斯西北部米底亚地区的人；他开始传教的工作，约在公元前七世纪中叶，约卒于公元前583年，活了七十七岁。他的故乡是阿塞拜疆，然而他的事业，却是因为白朗赫[1]国王彼石塔斯伯之奉教，而成功于白朗赫的。后来他的宗教便由白朗赫而传布于波斯全境。

詹克森对于琐罗亚斯德的存在问题，虽然研究出一个端系来，但是还有许多问题需待研究的。据琐罗斯亚德教人的传说，琐罗亚斯德出生之时，就出现了奇异的征兆。他自幼就喜欢索居冥想。后来得了七个梦兆，便出而宣布他的使命，自称先知，说是上帝派遣他来铲除障碍正道的迷妄，引导人们走上正道。他继续传教若干年，信徒仍寥寥无几。后来据说他受了上帝的默示，命他迁到白朗赫。到白朗赫后，便在王宫里宣传他的使命。首先奉教的为一般大臣的孩子，继之者为王后，而同时宫廷中与他质对辩难的人也很不少，但是由于国王彼石塔斯伯之奉教，琐罗亚斯德终于取得了胜利。彼石塔斯伯[2]对于这个新宗教很热心，所以一般人民随之而奉教者渐多。

琐罗亚斯德的教义——前面已经说过，波斯古代的宗教，是建立在两个基础上：1. 宇宙世界是依循一定的规律而运行，宇宙间存在着许多永恒的自然现象。2. 宇宙间有许多不同的力量不断地在冲突着：光明与黑暗的冲突，丰裕与旱灾的冲突……。琐罗亚斯德的宗教，也是建筑在这两个原则上。琐罗亚斯德以前的人，认为善神的数目很多，他们对于这许多善神都顶礼膜拜。琐罗亚斯

① 在今阿富汗东北边境，古代中亚小国“图哈力斯坦”的首府，后被阿拉伯人征服。公元1220年，成吉思汗率蒙古人攻陷之。——译者

② 波斯大诗人菲尔多西的史诗《帝王之书》中，称为“吉石塔斯白”。——译者

德出来后，把善神都统一起来，称为“爱胡拉·麦兹达”，同样地，他把恶神也统一起来，称为“多罗吉·阿赫利曼”；他以为宇宙间只有两种力量，即“善”与“恶”。

琐罗亚斯德教的圣经名《阿味斯塔》，圣经的注释名《赠达味斯塔》。据麦斯欧迪说：“《阿味斯塔》共二十一章，每章共二百页，是用古波斯文写的，现在已无人能懂这种文字了。后来琐罗亚斯德教人所保存的经文，乃是用这种波斯文（原文如此。——译者）由原文里面选译出来的，供他们在祈祷的时候念，其中包括有关创世与终世的话，及不少的劝诫文。”

《阿味斯塔》是怎样形成的？各章的著者为谁？这也和琐罗亚斯德本人的存在问题一样，同为历史学家争辩不休的问题。波斯人认为《阿味斯塔》是萨珊王朝时代产生的，共二十一章，但流传至今者，只有完整的一章及各章里面散碎的几节。现在所存在的，仅包含着一些关于宗教律例和琐罗亚斯德教堂的规则与仪式的断片。

伊斯兰教征服波斯以后，对待琐罗亚斯德教人也和对待有经典的人一般：[①]承认他们的圣经为天降的经典。欧麦尔自从听见别人告诉他，穆罕默德说过“你们对待他们，须如对待有经典的人一样”的话以后，就遵照圣训而行了。

琐罗亚斯德最重要的教训是：宇宙有两个元素或两个神，善的元素叫爱胡拉，或爱胡拉·麦兹达；恶的元素叫阿赫利曼。善、恶

① 《古兰经》中称一神教徒（犹太教人、基督教人……）为“有经典的人”。——译者

二元素，不断地斗争。善恶二元素都有创造的能力，善的元素就是“光明”，创造一切善良的、美好的、有益的东西，如秩序、真理、光亮、犬、雄鸡以及其他有益于人类的动物，信徒对于这些东西，应当竭力加以保护。恶的元素就是“黑暗”，它创造世界上一切有害的东西，如猛兽、蛇蝎、毒虫等，对于这些东西，信徒应当努力扑灭。善、恶二元素的斗争是互有胜负的，但最后的胜利终属于善神。善、恶二神斗争之时，人类有帮助善神爱胡拉的，也有帮助恶神阿赫利曼的。善、恶之争，并非善神与恶神直接搏斗，而是以各自创造的物类斗争。

人类是善、恶二元素斗争的目标。人类本来是善神爱胡拉造化的，但是爱胡拉予人类以意志的自由，所以人类有服从各种恶势力的可能。而人之一生，也就常受两种力量的吸引。如果崇奉正确的宗教，而且身心清白、行为廉洁，便可以压抑恶的势力，而帮助善的势力，便得享受爱胡拉·麦兹达的报酬；假使助长恶的势力，则必受爱胡拉的惩罚。

琐罗亚斯德教的重要教训，以为人类最高尚的工作，是耕田种地和爱护牲畜，所以奖励人类从事农耕，饲养牲畜，并要人类劳苦工作，禁止信徒们举行斋戒。因为斋戒足以减少工作的力量，而琐罗亚斯德教是要人类都成为从事工作的强壮人。

琐罗亚斯德教人知道水、火、土、空气等都是洁净的原质，不许将它们染污。所以琐罗亚斯德教人崇奉火光，以火光为神的象征，禁止搅污流水，禁止埋葬死尸于地下。

人类有两个生命，一个是今生的生命，一个是死后的生命。来世生活的苦乐，乃是今生行为的结果：人类在今生的一切行为，都被神记在功过簿上;人死之后,一切恶的行为,都要受神的审问。人在死之前三天,神把他的灵魂,取出盘旋在他的肉身上面,灵魂的幸运与厄运,就在平生的行为。因此,人将死的前几天,家人举行宗教仪式,安慰灵魂。来世受神审问之时,人人必须经过一条横于地狱上面的长桥:善良信士经过之时,是平坦的、宽敞的、容易通过的大道;逆徒经过时,却细如毫发了。信教的人,有善功的信士平安地通过那条坦途之后,便得欣逢爱胡拉,爱胡拉善待他,让他安居乐园。背逆者是不能通过的,他必坠落火狱,充当阿赫利曼的奴隶。如果人之功过相等,其灵魂便入于介乎天堂与地狱之间的境界,直到最后审判之日到来。

在今生,人人昧于来世的生活,是祸是福,茫然不知。于是神大发慈悲,差一位先知圣人前来引领正道。据琐罗亚斯德教的神话传说,在当初,神本是选择波斯王哈木西底为先知的,后来哈木西底不能胜任,才选择琐罗亚斯德负担这个使命。神曾和琐罗亚斯德交谈,并降默示给他。

琐罗亚斯德知道末日已经临近了,今生不久便要完结,善神爱胡拉将奋其神勇,痛击恶神,将恶神及其徒众,打下火狱受罪。

琐罗亚斯德的哲学——从琐罗亚斯德的教义看来,琐罗亚斯德对于“形而上”的问题,也曾有所研究,但却是部分的片断的研究,不像希腊人那样作概括的、综合性的探索。同时,琐罗亚斯德有一种特点,跟伊斯兰教时代的阿拉伯人一样,就是他们并未如希腊人一样,对形而上学诸问题,进行独立的研究。而是把宗教和命运混合起来研究的。

琐罗亚斯德的哲学中,曾研究性灵的问题,琐罗亚斯德教徒认为人的性灵是神从无中创造的,性灵在今生如果和尘世上的一切罪恶作战,则将来必得享受无穷的幸福。神许可性灵自由,所以性灵能自由地择善或择恶。人类的性灵具有五种不同的力量:1. 感情力,2. 生活力,3. 思想力,4. 精神力,5. 自卫力。

现在我们应当研究一下:琐罗亚斯德教是否为二元论,以为宇宙间有善、恶二神,而二神都是独立的?抑或是一元论,以为宇宙间只有一个独一的神,不过有恶、善两种力量,这两种力量是神的两重性?对于这个问题的解答,各家不一,但多数的学者主张是二元论。以为琐罗亚斯德教的教训,便是很明白的证据。一部分欧洲学者如《大英百科全书》中"琐罗亚斯德"一条,便是这样主张的。同时也有人主张琐罗亚斯德教是一元论,如沙赫力斯坦和哥尔格·珊德等人便是。胡格认为琐罗亚斯德教由神学方面说是一元论,由哲学方面说是二元论。胡格的意思,似乎是说琐罗亚斯德教对于宗教的信仰方面,主张一神论,所以是一元论;若作哲学问题解释,则以为宇宙有善、恶的冲突,有两种力量,所以是二元论。

*　　　　*　　　　*

琐罗亚斯德教在阿契米尼亚时代,曾遍布于波斯及波斯附近各国。至公元前 331 年,亚历山大东征胜利以后,琐罗亚斯德教受到了重大的打击,便衰落下去;到公元 226 年,萨珊王朝统治波斯以后,才又复兴,继续成为波斯人的宗教,一直到伊斯兰教征服波斯。在这以后,琐罗亚斯德教人,有改奉伊斯兰教的,有先逃至波斯湾,后又逃往印度的,如今孟买还遗留下一些波斯人,仍然奉守着他们祖先的宗教直到今天。伊斯兰教传入波斯后,波斯人继续信奉琐罗亚斯德教者为数不少,伊斯兰教统治后的三百年内,各个区域还有许多拜火教堂[①]。

*　　　　*　　　　*

读过瑣罗亚斯德的教义以后，必然感到瑣罗亚斯德教对于穆斯林的影响非常得大，关于这点，我们将在“宗教学派”一篇里详细说明。在本章中，我们只能概括地说：穆斯林也相信人死后必经过如瑣罗亚斯德说的横在火狱上面的一座长桥；相信除天堂、地狱外，还有一个中介的境地；相信人将死之前三天，天使取出死者的灵魂，使盘旋于他的肉身上，家人在这几天，必须举行宗教仪式，为之忏悔。

这些信仰，是完全与瑣罗亚斯德教相吻合的。同时伊斯兰教穆阿台及勒派，对于“意志自由”和“宿命论”等问题的解释，苏菲派（神秘派）对于人性等级等问题的解释，都是采取瑣罗亚斯德教的说法。关于这些，将在后面分析。

摩尼教——摩尼教是著名宗教之一，信徒众多。据白鲁尼的《遗迹》一书的记载，摩尼约生于公元 215 或 216 年。摩尼教虽然历遭压迫，却生存到伊斯兰历七世纪（公历十三世纪），信徒在亚洲和欧洲都是很多的。摩尼教的宗教主张，影响很大。其教义大抵糅合基督教及瑣罗亚斯德教的教义而成。伯尔温曾说：“称摩尼教为基督教化的瑣罗亚斯德教，较称之为瑣罗亚斯德教化的基督教

---

① 公元八世纪末，中亚巴尔赫地区的长官萨曼改奉伊斯兰教，他原来是奉瑣罗亚斯德教的。随后，建立了著名的萨曼王朝（公元 850—990 年）。公元 872 年，里海南岸迪来木山区的瑣罗亚斯德教居民，大批改奉伊斯兰教。公元 912 年，统治里海南岸的什叶派阿里家族的首领哈桑，大力号召，于是迪来木山区和脱百力斯坦山区的居民，大部改奉伊斯兰教。公元 1008 年，瑣罗亚斯德教的著名诗人米赫雅尔也改奉伊斯兰教。八世纪初，穆干法尔也放弃了瑣罗亚斯德教，改奉伊斯兰教。时至今日，在伊朗，大约还有八千五百人信奉瑣罗亚斯德教。——译者

更近似些。”关于记载摩尼教的史料，阿拉伯文和西洋文中都不少，而伯尔温以为阿拉伯文的史料比较更真实可靠。如伊本·哈兹木的《宗教与教派》。沙赫力斯坦的《宗教与教派》，伊本·奈迪姆的《目录》，白鲁尼的《雅各教派的历史》及《遗迹》都是阿拉伯文记载摩尼教的著名典籍。

摩尼教的教旨和琐罗亚斯德教的道理颇多近似，以为宇宙是由光明与黑暗两种元素而成，“善”由光明而生，“恶”由黑暗而出；光明不能克服黑暗，黑暗也不能克服光明。善神是人类的善源，恶神是人类的恶根。人们如果本着慈悲的眼光，来观察世间一切，那么眼光所及，无往而非光明的、良善的；如果以残忍的眼光观察，那么眼光所及，都变为罪恶的、黑暗的了。推而言之，其他感官的作用也是如此。摩尼教又以为世间善、恶是完全混合在一起的，摩尼和他的信徒解释善、恶混淆的情形，简直近似荒诞的神话了。

由此可知，摩尼教的教义在许多地方脱不出琐罗亚斯德的教义，但在一些本质地方是不相同的。琐罗亚斯德以为宇宙是善的，因为宇宙间有许多善胜于恶的现象。摩尼则不以为然，摩尼以为善、恶原是混淆不清的，这本身就是一桩坏事，必须从中解脱出来。琐罗亚斯德以为，人类必须合乎自然地生存下去，所以必须男女结合，绵延子嗣；必须耕耘稼穑、蓄养牲畜；又应当锻炼身体，禁止斋戒；以为人类必须如此生活，善神方能克服恶神。摩尼则具有另一种意识，趋向于修行出世。据说，摩尼本是哈兰[①]的一个修道士，

① 哈兰：两河流域之间的一座古城，公元639年被阿拉伯人征服，伊斯兰前后，都以哲学发展著称。——译者

看到人世间明、暗混淆，善、恶难分，遂主张禁绝婚姻，以促使世界早日毁灭。摩尼劝人廉洁，制定每月必斋戒七日，并制定许多拜功。礼拜之前，先用水净，然后肃立，面对太阳，拜十二拜，每拜必诵祷词。摩尼又戒人杀生认为杀生是残忍的行为。摩尼也承认耶稣及琐罗亚斯德为先知，自称是耶稣所预告的先知。

相传波斯国王胡尔木兹[①]曾奉摩尼教并支持摩尼教的传布，以致很多人跟随他信奉了摩尼教。胡尔木兹死后，拜赫兰一世[②]继王位。拜赫兰不喜摩尼教，遂杀摩尼，并逐其信徒。摩尼教虽遭此迫害，但其势仍未衰。摩尼死后，有许多主教，世代相传。他们的主教中心起初在巴比伦，后来移至撒马尔罕。根据伊本·奈迪姆的记载："当波斯人的势力日益坐大，阿拉伯的国势强大之后，特别是当波斯人发生骚乱之后（倭马亚时代），摩尼人又回到呼罗珊、撒马尔罕，求保安全。来不及走的人，只好潜伏下来。因此，伊斯兰各地的摩尼教徒，异常稀少。至于在巴格达城，在木阿兹·多勒·阿卜杜拉（10世纪初）时代，不过三百人，到我们这个时代[③]，仅余五人而已。"伊本·奈迪姆又说："摩尼教中的许多领袖，表面虽改奉伊斯兰教，暗中仍崇奉摩尼，如倭马亚末朝哈里发穆尔旺的老师便是。或谓哈立德·阿布笃拉、梭理罕·阿布德古笃斯、邦沙·白丁、塞尔母·哈兴等，都是摩尼教徒。"又说："白拉米克家族[④]除穆罕默

---

① 即萨珊王朝国王胡尔木兹一世（公元271—272年）。——译者

② 萨珊王朝国王拜赫兰（公元273—276年）。——译者

③ 指作者伊本·奈迪姆的时代，即公元十世纪后半期。——译者

④ 在阿拔斯王朝初期（公元八世纪后半期），波斯贵族伯尔麦克家族，成为当权派，世袭首相之位，达四代之久。阿拉伯历史称这时期为"波斯人当政时期"。——译者

德·哈立德外，都是摩尼教徒，甚至哈里发麦蒙也是摩尼教徒——这却是附会之说了。当时摩尼教派的首脑，在撒马尔罕。”

摩尼教曾传布到欧洲法国的南部。据说圣奥古斯丁[①]起初奉摩尼教，为时很长，后来才改奉基督教。

摩尼教人在文学方面有些著作。从摩尼教创立之日起，摩尼教徒就喜欢对各种问题进行研究，所以在学术上也有过一个时期的活动。相传波斯大法官蒙百才曾审讯摩尼，他问摩尼道：“你主张禁止婚姻，以促使世界早日毁灭吗？”摩尼答道：“是的，我们应当断绝子嗣，以求解脱。”蒙百才说：“那么，你应当先以身作则，尽快把你自己救拔出来，免得善、恶混淆不清。”摩尼至此，哑口无言，波斯国王拜赫兰便令杀之。又传哈里发麦蒙和一个摩尼教徒辩论。麦蒙问道：“作恶的人有后悔的吗？”答道：“有，后悔的很多。”问道：“这种悔过的行为，是善的，还是恶的？”答道：“当然是善的。”又问：“后悔的那个人，就是作恶的那个人吗？”答道：“是的。”又问：“这样，行善者同时又是作恶的，岂不是和你所说的‘以残忍的眼光看，所见者就全是恶，以慈爱的眼光看，所见者就全是善’的话，大大矛盾了吗？”答道：“我所说的‘后悔的’与‘作恶的’并不是一个人。”又问：“那么，‘后悔的’所干的那桩罪恶，究竟是他自己干的，还是另外一人干的？”摩尼教徒至此终于词穷，不知所对。

摩尼教的学说，在伊斯兰教哲学中占着重要的地位，穆斯林有引用的，有驳斥的。如对于人生的归回来世，是肉体的，还是灵魂

① 圣奥古斯丁（公元354—430年）：基督教著名主教之一，生于北非“塔加斯特”（今阿尔及利亚“苏克”），原为摩尼教徒，后皈依基督教，任北非“希波”（今阿尔及利亚“波的”）地区的主教。——译者

的等问题，曾引起穆斯林间争辩不休。因此产生了不少的教派。

现在我们应当研究：伊斯兰教以前及以后的摩尼教，为什么常遭压迫？

在前面，我们对于这个问题曾约略涉及。教主摩尼和他的信徒之所以被波斯王拜赫兰杀害，是和人类究竟应否工作这一问题有关系的。因为琐罗亚斯德主张人类应当工作，其教旨是促进民族意识，提倡尚武精神，这对王朝是有帮助的，很适合当时波斯人的口味。摩尼则恰恰相反，他主张廉洁寡欲，世界毁灭，这种思想，显然危害波斯穷兵黩武的政策。《遗迹》一书的记载，很可以证明上述的话是对的。拜赫兰说："这个人出而提倡世界的毁灭，我们应当在他的影响没有扩大前，先毁灭了他。"摩尼教徒坚决地传播自己的宗教，往往以奉伊斯兰教、基督教为名，而在两教荫庇之下，秘密宣传摩尼教，从而避免各种压迫[①]。

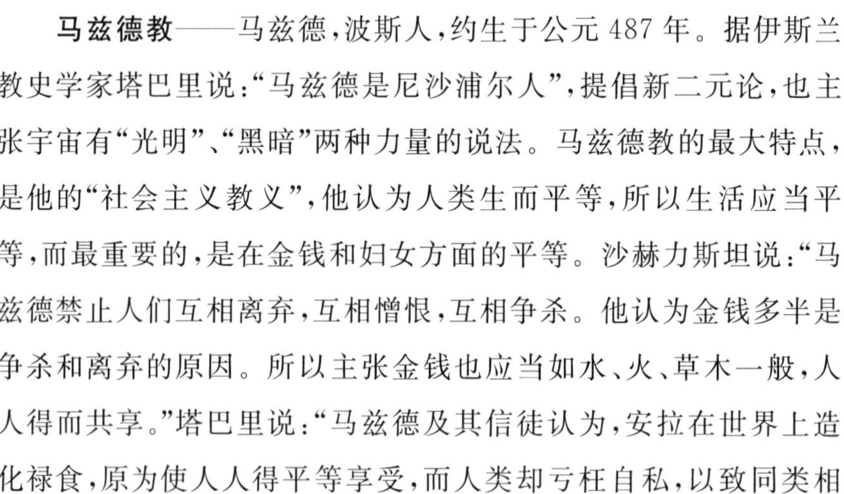

马兹德教——马兹德，波斯人，约生于公元487年。据伊斯兰教史学家塔巴里说："马兹德是尼沙浦尔人"，提倡新二元论，也主张宇宙有"光明"、"黑暗"两种力量的说法。马兹德教的最大特点，是他的"社会主义教义"，他认为人类生而平等，所以生活应当平等，而最重要的，是在金钱和妇女方面的平等。沙赫力斯坦说："马兹德禁止人们互相离弃，互相憎恨，互相争杀。他认为金钱多半是争杀和离弃的原因。所以主张金钱也应当如水、火、草木一般，人人得而共享。"塔巴里说："马兹德及其信徒认为，安拉在世界上造化禄食，原为使人人得平等享受，而人类却亏枉自私，以致同类相

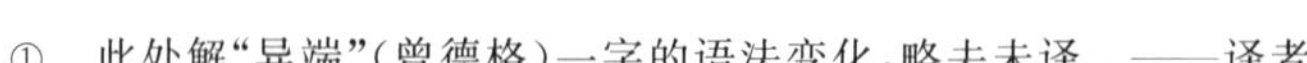

① 此处解"异端"（曾德格）一字的语法变化，略去未译。——译者

残。马兹德及其信徒，宣称他们是抑富助贫，取多济寡，人们不应占有多余的金钱、妇女、货利。于是市井流氓，乘机而起，与马兹德的信徒并肩作战，参加马兹德教徒的活动。人民历遭浩劫。而马兹德教派因而日益扩大，甚至攻入人们的私宅，奸淫抢掳，无所不为。并强迫古巴才[①]赞助他们，威胁要将他赶下王位。不久，闹得父子不相认，财产也受劫夺。"又说："马兹德以金钱妇女之平等，为其教派的主张，认为必须如此，才算是安拉所喜欢的善功，才会得到安拉的报酬。马兹德认为他的教派，虽不是奉安拉的使命，却是一种善良的行为，因为安拉是愿意人类平等的。"[②]

奉马兹德教的人，在当时多到以数千计，但是在公元 533 年，古巴才对马兹德教人施行迫害，阴谋屠杀，几乎被斩草除根。

但是人们还是继续信奉马兹德教。伊斯兰教兴起后，奉马兹德教的人，依然不绝。据伊斯唐赫里和伊本·豪格尔的记载：克尔曼区各村的人民，终倭马亚王朝时代，都是信奉马兹德教的。

据我们看来，艾布·才理主张财富共有的思想，和马兹德教派，有很多吻合的地方。塔巴里说："艾布·才理在叙利亚，向人们鼓吹贫富平等的主张。他说，有钱而不用于主道者，死后其头、额、全身，必受火烧。艾布·才理的言语，鼓动了当地的贫穷人民，都起来攻击富人，富人因而叫苦不止。"后来叙利亚总督穆阿威雅把艾布·才理送到麦地那交给哈里发奥斯曼。奥斯曼问他道："为什么叙利亚人控诉你？"他答道："富有的人，不应当据有大量财富。"

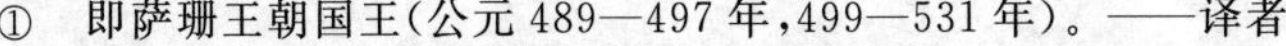

① 即萨珊王朝国王（公元 489—497 年，499—531 年）。——译者

② 塔巴里：《先知与帝王历史》，第 2 卷，第 88 页。

可见艾布·才理对财富平等的主张和马兹德教是很接近的。然而艾布·才理的这种主张，究竟是由何而来的呢？据塔巴里说：有名"黑子"者，向艾布·才理宣传贫富均等之说。这个人曾先后向艾布·达尔发和奥巴德二人鼓吹，二人不听。后来这个人被奥巴德送到穆尔威叶处，并说：这个人就是鼓动过艾布·才理的人①。所谓"黑子"者，就是阿布笃·赛白衣的绰号。原是也门萨那的犹太人。当奥斯曼为哈里发时，他表面虽然改奉伊斯兰教，其实却企图在穆斯林中宣传他的宗教，在地方上散布许多有害的思想，又曾游汉志、巴士拉、库法、叙利亚、埃及各地。他这种思想很可能是从伊拉克、也门的马兹德教派而来的，而且艾布·才理很可能接受了这种思想。然而艾布·才理却完全是出于一种善意，他在"贫富均等"的主张上，蒙上一层廉洁的色彩。他本人原是一个善良、廉洁、好义的人，所以很得人心。因而他对于苏菲派有不少的影响，是苏菲派崇敬的人物。

*　　*　　*

此外与波斯宗教有关而影响于穆斯林的是，波斯人认为帝王是神特别选出来治理人民的，上帝赋之以权力，助之以天神，命他治理万民，不啻是上帝的影子，执掌着人民的福利。所以人民对于君王须绝对服从，在君王面前没有权利。这种思想很像曾支配欧洲十六、十七两世纪的"神权"思想。白尔温说："萨珊王朝之时，波斯人崇拜神权之风甚盛"。波斯国王也自命为神的血统，惟有他们才有权利带上王冠。波斯人崇拜神权的事实，载于史籍者不一而

---

① 塔巴里：《先知与帝王历史》，第5卷，第66页。

足。据《历史长篇》[①]的记载："有名拜哈朗·朱宾者，并非出自王室，而与波斯王爱布尔威兹争夺王位，后被波斯王击败，遂偕仆从逃到一个小乡村，投宿在一个老媪家里。他在老媪家取出自己携带的食物充饥，吃完以后把剩余的食物赏给老媪，他又取出自己的酒，向老媪要酒杯，老媪没有酒杯，取出一个葫芦，切去盖子，以为酒器。酒后用糖果，也没有盛的东西，老媪取出一筛，拜哈朗仍以剩余的酒赏给老媪，并向她打听外面的消息。老媪答道：'我听说国王从罗马调来军队和拜哈朗打仗，终于把拜哈朗战败，而恢复了疆土'。拜哈朗问道：'你知道拜哈朗是什么人吗？'老媪答道：'不过是一个愚蠢的傻子，自己不是王族的人，却自称国王！'拜哈朗说：'因为他不是王族，所以才以葫芦为酒杯，以筛子盛糖果！'"这个故事，后来竟成为波斯流行的典故了。

在我们看来，这个故事，不能作为波斯人崇拜神权的铁证，因为任何王室，一旦世袭执政年久之后，老百姓虽然并不尊重王权，王室却赢得了王权。

主张波斯人崇拜王权的说法，也许是根据《王冠》一书的记载："萨珊朝的历代帝王，不惟在口头上没有人敢直呼其名号，即在诗歌、演说、颂词之中，也要避讳。但是这样的事，是到希拉王朝的时候才发生的。"[②]

一般帝王以神权自赋，因此人民也不能不尊崇他们，以至于在语言、诗歌中也得避讳他们的名号。

---

① 《历史长编》：阿拉伯历史学家底纳瓦利著的一部阿拉伯通史。底纳瓦利于公元838年被害。——译者

② 查希兹：《王冠》，第83页。

波斯的宗教大约如此。伊斯兰教征服波斯后，这些教派，大都削弱。波斯人多改奉伊斯兰教，但是他们世世代代受传统信仰的影响很深，不易拔除。所以伊斯兰教的真相，已被他们染上一层波斯古教的色彩，如崇拜阿里的什叶派，就是承袭萨珊王朝时代的思想意识，承袭他们祖先的信仰。波斯的二元教是伊斯兰教拉费兹派[①]的泉源。穆阿台及勒派为驳斥拉费兹派的主张，对“二元论”的思想曾有猛力的抨击。琐罗亚斯德教、摩尼教和马兹德教的思想意识，还常常变相地显现于穆斯林中间，一直到倭马亚王朝末叶及阿拔斯时代。致使一般真正的穆斯林不得不从逻辑上、论据上来对付他们、驳斥他们。

这些问题曾在穆斯林中掀起了许多教派，彼此常常争辩。因而在伊斯兰时代产生了伊斯兰哲学。关于此点，容后再论。

① 拉费兹派原是什叶派的一个支系，后来同什叶派发生分歧，自成一派。“拉费兹”一词的意思是“拒绝”，意即拒绝正宗派（逊尼派）的主张。因此，又译为“拒绝派”。——译者

第二章　波斯的文学

萨珊王朝时代的波斯文，是巴列维语，琐罗亚斯德教的圣经注释《阿味斯塔》，便是用巴列维语写的。《阿味斯塔》流传广远，所以巴列维语也得保存了一些踪迹。但是，曾经在萨珊王朝及伊斯兰时代流行过的巴列维语文学遗产，却没有多少遗留到今日。因为伊斯兰教战胜了琐罗亚斯德教，代替了它的地位；同时阿拉伯语和阿拉伯字母也就代替了巴列维语和巴列维字母。波斯王朝和波斯宗教既已瓦解，波斯变为伊斯兰国家的行省，于是波斯人陆续改奉了伊斯兰教。他们为了宗教、为了生活，都不得不学习阿拉伯语，何况穆斯林教徒对于火祆教的教堂，又十分歧视。这种种原因，使得波斯古教与巴列维语就逐渐消灭了。

巴列维语至今，只剩下一些断壁残垣上刻着的古代波斯帝王的姓名及一些散碎的历史。这些断壁残垣，差不多都是萨珊王朝初期的遗迹。巴列维语写的书籍，也有一些遗留至今，那是伊斯兰教进攻波斯时，波斯人携带着逃到印度保存着的，内容全是关于宗教的记载；能保留到今天的，也就只有这么多。

此外非宗教的书籍，遗留到今天的，有萨珊王朝时代遗留下来的一些关于波斯法律的篇章，内容记载婚姻、主权、奴隶等制度。还遗留下有关书信写作、书信文学、巴列维语词典，以及棋子发明的历史，和古代帝王传记一类的东西。

以萨珊王朝历代帝王权力之大，必然需要诗人为他们歌功颂德。然而萨珊王朝时代的诗歌，却未见遗留下来。波斯在古代曾以艺术见称，不知其艺术是专指雕刻、建筑、歌唱而言呢？还是兼指诗歌？假使萨珊王朝的诗歌很发达，为什么没有留传下来的？是否因为阿拉伯诗歌之兴盛而被消灭了呢？我们以为后一说比较正确。

波斯文学虽然没有流传到今天，然而伊斯兰教初期还保留着许多波斯典籍，传到穆斯林手中，那是毫无疑义的。伊本·古太白在他的著作《故事的泉源》（或《史事泉源》）中屡次提到："某点曾见于波斯某著作。""我在爱布尔威兹及其子西勒威的著作中读了一篇他在狱中写给其子的书信。"《王冠》一书的著者，叙述到波斯帝王时，也常引证波斯的文学及其他著作。

1. 诗歌　本书前曾提及伊斯兰征服波斯后，波斯人改奉伊斯兰教后不得不学习阿拉伯文，其后波斯人中竟产生许多大诗人，尤以倭马亚王朝时期为甚，兹雅德便是其中最著名者。兹雅德生长于波斯的伊斯法罕，后迁往呼罗珊。他是波斯诗人中杰出的人才；艾布·法拉吉的《诗歌集》中，对于他的籍贯、生平，曾有所叙述。由于他受波斯文的影响太深，他学习阿拉伯语时，口齿很钝涩，不能发出正确的阿拉伯音，发音稍近的字，往往不能辨别。

此外，如伊本·叶撒家族，乃是一个波斯诗人家族，其中以伊斯玛仪·叶撒、穆罕默德和伊卜拉欣三人为最著名。三人同为叶撒之后，他们所作的诗，往往供人吟唱。他们都具有浓厚的波斯意识和波斯宗族观念，仇恨阿拉伯人。

盲诗人艾布·阿拔斯和母撒·沙黑旺二人，都是阿塞拜疆人，也是著名的两个波斯诗人。其他著名的诗人,不胜枚举。

阿拉伯的诗人文士,经常到波斯和伊拉克地区旅行,和当地人发生密切关系,并观摩他们的文化。这对于他们的诗、文是有影响的。

2. 文字　在波斯文学对阿拉伯文化的影响中,文字也是一个重要的方面。阿拉伯人在蒙昧时代,只是熟悉于游牧生活,以及和游牧生活有关系的事物,他们在这方面的知识,非常丰富。在征服波斯和东罗马的许多地方后,他们目睹过去从未接触过的装饰品和奢侈品,如精巧的工艺和美丽的艺术品,并且看到了过去从来没有想象到的政府制度和机关组织。因此,他们曾由这些文明国家吸收了许多名词,把它们灌输到阿拉伯语中去。当中以波斯文最能供应阿拉伯人的需要,是阿拉伯人吸取的泉源。所以阿拉伯语文中的波斯字,特别丰富,如水壶、盘子、席面、丝织、绸缎、珊瑚、宝石、水晶、糕、糖果、杏仁糕、胡椒、姜、肉桂、水仙花、野蔷薇、百合花、龙涎香、麝香、檀香、丁香、花园、朱色、长裤、绸衫、灶炉、杏仁、核桃、水车、天秤、水银、鹏鸟、水手、外衣、磁石、医院、帐篷、拐杖、香囊、大旗、翡翠、石砖、珍珠、糖、鼓等。总的看来,这些波斯字,都是生活各方面不可少的事物的名称,阿拉伯人不能不加以吸取。同时阿拉伯也吸收了不少新的词句、新的意义和新的想象。不过,这些是抽象的、难以捉摸的,非如文字之有迹可循,也没有像文字那样完全地记录下来,所以不易作细致的解释。

3. 格言　波斯的格言,对于伊斯兰教的伦理与文学,也有很大的影响。伊斯兰教的伦理曾受三种东西的影响。第一种是宗教的教训。这一类教训,多见于《古兰经》与圣训。如《古兰经》说:

"信主的人们，你们敬畏真主！你们接近诚实的人！""你们应公道，公道最近于廉洁。""莫负人！也勿为人所负。""信士们！守约勿渝！"又如圣训说："爱你的弟兄，有如爱你自己。"这一类教训，也是来自古代宗教教训的；如《新旧约》及所罗门的格言等。第二种是希腊哲学。阿拔斯王朝时期，曾大量地翻译希腊哲学，如伊本·迈斯克威[①]在所著亚里士多德学说的注释中，引证亚里士多德的话说："任何善德都是介于两种恶事之间。"注解柏拉图的哲学说："道德之基有四：智慧、廉洁、勇敢、公道。"第三种是格言，这便是本节所要叙述的。格言是记载古代帝王、大臣、哲人、学士之言行轶事的一些简短成语，充斥于文学典籍中，故影响伊斯兰教伦理的力量，远较希腊哲学为大。原来波斯的格言和阿拉伯人的思想最接近。如前面所说：阿拉伯人不长于分析与综合的研究，却善于总结经验，用简短的警语，表示慷慨、勇敢、忠信等特殊的意思，这和希腊人大不相同。希腊人必将"勇敢"等概念，从各方面综合地、系统地、溯本探源地加以研究。这种方法，显然与阿拉伯人的口味和思想不相适合。因此，阿拉伯人发现波斯格言，立刻产生很大的兴趣，遂尽量地吸收，并使和蒙昧时代的格言融会贯通。波斯的格言本来很丰富，有本国创造的，有由印度等地传入的。如波斯人伊本·穆干法[②]著的《大文学与小文学》，便是波斯格言中最好的典

① 伊本·迈斯克威，阿拉伯哲学家、医学家、化学家，曾翻译波斯、印度、希腊的古代哲学，公元1030年卒。——译者

② 伊本·穆干法：波斯籍阿拉伯早期作家、翻译家(公元727年卒)，曾将《印度寓言》(《卡里来和笛木乃》)从波斯文译为阿拉伯文，著《大文学与小文学》，对阿拉伯语的发展，影响很大。——译者

型。从事翻译波斯格言为阿拉伯语的工作，是发轫于倭马亚王朝时期，而兴盛于阿拔斯王朝时代。此类格言，经过学者们不断地研究和翻译，也经过人民大众的传诵、流传。在哈桑·巴士理的语录中保存了很多，并大部分收集在伊本·古太白著的《故事的泉源》、特尔突实的《古代帝王的明灯》以及《王冠》、《罕世璎珞》等书里面。

阿拉伯人对于格言的爱好，既和波斯人相似，所以蒙昧时代爱克塞姆·索非，伊斯兰教时代哈里发阿里以及阿拉伯人的领袖爱哈纳弗·盖斯·鲁哈、占巴尔等人的格言，不论形式、内容，都和拜兹尔·基木雪、伊布·勒威兹、穆巴桑等波斯文人的格言酷似。

《罕世璎珞》中，有一章专载爱克塞姆·索非及拜兹尔·基木雪二人的格言，可是没有把二人的作品分别开来。二人的作品，又十分相近，所以哪些是爱克塞姆·索非的作品，哪些是拜兹尔·基木雪的作品，便无从分辨[①]。

后面引证几段波斯格言：

(1) 拜兹尔·基木雪说："如果你对两件事迟疑不决，无所适从时，最好舍去最惬私心的一件。"

(2) 爱布尔威兹致书戒其子道："裁判犯小过的人，应如处理犯大罪的人一样的严格。人见犯小过且不免于罪，就不敢犯大罪了。"

(3) 约舍提是一个著名的歌者，见其门徒费赫洛兹的技术高超，有驾临其上之势，遂忌而杀之。波斯王知道了召他来问道："你们二人必须一齐在我的面前，我才能感到快乐，如今你的嫉妒和你

① 伊本·阿卜杜·莱比：《罕世璎珞》，第1卷，第331页。

的怀恨竟把我的快乐毁去了一半。”说完，命令人把他放在大象的脚下，将使大象用脚将他踏死。约舍提说：“大王啊！我杀了他而毁了你的一半快乐，现在你杀我又毁了你的一半快乐，你的罪和我不是相等吗？”国王说：“放了他吧！必须有长时期的经验，才能说出这样的话呢！”

(4) 波斯王说：“防君子于饥时，防小人于饱时。”

(5)某人诬告他的朋友于亚历山大大帝之前。大帝说：“你愿我叫他来与你对质吗？”答道：“不愿！”王说：“如果你不对他怀恶意，他对你也就不会怀恶意了。”

诸如此类的格言，充满于书文中，不胜枚举。

4. 歌唱　波斯的歌唱，对于阿拉伯人的文学生活，也有巨大的影响。显然，阿拉伯人曾以波斯人的曲调，谱为阿拉伯歌曲。艾布·法拉吉在《诗歌集》中说：“阿拉伯的歌曲，在欧麦尔时代，还没有产生。阿拉伯人在那时所歌唱的，不过是骑在骆驼上用近似歌曲的声音哼着的‘赶驼调’，以为消遣而已。”①

又说：“麦加人赛德·密斯哲哈是一个黑人，原来是朱麦哈族的释奴，为当时最著名的歌唱者，也是阿拉伯歌曲的创作者，曾把波斯歌曲介绍到阿拉伯。后来，他赴叙利亚学习罗马和拜占庭的音调、曲子，又到波斯学习音乐弹唱，技艺大精。回到汉志后，他从学习到的东西里面，摘取精华，扬弃糟粕，并抛弃跟阿拉伯歌唱不相适应的部分，卒成一派。他是首先创作歌曲的人，后来的人，都跟随他、仿效他歌唱。”

① 艾布·法拉吉：《诗歌集》，第8卷，第149页。

又说："赛德·密斯哲哈从一群正在建造默伽圣寺的波斯工人面前经过，听见他们唱着波斯的歌曲，便模仿其音调，用阿拉伯诗词谱成一支歌曲。"

又说："赛德·密斯哲哈回家后，常常唱着自己新谱的曲子，他的主人听见后，问他由哪里学会的。他答道：'我听见波斯人用波斯诗词唱着这种曲调，我便仿效着用阿拉伯诗词谱成这一支曲子。'主人听了说道：'从此我将你解放为自由人。'后来赛德·密斯哲哈仍跟着他的主人。他的文学修养日益提高，歌唱的范围日益广泛，后来成为麦加优秀的音乐家。"

又说："最初介绍波斯歌曲至阿拉伯的是赛德·密斯哲哈。那时哈里发穆阿威叶由伊拉克雇了一些波斯泥砖匠人，为自己建筑房屋的时候。赛德·密斯哲哈由那些工匠面前经过，听见他们的歌声，感到悠扬悦耳，便用阿拉伯诗词，模仿着谱出曲子来。"①

又说："有一个名叫伊本·穆哈丽斯者，父亲是看守麦加天房的人，原籍波斯，有时住在麦加，有时住在麦地那。他在麦地那时曾随阿才·迈朗学习了三个月的音乐，后来回到麦加住了三个月，又赴波斯和叙利亚，学习波斯和罗马的音乐与歌唱，把两国音乐中优良的部分，撷取出来，加一番调和的工夫，便用阿拉伯诗词，谱为歌曲，为阿拉伯人创造了一种过去未闻的曲调。人们称他为阿拉伯的歌手。他创造了对偶歌曲，为后来的歌唱家所模仿。他最初的歌曲采自赛德·密斯哲哈。"②

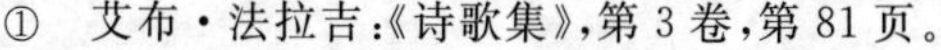

① 艾布·法拉吉：《诗歌集》，第3卷，第81页。

② 同上书，第1卷，第145页。

又说："伊本·胡尔达才拔[①]说，阿卜杜拉·阿密尔买了几个歌女，带回麦地那城，每周举行一次娱乐，邀请人们来听她们歌唱。在座中有一个善于歌唱的波斯人，他也跟着引吭高歌。阿卜杜拉·阿密尔赞赏不止。另外有一个名叫撒伊卜·哈兴尔的人，也是波斯战俘中的释奴。他站起来对阿卜杜拉说道：我也能像这个波斯人一样的歌唱，随即唱了下面一支曲子：'这屋子是谁的呀，这废墟上的遗迹？'。据伊本·克尔白说，这支歌曲，是伊斯兰教时代的第一支阿拉伯歌曲。"[②]

由上文可知波斯的音乐歌唱，对于阿拉伯有多么大的影响，但这已属于纯艺术的范围，非本书所能详论。现在我们谈一下阿拉伯人的音乐集会。原来阿拉伯人曾仿效波斯人举行一种集会，不仅是歌唱的集会，还是文学的集会。在集会中谱制歌曲，使之适合于阿拉伯人的音乐胃口。这些集会，或作文学讲演，或讲述动人的故事，或作诙谐的笑谈，或作快乐的消遣，或比赛诗歌，或比赛箭术。这种集会，对于提倡文学、促进文学的发展，是有很大益处的。

我们根据《王冠》一书中《帝王的性格》一章的记载，以为阿拉伯人的文学集会，是由波斯而来的。原文对此有详细的记述，惟原文甚长，只能摘要节引："我们先叙述波斯帝王，因为波斯帝王是文学集会的创始者，我们曾由他们学取国王与国家的制度，公私的秩序，治民的政策，各个等级有自己的爱好。"接着叙述波斯帝王举行

① 伊本·胡尔达才拔：阿拔斯王朝时代著名地理家、旅行家（公元820—912年）。著《道里记》，记各站之名及各站相距里数。书中有关于中国的记载。有关于波斯的音乐的记载。——译者

② 艾布·法拉吉：《诗歌集》，第7卷，第179页。

音乐会时的情况，参加会的人分为若干等级，各个等级的人，坐在一起："历代的波斯帝王，自阿尔德希尔至叶兹德吉尔，每当举行音乐会之时，必悬帷帐和其余的人隔开。国王与第一个等级的各大臣之间，相隔二十肘，国王有命令，便由幕中传出。"

又说："我曾问过伊斯哈格·伊卜拉欣：倭马亚王朝历代哈里发是否和歌唱家一起参加音乐集会，他答道：穆尔威叶、麦尔旺、阿卜杜勒·马立克、苏里曼、希沙姆以及麦尔旺·伊本·穆罕默德各哈里发，都经常参加歌舞集会。但是，他们与臣属之间，是有帐幕隔开的。哈里发在帐幕里的情形，幕外参加集会的人无从知道。哈里发虽高兴到手舞足蹈，也只有他身边的仆婢看得见。幕帐里歌声太高或舞蹈的时间太长之时，司帐幕的人便喊道：够了！姑娘们！别唱了！这时，幕外的人才知道，里面原来是一些歌女歌舞着。"倭马亚王朝其余的哈里发，就不再避讳和臣属们一起参加歌舞酒会了[①]。《王冠》的著者，接着还叙述阿拔斯朝各哈里发参加歌舞会的情形，因非本章范围，故不再征引。

由此可知，伊斯兰教哈里发曾有歌舞娱乐的聚会，而这种聚会都是仿效波斯人的。读者如果读一下艾布·法拉吉的《诗歌集》，必然知道，当时伊斯兰国家的王公大臣，也常常举办这种歌舞宴会，虽然规模比较小些，然而不受什么拘束，谈话者、歌唱者、听曲者，都很自由，每人都可以尽兴谈笑。这样的集会，对文学艺术的影响如何，且留给读者去评论。

5. 文体　倭马亚王朝末叶，波斯人曾把阿拉伯的文章，另创

① 查希兹：《王冠》，第21页及以下。

出一种过去阿拉伯人所不知道的新的体裁，这种体裁是阿卜杜勒·哈米德及其学派，他是以擅长这种文体而著称的。阿卜杜勒·哈米德原是倭马亚王朝哈里发麦尔旺·穆罕默德的秘书。《罕世璎珞》的著者说："阿卜杜勒·哈米德，曾充任哈里发阿卜杜勒·马立克、叶儿德及倭马亚王朝各哈里发的秘书。他担任秘书，直到倭马亚王朝崩溃。"伊本·赫里康说："阿卜杜勒·哈米德不惟是一代文宗，而且是各科学术的大师。后来的文人，莫不出其门墙而循其遗踪。他首创长篇书牍，并开始在著作的开端使用赞主赞圣的词句，后来的人便都仿效他。"[①]舍利克说："阿卜杜勒·哈米德第一个揭开修辞学的奥妙，开辟了一条研究的捷径，并且是第一个打破了诗的桎梏的人。"我们由他对于书写的遗作看来，便可以知道他的确不愧为一代文宗，曾为后来的文人辟一大道。

我们说阿卜杜勒·哈密德的文笔很带波斯的色彩，是根据伊本·赫里康的说法："阿卜杜勒·哈米德原籍伊拉克的安巴尔[②]，原为释奴。"又说："他曾随希沙姆的释奴撒林学习文章。"艾布·雪朗在他的《修辞学》上说得更明白："有人如用一种外国文字学习修辞学，学成后把所学的译为另一种文字，则他对于后一种文字的用处，必定比对于头一种文字更大一些。如哈里发的秘书阿卜杜勒·哈米德便是先从波斯文中吸取了若干写作的范例，然后再转为阿拉伯文。他又把波斯文中的演说与书牍译为阿拉伯文，修辞与内容都成为阿拉伯文的范例。波斯一部分谚语，其形式内容都

① 伊本·赫里康：《人物传记》，第 1 卷，第 434 页。

② 在伊拉克北部，幼发拉底河左岸。——译者

近似阿拉伯谚语，而文辞较阿拉伯文水平高。”[①]艾布·雪朗曾由波斯文中引证许多例子与阿拉伯文比较研究，指出二者相近之点。

读者由此可知，波斯的文学曾把阿拉伯文染上一层新的色彩，或者说，这个新的东西乃由于二者互相融合而产生的。

本章叙述波斯人对于阿拉伯文学方面的影响。至于波斯人对于各种学术及阿拉伯学者的影响，当在另外专著中加以研究。

本篇主要参考书目

(1) 布朗:《波斯文学史》(前面已附西文原名或拉丁字母译名者，略去)。
(2) 塞克斯:《波斯史》(Sykes, *A History of Persia*)。
(3) 李维:《波斯文学》(Levy, *Persian Literature*)。
(4) 伊格巴尔:《波斯形而上学的发展》(Iqbal, *The Development of Metaphysics in Persia*)。
(5)《大英百科全书》,“琐罗亚斯德”、“摩尼”、“马兹德”等条。
(6) 其他在正文中引用的阿拉伯文参考书目，此处不再列举。

① 艾布·雪朗:《修辞学》手写本。存埃及国立图书馆。

第 四 篇

希腊、罗马对于阿拉伯人的影响

第一章　基督教

穆斯林征服后的埃及、马格里布、西班牙、叙利亚等地都是奉基督教的国家。当时的基督教派别很多，最著名者为雅各派、聂斯脱利派及东正教。雅各派盛行于埃及、努比亚及埃塞俄比亚；聂斯脱利派盛行于伊拉克及波斯；东正教盛行于西非（北非）、西西里岛、西班牙、叙利亚。各派对于神学方面的问题，有很激烈的争论，雅各派主张基督即神，神、人一性，集于基督一身；东正教及聂斯脱利派主张虽不相同，但对于基督兼具人、神两性的主张，却是一致的。各教派所争辩的焦点为：神和人的意志与行为在基督身上，究竟是合一的，还是分开的？雅各派主张前一说，所以又称为"一性派"，以为人、神之性，混合为一，有如水、酒之相混一般。聂斯脱利派则主张基督所具的人格，其意志与行为，和神的意志与行为全然不同，以为人、神二性之混合，有如水与油相混，二者仍是截然分开的[①]。东正教则以为，人、神二性之混合，有如烧红的铁片，两物熔为一片，但火与铁仍是分明的。[②]

《古兰经》对于基督教派之分歧及各派对于神学问题之争辩，

① 博雅：《伊斯兰哲学史》，第12页。

② 伊本·哈兹木：《宗教与教派》，第1卷，第53页。

曾有所叙述及驳斥："昧主的人说：安拉就是玛利亚之子耶稣。""昧主的人说：安拉乃三位一体。"在《古兰经》里，安拉呼唤耶稣道："你曾对人说'你们以我及我的母亲为主宰吗？'"耶稣说："清哉真主！[①]"基督教徒不单是对于"上帝"的问题争辩不休，对于其他许多问题也是主张不同的。例如：世末之日，耶稣下降人间否？死后的复活是灵肉一齐复活呢，还是只有灵魂复活？上帝的德性是超乎上帝的本体呢？抑或德性与本体是统一的？聂斯脱利派有人主张，善、恶乃是前定的，这对于穆斯林影响很大，并引起穆斯林激烈的争辩。关于这些问题，本书"宗教学派"一篇，将有详细的叙述。

基督教徒在先为了对付多神教徒，后来为了要对付伊斯兰教徒，便去求助于希腊哲学，想借希腊哲学来进行辩论对质的工具。所以基督教的许多神父、牧师如圣奥古斯丁（公元354—430年）等，都是著名的哲学家。

亚历山大城是调和东方之宗教和西方之哲学的地理中心。亚历山大城从前是博物院、图书馆、文学批评、学术都很发达的著名都市，现在却变为各派哲学、各种宗教荟萃的区域。因为交通便利，所以虽然是思想派别不同的人，都得相逢于尼罗河畔。各方的人，聚于亚历山大城，不惟可做贸易的交往，且可为人类思想的交换。于是，思想的领域扩大，人们各较所长，各显所知；结果，信仰与怀疑两大背驰，矛盾的原则之互相融合，便产生出一种新的精神。东、西（希腊）文化在亚历山大城接触之后，东方的想象与冥

① 这是赞美安拉的言辞，须看文章的先后来理解它准确的含义。这里的意思是："真主啊！赞颂你！我岂能说出这样的话。"——译者

索，和西方（希腊）的科学与思考的融合，便产生了哲学的新学说和宗教的新体系。因为西方本其敏锐、精细之理智，明白畅达的解释等优点，一触东方的火花，自然便呈现光明灿烂、活泼新鲜的景象。同样，东方虽有长思冥索、倾向虚玄的特长，若无希腊科学之助，也不会产生连贯的体系及有条理的思想。因为东方思想之零乱，全赖希腊科学的整理，才产生出一种宗教的信仰及哲学的系统。如基督旧教、新柏拉图派、犹太学派、多神教派，都是这种新产物的精华。东方有偏向冥索虚玄、探求神迹、追求自然的习惯；西方有长于精细的研究、深刻的探求的精神。这两种文化的融合贯通，便产生了亚历山大流行的特殊的思想，这种特殊的思想，不仅有冥索、幻想的意味，且有科学探求的色彩。于是那时代的哲学含宗教的精神，宗教有哲学的趋向。

第二章　希腊哲学

基督教的初期，亚历山大城产生了一个著名的哲学派别，即新柏拉图派，新柏拉图派对于伊斯兰教的哲学家、神学家——尤其是穆阿台及勒派与苏菲派，有很大的影响。

新柏拉图派的创始者，名阿摩尼塞迦，早年当搬运工人，后在亚历山大城当哲学教师。他的父母都是基督教徒，而他却奉希腊古教。他是最初企图调和柏拉图与亚里士多德学说的亚历山大的教师。然而他并未遗下什么著作，所以关于他的思想学说的资料很少。他于公元 242 年死后，他的门徒普罗太奴便继续他的遗志，传布他的学派，普罗太奴是阿摩尼塞迦最有力的继承者与辩护者，甚至有人说他才是新柏拉图派的创始者。普罗太奴在公元 205 年生于埃及的里哥坡利（今阿修特），在亚历山大城求学，就学于阿摩尼塞迦达十一年之久。他为了研究印度、波斯的学术，特地随着远征波斯的罗马军队，亲自到波斯去。公元 245 年又赴罗马，在那里创立了一种哲学派别。公元 270 年卒。阿拉伯人对于普罗太奴个人，并没有更多研究，只知道他创立的哲学派别：新柏拉图派，阿拉伯称为亚历山大学派，沙赫力斯坦则称普罗太奴为“希腊长者”。普罗太奴的著作流传于后世的很多。新柏拉图派又分为若干流派，有亚历山大学派，有西利安学派，有雅典学派。各派的学说体系，此处无暇论及，我们只想将新柏拉图派对于“神”的观念，稍加叙述。

普罗太奴认为“宇宙”是现象复杂、变化无穷的。宇宙的存在不由其本体，必有一个存在的“本原”。这创造宇宙的“本原”，是单一的，非多元的；人类的思想不能想象其究竟，也莫测其高深。这“本原”是不朽的，以其本体而自存的，超乎物质、超乎妙体、超乎妙世的。他创造万物，永远主宰万物。宇宙既非神的本体，也非神的德性，仅仅只是神的意识，宇宙万物没有能超出神的意识的。神是万物的本原，而神却没有本原；神无处不在，而又没有一定的处所。

宇宙由何而来？为什么一个复杂的、变化无穷的宇宙，是由一个单一不变的“神”产生的？宇宙既是先无后有的，那么它能否由一个本体不变的“神”产生？会毁灭的宇宙，怎样由一个永存不朽的“神”而来？这宇宙究竟是由“神”的感悟与默示而生呢？还是没有经过“神”的感悟与默示？为什么恶事充斥宇宙？灵魂究竟是什么？灵魂在未入肉体之前或在离开肉体之后存于什么地方？诸如此类的问题。

这类问题，是普罗太奴及新柏拉图派所研究的问题。围绕这些问题的研究，在他们中发生激烈的争执，因而分出若干派别。我们的目的，只在简单叙述新柏拉图派对于神学方面所研究的对象，以便于本书后面的叙述。

亚历山大学派最初是倾向于纯粹的理性探讨，后来才攻击希腊的多神教，并攻击基督教，最后则专门偏向于探索幽冥世界的一切异常现象。以及讲求魔术，书写符章咒语，重视星象卜筮一类的事了。

基督教胜利之后，查士丁尼大帝封闭雅典的哲学学院，对哲学家加以压迫。于是新柏拉图派的人或逃遁各方（其中七人逃往波斯，很受波斯王爱诺雪尔旺的欢迎，起居饮食，受到隆重款待。后波斯与罗马发生大战，罗马战败，两国订立和约时，波斯王提出一个要求：即许七人回雅典），或改奉基督教。改奉基督教的人，从事著作时，便在新柏拉图派的学说中，染上了基督教的色彩。伊斯兰教的穆阿台及勒派和苏菲派都注重研究新柏拉图派的学说，从此新柏拉图派遂流入伊斯兰教。"精诚同志会"的学说，几乎大部分是来自新柏拉图派的。

叙利亚人——叙利亚人在伊拉克及其周围传布希腊哲学，尤其是新柏拉图派哲学。他们把希腊哲学译为叙利亚文，这是属于阿拉米语系的一种语文，盛行于两河流域及其周围，最重要中心在爱德沙和奈绥比。安条克一带的基督教以及服从波斯帝国的基督教徒从事文学与科学的著作，普遍使用叙利亚文。叙利亚人在爱德沙、奈绥比及公底沙浦各地，广建宗教学校，教授叙利亚文和希腊文。

叙利亚文不仅是当地基督教徒的文字，也是当地多神教徒及其文学所使用的文字。叙利亚的多神教徒以哈兰城[①]为主要中心。伊斯兰教兴起后，这个城市依然不失其为多神教和希腊文化的中心。伊斯兰胜利后，哈兰城的人，大都根据新柏拉图派的学说，研究数学、天文学和哲学。后来，在阿拔斯王朝哈里发麦蒙时

① 在爱德沙之南。——译者

代，以及麦蒙以后的时代，哈兰城的人被称为“萨比教徒”[1]。其中出现了大批著作家和翻译家。

叙利亚文学自公元3世纪一直兴盛到14世纪，但是伊斯兰教兴起后，阿拉伯文侵袭了叙利亚文，叙利亚文学虽然存在，却日渐微弱了。

叙利亚文学作品遗留至今而收在各种著作中的，都是由基督教徒的学校保存着的，并非来自多神教的学校。此外还有许多记载宗教仪式、祈祷，以及历史、故事、哲学、科学的书籍，这些著作中，大抵带着宗教色彩，因为叙利亚的著作家多为牧师、僧侣。叙利亚的文学遗著中，也有少许散文及韵文。

叙利亚人对于学术，在翻译方面的成绩较著作方面更大；他们在学术上没有什么独特的创见。

叙利亚语保存了一部分已经散失了原本的希腊古籍，叙利亚人翻译的希腊哲学，是初期阿拉伯人及伊斯兰教人所依靠的根据。叙利亚人最初对于翻译，是采取逐字直译法，后来才打破这种译法。

叙利亚人翻译与宗教无关的希腊典籍时，如翻译伦理学、医学、数学等，态度是忠实的，译笔是精细的。翻译神学之类的书籍时为了力求与基督教的教义相强合，对于原文不惜任意删改，甚至在他们的著作中，将柏拉图附会为一个东方的僧侣，说柏拉图曾在无人迹的荒野建立了一所教堂，自己曾在那所教堂中修行多年。这种窜改原文的翻译法，为后来的伊斯兰教人开一先例，伊斯兰教

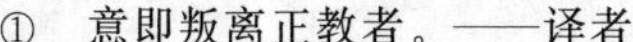

① 意即叛离正教者。——译者

人后来翻译希腊典籍时，也常常把和伊斯兰教相背的地方，加以删改。

叙利亚人除翻译希腊学术著作外，还翻译波斯学术著作，如亚历山大的历史，曾由波斯人从希腊文译为波斯文，叙利亚人又从波斯巴列维语译为叙利亚语，又如公元6世纪时译的《印度寓言》，8世纪时译的《水手兴底巴德故事》，都是从波斯文翻译的。

叙利亚著名的宗教学家和文学家当中，最为伊斯兰教人所熟知的是巴尔德桑(公元222年卒)。“德桑”原为河名，后人用来称呼他。他和摩尼一样，曾调和二元教与基督教的教义，创立了一个新的教派。否认肉体复活之说，他以为耶稣肉身并非真实的肉身，乃是上帝派到人间来的一个似像肉身的形体。他建立的学说，一直到伊斯兰教兴后还盛行着。伊斯兰教的拉费兹派曾采取了巴尔德桑的部分学说，拉费兹派的一部分人如艾布·沙克尔之辈，竟自称为巴尔德桑的嫡派，曾引起伊斯兰教哲学家的驳斥。

雪尔吉斯也是叙利亚著名的学者，他是赖斯·阿尼城的人，公元536年卒。以精通希腊学术见称，曾将许多希腊古籍译为叙利亚文。部分译本至今还保存在不列颠博物馆，如亚里士多德、弗尔法里约斯、迦里诺斯等人的著作。他写了一本不完全的伦理学，研究“十大范畴”与“肯定命题”和“否定命题”等。对于月亮的作用、太阳的运行等问题，也有专书研究。他的著作盛行于基督教的雅各派及聂斯托利派。两派的人都承认他为伦理学及医学的泰斗。

此外，在当时还有许多人研究灵魂问题和宿命论等项问题。同时还从事关于“人是小世界”、关于“人类由灵魂和肉体组合”等项问题的著作。

公元七世纪，伊斯兰教征服这些地区后，叙利亚人中有奉伊斯兰教的，有不愿奉教而承认缴纳丁税的，但是叙利亚学术遂逐渐衰落了。可是倭马亚王朝及阿拔斯王朝时，叙利亚人依然绝才辈出。在倭马亚王朝时期，叙利亚学校仍和旧日一样的敞开着，哈里发及王公大臣们不大干涉他们，只有在宗教问题上发生争端和纠纷的时候，叙利亚人才去请求阿拉伯长官的帮助。

爱德沙的雅各（公元640—708年）也为倭马亚王朝著名的学者，他翻译过多种希腊的神学书籍，对于伊斯兰教的文化，有很大的影响。因为他曾为基督教士解释了一个关于教法的问题，他主张基督教人教育伊斯兰子弟并不违反基督教的律例。他的解释，既可以证明当时的伊斯兰教子弟，有跟随基督教徒就学的风气，又可以证明基督教人是伊斯兰教儿童的启蒙教师。

阿拔斯王朝时代，是把古代哲学、科学翻译为阿拉伯文的时代。在翻译事业中，叙利亚人的功绩很大。如胡奈尼·本·伊斯哈格，胡奈尼的儿子伊斯哈格、他的外甥胡拜西等，都是叙利亚很著名的翻译家。关于此点，以后详述。

由此可知希腊文化曾传布于伊拉克、叙利亚及亚历山大城。各地学校的教育行政，虽操之于伊斯兰政府，但主持者却是叙利亚人。于是统治者和被统治者之间便互相融合，而文化与教育便得普遍于伊斯兰教国家。即使是互相悬殊的思想，也能互相调和，有如不同的种族之调和一样。调和的结果，便产生了阿拉伯文化或伊斯兰文化、伊斯兰教派、伊斯兰哲学以及伊斯兰学术艺术的活动。

其实阿拉伯人接触外国文化的时期很早，格夫退叶在《哲学家传记》一书中告诉我们："脱邑府的哈利斯·克尔岱，在蒙昧时代，曾赴波斯从公底沙浦人学习医学及各种科学，并精通医学。他在波斯各地行过医，见过他的人，都知道他的医术高明。后来遂以精通医学，著称于阿拉伯。先知穆罕默德曾号召，凡害病的人，都请他医治。哈利斯·克尔岱是一个释奴，他的女主人苏曼绮是基雅德·阿比邑的母亲。"伊本·艾布·阿斯比尔在他的著作《医学家传记》中说："哈利斯·克尔岱之子奈兹尔也和他的父亲一样，曾游历各国，与名人、学者、神父、教士交往，钻研古代学术，成就极深，并博览哲学诸科，又从其父旁涉医理。奈兹尔曾与艾布·苏福扬同党，与穆圣为仇，又自负非凡，自以为德高学广，堪比穆圣。其实相差何止霄壤！"

伊斯兰教兴起后，阿拉伯人与邻国诸邦的文化关系仍然继续。据说："哈立德·叶基德是古莱氏人中最有学问的人，对化学、医学有精深的造就，并有独到的见解。由他遗下的一些论文，便可以看出他的确是博学的人。他曾从一个名叫迈尔雅诺斯的罗马教士学习工艺，他写过论文三篇，其中一篇是记载迈尔雅诺斯的言行和从他就学的经过，并记载着迈尔雅诺斯的特殊见解。"[①]又据伊本·奈迪姆说："哈立德不惟致力于考证关于工艺的古籍，并且还是一个雄辩的演说家和果毅的大诗人，为阿拉伯人中最初翻译医学、星学、化学书籍的人。他的著作中，我读过的有《论热力》、《大篇》、《小篇》，以及他写给他的儿子的关于工艺方面的遗嘱等。"[②]哈立

① 伊本·赫里康：《人物传记》，第1卷，第211页。

② 伊本·奈迪姆：《人物传记》，第354页。

德卒于伊斯兰历 85 年(公元 704 年)。

由上述看来,可知希腊的学术、文化也和波斯的学术、文化一样,传布于伊斯兰教各地,散播于穆斯林之间。希腊的学术、文化既传布各方,各方穆斯林学取较易,故乐于学习;而通人学士,虽未奉伊斯兰教,但教育伊斯兰子弟并不违反他们教律,所以也就乐意教授了。

然而,在此时期,穆斯林与基督教徒间,已发生争执,为了信仰的问题,彼此常常辩论、质难。那时期有大马士革人基督教徒雅哈约者,曾著了一本书,教导基督教徒和穆斯林辩论的方法。足见穆斯林与基督教徒之间,在此时期,已经有了激烈的争辩了。

有人说阿拉伯人与穆斯林,在阿拔斯王朝以前完全闭关自守,和周围的文化、宗教没有发生什么关系。他们认为阿拉伯人的学术、思想纯粹是阿拉伯人自己的,丝毫没有受过外来东西的滋润。这种说法显然是极端错误的。据我们看来,阿拉伯人在蒙昧时代已和邻国发生往来,而在伊斯兰时代的交往关系尤为频繁。其实,学术文化是大众共同享受的财富,不是任何一个民族的私产,不像国家的领域一样,有疆界的划分。吸收外来的文化,并非民族的羞辱,但囿于门户之见,对外国的思想、文化,装聋饰盲,毫不闻问或为偏狭的宗族观念所劫持,把外来的一切文化思想,统统说成是自己固有的,那才真正是一个民族的奇耻大辱。

第三章　希腊、罗马的文学

古代的希腊文字，材料丰富，题材宽广，有古老的神话、有诗歌。诗歌分为：

1. 史诗。即描写英雄、义士，记述战争的诗歌。如荷马的《伊利亚特》和《奥德赛》。

2. 抒情诗。凡关于颂扬、尚武、悲悼、恋爱等抒情写意的诗歌，都是抒情诗。

3. 戏剧诗。诗人以战争或其他事实为题材，想出一些人物和背景来，穿插成为故事，用故事中人物的口吻，以对话方式写出。这就是戏剧诗。

希腊的文学遗产是十分丰富的，阿拉伯的新旧文学，受他们的影响，也是很多的。希腊本土和殖民地产生过不少杰出的诗人，从他们遗留至今的诗歌，便可以窥见他们卓越的成绩。

希腊除诗歌之外，尚有演说，以及研究演说、修辞等各种丰富的、有系统的著作。如亚里士多德的著作。希腊产生过许多历史学家，如希罗多德、修昔底德等人，曾在时代许可的范围内，著作历史。

希腊灭亡后，沦为罗马殖民地，希腊学术也因而衰落下去。保存下来的一些希腊重要的文化遗产，便成为后来罗马人吸收的泉源了。这和阿拉伯人攻克波斯后的情形差不多。在这时期，产生过历史学家普鲁塔克和斯威德等。

然而在倭马亚王朝时代，阿拉伯人和穆斯林，受希腊文学方面的影响，是否也像哲学方面一样？

希腊文学对于阿拉伯文学的影响似乎是微弱的。因为倭马亚王朝时代，阿拉伯人的诗歌，还保存着固有的风格；诗的韵脚，诗的音律，甚至诗的题材，一切都未脱出蒙昧时代诗歌的范围。而蒙昧时代的诗歌，是没有史诗或戏剧诗的。不仅倭马亚王朝是这种情形，就是阿拔斯王朝时也是这样。

在阿拉伯人的诗歌里面，很难发现希腊式的意念。我们研究倭马亚王朝的诗歌，找不着一个希腊诗人用阿拉伯文写作诗歌，却找得着许多波斯籍的阿拉伯诗人。同样地，倭马亚王朝时伊斯兰的历史学家编写历史，也多采取波斯人的编写方法，而不走希腊人的途径。希腊文学对于阿拉伯文学的影响之所以微弱，是因为伊斯兰教人对于希腊文学生活隔膜的缘故。倭马亚王朝的阿拉伯人是这样，阿拔斯王朝时也是这样。伊斯兰教人只知道从亚历山大大帝开始，或亚历山大大帝以前不久的希腊历史，而且是充满神话的历史，不很清楚修昔底德的情况。他们稍闻荷马之名，所以如《沙赫力斯坦》和巴哈乌丁所著的《克氏库尔》一类的书籍中，常常支离破碎地引证荷马的作品。

总之，阿拉伯文学受波斯文学的影响比受希腊文学的影响更广更深。

居统治地位的阿拉伯人，对于他们的诗歌，存有一种极其偏狭之见，不容许创新，他们把诗的音律，甚至诗的题材，都看作是神圣不可侵犯的东西。所以无论是解除繁复的诗韵，或增加一些蒙昧时代诗歌所没有的新的韵律，或采用他们所不习惯的新的题材，在他们看来，都是不容许的，都是损及文学庄严的。阿拉伯人因袭保守观念之深，还不止此。伊本·古太白所著的《诗人等级》一书最能说明，他说："后代诗人，在诗歌的题材方面，总不能离开古人的范围。古人凭吊废墟，他们便痛哭旧居；古人吟咏骆驼，他们便吟咏驴马；古人凭吊泥沼，他们便凭吊流水；古人歌咏香草红花，他们便歌咏香草玫瑰。"

由此可以看出，阿拉伯人的因袭保守，达到何等程度。自己骑着驴子，却喜欢吟咏骆驼；前面长满蓬蒿绿草，却偏要描绘苹果、李子。他们不许自出心裁地比照类似的派生名词，创造一句新语；这样固执的诗人，绝不能自由地引进祖先所不知道的史诗，或不合自己胃口的戏剧诗。而波斯诗人呢，他们对阿拉伯文学，不论在意义方面或想象方面，都给以很大的影响，因为波斯人是主动学习阿拉伯语，不是阿拉伯语去迁就他们。希腊、罗马人既未主动学习阿拉伯语，所以他们对阿拉伯文学，没有很大影响。

阿拉伯人受波斯文学的影响特别深，这也是限制他们接受希腊文学的另一原因，因为波斯人已被融合于阿拉伯国家之中，成为阿拉伯国家的一部分。阿拉伯人亲睹波斯人的社会生活，并知道了很多东西。对于波斯人的文学很容易了解，很容易接受。至于希腊人呢，其生活既与阿拉伯人距离很远，阿拉伯人又没有亲眼目睹。希腊人对于神的解释是与阿拉伯人的宗教相抵触的；希腊的政治制度和社会状况，是阿拉伯人所不知道的；希腊的娱乐方法，是和阿拉伯的习惯不相同的。文学是社会生活的反映，阿拉伯人既不明白希腊的生活，当然不容易领略他们的文学了。

但是希腊文学对于阿拉伯文学，并非毫无关系，我们可以由三方面来说明它对于阿拉伯文学的影响：

1. 单语。有若干阿拉伯字，原是阿拉伯人由希腊文中采用的，如：秤、镜子、硬纸片、尘埃、“坎塔尔”（量名，重一百磅）、大主教、解毒药、关节炎等。

2. 诗歌。阿拉伯诗歌曾受伊斯兰教时代基督教诗人的影响，如爱赫脱里和古脱米。但是即使在这班人的诗歌里，基督教的影响还是很小。拉曼斯神父说：“在爱赫脱里的诗里，基督教的影响是微弱的，是皮毛的。正像任何一种宗教思想在游牧人中的情况一样。”

3. 格言。希腊文学，对于阿拉伯文学影响较大的，莫过于格言。叙利亚人研究希腊格言在阿拉伯人之先。他们曾把很多希腊格言译为叙利亚文，阿拉伯人见适合自己的口味，遂由叙利亚文中，把一部分关于苏格拉底、柏拉图以及亚里士多德的格言，译为阿拉伯文。其实那些东西，确出于苏格拉底、柏拉图者，固然很多，而出于后人伪造的也很不少。如阿拉伯人传述柏拉图的格言：“国家进步，则欲望服务于理智；国家落后，则理智服务于欲望。”“学问只有自己寻求，方能达到；别人不能帮助你获得它，也不能把它由你的手中夺去，如夺去你的财货一样。”“不能克己，鲜能服人。”亚里士多德说：“执政者若是廉洁的，则人民福莫大焉；执政者若是昏庸的，则人民祸无止境。故执政者，譬如灵魂，肉体得之则生，失之则死。”“揭人隐私者，鲜能成大业。”苏格拉底说：“善人不求多礼。恶人虽多礼无益，以其根株坏也。”又说：“智慧为人之天赋，学问为人之厚利。”

又说：“有人去对荷马说：‘我不配求你的歌颂，我愿求你的重辱以为荣！’荷马不肯。那人说：‘如果你不肯辱我，我必把你的怯懦宣扬于众首领之前。’荷马毅然答道：‘我听得有一只犬，欲与塞浦路斯岛的狮子决斗，狮子不屑一顾。犬说：如果你不肯，我就要把你的怯弱遍告群狮。狮子说，我宁愿受群狮的耻笑，而不愿意淋你的血以污我的爪。’”

阿拉伯人翻译希腊的格言，经过长久的年代，竟成专书，如伊本、杏德之书便是。还有一本小册子，完全收集柏拉图的格言，编者已无从考证，只知道由公元 893 年的一本手抄本转录而来。阿拉伯的文学典籍中，充满了这一类东西。

结　　语

本书前面阐述阿拉伯人因自然环境之不同而产生特殊的思想。叙述蒙昧时代阿拉伯人特殊的社会生活。伊斯兰教兴起，曾揭示出新的教训，引导阿拉伯人至生活的一种最高典型，这最高典型，完全与蒙昧时代的生活相违背。又叙述伊斯兰教在各方胜利之后，波斯与罗马的大部分地方，都被伊斯兰教人占领成为殖民地，波斯及罗马的宗教、文化、学术日渐萎缩。各种不同的文化产生了同化，这种同化就是促成倭马亚王朝末期伊斯兰教的学术活动与宗教活动的重要原因。本书前面略述此种原因，以后当略述其结果，现分为一般的学术与宗教的学术两方面来谈。

本篇重要参考书目

(1) 博雅:《伊斯兰哲学史》(Boer, *History of Philosophy in Islam*)。

(2) 德莱赛:《古代、中世纪哲学史》(Dresser, *History of Ancient and Medieval Philosophy*)。

(3) 俄莱里:《阿拉伯思想》(O'leary, *Arabic Thought*)。

(4)《大英百科全书》,"叙利亚文学"条。

(5) 其他在正文中引用的阿拉伯文参考书目,此处不再列举。

第五篇

伊斯兰初期的学术活动

第一章　学术活动的概况

本篇所谓的学术活动，是指广义的学术活动而言。除宗教信仰、宗教学派，本书特辟有专篇，文学的演进，另有专书之外，凡穆斯林在思想上有某方面的系统研究，如法律、经注、圣训、历史、传记等，都在本篇叙述的范围以内。今从伊斯兰教初兴至倭马亚王朝灭亡这个时期内的学术概况，作一个概括的观察。

文盲——且不谈蒙昧时代的阿拉伯人，因为蒙昧时代并没有科学、哲理可谈，蒙昧时代的阿拉伯人，能够称为"学者"的，实在很少。如果要勉强举出，也只有前面所提到的哈利斯·克尔岱、奈兹尔·哈利斯等数人而已。

蒙昧时代的阿拉伯人，差不多全是文盲，游牧人地区尤其如此。因为，书写与学术必借城市之文明，方能发展。伊本·赫勒敦说："汉志人从希拉人学习书写，希拉人又从希木雅尔人学习书写。"

伊本·赫勒敦所说的是否正确，暂且不谈，而汉志人及母才尔人的社会较为落后，文盲较为普遍，却是事实。据白拉祖理在所著《各地的征服》一书中说：伊斯兰教初兴，古莱氏族中，能书写者仅十七人，即欧麦尔、阿里、奥斯曼、艾布·阿比德、唐尔哈、叶基德、艾布·胡才法、哈特布、艾布·赛麦尔、艾布·赛德、哈立德、阿卜杜拉·萨德、胡太朴、阿弥尔·艾布·苏福扬、穆尔威叶、谷赫伊姆·宾·索尔特。古莱氏族的同盟部族中能书写者，也只有耳拉·宾·海达拉米一人。[①] 妇女中能书写的只有穆圣的妻子哈弗塞·媪母·库尔苏木及阿卜杜拉的女儿西法绮等数人。穆民之母阿绮莎，则只能诵读《古兰经》而不能书写。媪母·塞勒玛也只能读不能写。[②]

古莱氏人曾执汉志商务的牛耳，本书前面已经说过。如果古莱氏族能书写者仅十七人，则他族能书写者当更少了。白拉祖理在同书中又说："在奥斯族和海兹勒支族中，能书写阿拉伯文者很少，有些犹太人能够书写，起初他们教城中小孩书写。伊斯兰教兴起后，二族中已有十一人能书写。因为会写字的人很少，所以麦地那城中凡兼擅书写、射艺、游泳者，族人便称之为'全才'。那时麦地那城中，博得'全才'之誉者，有赛德·本·鄂伯得、赛依德·本·胡代尔、阿卜杜拉·本·伍白叶等诸人。蒙昧时代博得这个称号的，只有苏爱德·索弥提一人。"[③]

伊斯兰教兴起后，穆罕默德圣人令能书写者，抄录天启的《古兰经》。迁到麦地那后，首先为穆圣录天启者为辅士伍白邑·卡尔巴，或辅士赛德·撒比特。所以当时安拉所降的默示，穆圣与人来往的函件，以及审判时所判决的文件等，差不多都是出于二人之手。古莱氏人中首先为穆圣文书官吏者，为阿卜杜拉·本·赛德。

① 白拉祖理：《各地的征服》，第 471 页。

② 同上书，第 473 页。

③ 同上书，第 474 页。

此人后已叛教。[①] 其后为奥斯曼、舒来哈比里、艾巴尼·赛德、哈立德、伊勒·海达拉弥以及穆尔威叶等。据瓦格底说，罕才莱·勒比尔才在穆圣面前书写了一次，别人就称他为“司书员罕才莱”。

当时为穆圣抄录默示者，因为写作的技术不熟练，既不按一定的格式，也不依照听写的规则，对于同音字或近音字，往往混淆不辨。同是一个字，有时在这里多两笔，在那里又少两笔，所以错误的地方很多。因此伊本·赫勒敦说，他们的写作技术很低，还没有达到熟练的程度。

伊斯兰对于学术运动的影响　伊斯兰教对于阿拉伯初期学术活动的影响，可以从下述方面来谈：

1. 宗教的传布。必须依靠能书写、能诵读的人。《古兰经》依赖能书写的人抄录，能诵读的人口授，方能传布到不能写读的人中间去。如圣训提到欧麦尔入教的事，说道：“他看见他的妹妹和妹夫跟罕巴伯正在诵读《古兰经·脱赫章》之后才奉教的。”故穆圣必然鼓励其弟子学习书写。巴德尔之役，古莱氏人大败，俘虏甚众，“穆圣叫每一个俘虏教授麦地那的一个儿童学习书写，以为赎买自由的代价。”同时有些穆斯林也感到，若要全面认识自己的宗教，非学习书写不可。

当伊斯兰教在各方面传布开后，穆圣为了适应需要，又命门徒学习外国语；布哈利的《圣训实录》里，有一段传自赛德·撒比特的圣训：“赛德·撒比特说：‘穆圣抵麦地那的时候，我去谒见他，有人把我介绍给他说：这是南查尔族的人，能背诵十七章《古兰经》，我

① 白拉祖理：《各地的征服》，第 473 页。

随即在穆圣面前朗诵了一遍。穆圣非常喜悦地对我说，你学习希伯来文吧，我很不放心别人为我写的函件。后来我便学习希伯来文，学了半个月，便学得很好了。从此凡穆圣给各方的函件，都由我书写，各方给穆圣的信，也由我诵读。'"又一段圣训说："赛德·撒比特说：'穆圣对我说，你学习叙利亚文罢，因为别人为我书写时，可能任意增损。后来我学了十七天的叙利亚文。'"

征服了各国后，阿拉伯人成为统治者，更不能不学习写读，从此能写读的人日渐增多，尤以再传弟子时代为甚。奉伊斯兰教的非阿拉伯人，为了宗教与世俗，不得不学习阿拉伯文，为了改良阿拉伯文字，不得不研究语法。我们曾引证过艾布·欧拜德的话。

同时由于伊斯兰教在各方面的胜利，文化便随之而发展，到了哈里发奥斯曼时代以及后来，阿拉伯人便兴动土木，大建宫室、房舍，并用灰沙涂壁，香木为户。圣门弟子如祖白尔·阿布杜、拉赫曼·奥弗、赛德·苑葛斯、弥格丹等，都竞相效尤，以巨额的金钱，建筑美丽的房屋，修造花园池沼。这一切，无疑地，必有赖于工艺之兴盛。这也就意味着写读之发达了。

2. 伊斯兰教教训之传播，也是促进学术活动的一种因素，本书前面已经谈到。因为伊斯兰教的教训传播之后，阿拉伯人的思想水平得以提高，同时阿拉伯人得以知道其他民族的许多详细的或简单的历史事迹：《古兰经》为我们叙述亚丹的事迹，告诉我们郁苏福（约瑟）、母撒（穆西）、郁努斯（亚诺）、达乌德（大卫）、苏来曼（所罗门）诸先知的事迹，告诉我们各民族的一些历史。《古兰经》叙述这些历史事迹，处处都以动人的笔法，使人读后希望知道更多的东西，如犹太教、基督教的历史等。《古兰经》的文化，增长了伊斯兰教徒的智慧，扩大了他们的见识。

《古兰经》又解释婚姻、离婚的断法以及民事、刑事的律例，穆斯林在社会生活或经济生活中必须遵守。后来的法学家、创制家都以《古兰经》为立法创制的根源，凡世俗所发生的一切新的事件，都向《古兰经》去寻求解决的明证，故《古兰经》乃扩大立法活动的基础。关于此点，本书将有专篇论述。关于《古兰经》对于阿拉伯文字、语言的影响，将在另外的专书里去研究。

3. 另一方面，伊斯兰教对于阿拉伯人的思想生活，有很大的影响。伊斯兰教号召人们信仰安拉及信仰安拉的"全知"、"万能"、"独一"等德性；鼓励人们观察宇宙万物的现象："难道他们没有看到大地万物，及安拉所造化下的东西！""叫人看看他们的衣禄！我降下沛雨，然后炸开地面；我在地面上滋生谷物、葡萄、苜蓿、橄榄、椰枣树、茂密的花园、各类鲜果和草场，供你们及你们的牲畜享用。""太阳绝不能追上月亮，黑夜绝不致在白昼之先，它们各浮于太空。""天地的创造，昼夜的往复，都是对有智慧者的征兆。立着、坐着、卧着赞念安拉及参悟造化的人说：'我的主啊！你未尝无意识地创造天地。受赞颂的主啊！求你让我们得免于火狱！'""天地的造化，你们言语、肤色之不同，都是安拉的征兆。"这一类的例子很多。

这一类启发智慧、参悟自然的经文，对于促进阿拉伯人思想生活的进展，是有影响的。

《古兰经》叫人观察自然，以推证安拉的存在及其德性，《古兰经》称观察大自然奥妙的学问为"智慧"(Al-Hikma)。"我给鲁格曼以智慧。"读了《古兰经》里关于鲁格曼的话，我们觉得，安拉给他的智慧，就是此处所谓的智慧。“安拉把智慧赐给他所愿意的人，获得智慧的人，便是获得许多的好处了”。《古兰经》又称安拉对穆罕默德的默示为“智慧”：“那是安拉默示你的智慧”。有人问大教长马立克以“智慧”之意，马立克答道：“认识宗教、尊崇宗教的法律就是智慧。”①

学术活动及其著名人物　伊斯兰教初期至倭马亚王朝末叶的这个时期的学术活动，大约可分为三方面：1. 宗教学，即研究宗教方面的学问，如经注、圣训、法律等，2. 历史、故事、传记等；3. 哲学、伦理学、化学、医学等。我们在本书前面已约略提及：我们所谓的“学术活动”，实在是指学术的种子及嫩芽而言，并非指分门别类的、有系统的学术；系统的学术在这时期还没有产生。我们先把三方面的学术活动的概况，略述于后。

宗教学的活动最大，范围也最广；人们都起来研究《古兰经》的意义，注解《古兰经》的内容，从《古兰经》中创立出律例来。研究圣训的人也是这样。宗教学的活动发轫于穆圣生时，穆圣死后，其范围日益扩大，圣门弟子对于宗教学，都各有丰富的贡献。

圣门弟子在学术上的地位，也和他们道德品行上的地位一样，必然是分为许多等级的。他们中有些人较其他人更勇敢，有些人更慷慨，而有些人在学识方面则更为渊博。穆圣说过：“我受安拉的派遣，负着宣传正道、提倡学问的使命；有如甘霖之降于大地；肥沃的土地，受了甘霖的浸润，便发出茂密的青草；低洼的土地，受了甘霖的灌注，便深深地贮藏起来，以供人们饮用、灌溉、栽种之用；

① 此处解释“古兰”(Coran)一字的语法和用法，略去未释。——译者

惟有那荒沙大漠，既不贮藏，也不滋生。”①

再传弟子麦斯鲁格说：“我与圣门弟子同坐之时，感觉他们如同湖水，能供一人饮、二人饮、十人百人饮，就是全世界的人，都到湖边痛饮，也饮不尽湖里面的清水。”②

圣门弟子在宗教学方面居第一等者共七人，即欧麦尔、阿里、伊本·麦斯欧迪、阿卜杜拉·欧麦尔（欧麦尔之子）、伊本·阿拔斯、赛德·撒比特、阿绮莎。七人中伊本·麦斯欧迪为胡赛里族的人，赛德·撒比特为麦地那人，其余的都是古莱氏人。麦斯鲁格说：“我观察圣门诸弟子，觉得欧麦尔、阿里、阿卜杜拉·麦斯欧迪、穆阿士、艾布·达尔丹及赛德·撒比特六人的学问，已全部网罗了诸圣门弟子的学问。我再观察之后，觉得六人的学问，完全集中于阿里与阿卜杜拉二人。”③据叶基德·俄迈勒说，其师穆阿士垂危之时，嘱咐他去尊奉阿卜杜拉·麦斯欧迪、阿卜杜拉·赛兰、赛尔曼及艾布·达尔丹四人为师。由此可知，伊斯兰教初期，究竟哪几个人最有学问，是有不同说法的。因为各人的看法很不一致，这是各民族各时代很普遍的情况。

不过我们可以概括地说，伊斯兰教初期第一流的学者有数人，第二流的约二十人，第三流的约一百二十人，此处不必详述。

假使我们读一读第一流学者的传记，把他们在学问方面的成就研究一番，一定可以看出，各人有不同的表现。如：欧麦尔对于注解《古兰经》和搜集圣训，并没有很多表现，他最大的特点

① 见布哈里：《至圣实录》和穆斯林：《圣训实录》。

② 伊本·赛德：《人物传记》，第2卷，第104页。

③ 同上书，第110页。

乃是在判断事物时，有天然的判断力，在分辨是非时，有正确的见解，并且对周围世界了如指掌。艾布·赛利说："我听见穆圣说过，安拉欲使真理借欧麦尔而显扬，故把真理造化在他的舌端上。"

知道欧麦尔的才能，才能正确地认识欧麦尔。欧麦尔的智慧是决断的智慧，他在穆圣生时，作过教法判断。他曾遗留了许多繁难的、不易解决的律例。他对一般人或对自己的属下，真正做到了知人善任。《罕世璎珞》里有这样的记载："阿卜杜拉·阿拔斯是欧麦尔最喜欢的人之一，欧麦尔对他的评价超过许多大圣门弟子。但欧氏却始终没有用他。有一天，欧麦尔对阿卜杜拉·阿拔斯说：'我欲重用你，惟恐你随便注解《古兰经》，随便把享用战利品断为合法。'后来阿里任哈里发时，委任阿卜杜拉为布斯拉省总督，阿卜杜拉果然注解了下面的一段《古兰经》，把享用战利品断为合法：'你们须知，你们所获得的战利品，五分之一归安拉、使者和近亲。'"欧麦尔又有治国的才能，伊斯兰教征服各方后，幅员之广，事务之繁，为穆圣生时以及艾布伯克时代所未有，一切处理国事、创制立法之事，都需要有伟大杰出的人才。欧氏优良的德性及其伟大的业绩，都显示出他的广博的学问和特殊的识力。

欧麦尔的儿子阿卜杜拉也是圣门弟子中有名的学者，然而他的成就不同于他的父亲。他是圣训搜集家，竭平生之力搜集圣训，他研究圣训的文辞，非常仔细。艾布·扎法尔说："圣门弟子中，对于传录圣训之忠实有信，毫无增损，没有人能赶得上阿卜杜拉·欧麦尔的。"但是沙耳比以为阿卜杜拉·欧麦尔只精于圣训，而不擅长法律。[1] 他敬畏安拉，不敢多解释法律问题，不愿参加党派之争。伊本·艾西尔说："阿卜杜拉·欧麦尔处世谨慎，忠于宗教，不敢随便解释法律，克己不阿。他虽博得叙利亚人的欢心与拥护，可是对于哈里发的位置却弃而不顾，不与人争，从未陷入任何党派之争，也未参加过反对阿里的战争。"[2]他与穆圣同时，又得亲睹伊斯兰教初期诸哈里发的历史，平时又最留意史事，故对于伊斯兰教初期的历史很有研究，对历史的传述，也非常可靠。他对于学问方面的表现，是多搜集而重传述，多研究而慎释律。

阿卜杜拉·伊本·阿拔斯又是另一个类型，与上述二人有所不同。据史籍及经注的记载，伊本·阿拔斯在多方面是博学的，他擅长诗歌，精研谱录世系之学，对阿拉伯人古代的历史很熟悉。他努力向圣门弟子学习圣训和各种学问。他自己说过："我所知道的圣训，差不多全是由麦地那的辅士处得来的。我去向人们问学之时，若遇他睡着未醒，我本来可以唤醒他，然而我不愿如此，我只是坐在门外迎着冷风，静静地等候着，待他自己醒后，我才进去请教他。"伊本·阿拔斯同时又研究《古兰经》，对《古兰经》每次敕降的原因，《古兰经》中关于遗产的制度，战利品的断法等问题，都有精细的研究；对于《新旧约》和其他经典，也有相当的认识。他生平埋首研究，完全消磨在教学中，涉足政治的时间很短。他在哈里发阿里时，曾任巴士拉总督。他死于伊斯兰历70年，活了七十岁。他注解《古兰经》很大胆，为阿卜杜拉·欧麦尔所指责，后来才慢慢的

① 伊本·赛德：《人物传记》，第2卷，第125页。
② 伊本·艾西尔：《圣门弟子传记》，第3卷，第228页。

谨慎了。

他一生致力学问，博览群经，涉及的范围很广。但阿拔斯王朝时代，对他的估价未免有些夸大，因为他是阿拔斯诸哈里发的始祖。可是从这些夸大的记载，也可以看出他学问的渊博和研究的精深，尤以《古兰经》的注释，见称于世，这是他和上述两种类型人物不同之处。

哈里发阿里也是伊斯兰教初期著名的学者，属于第四类型人物。但是后人对他推崇太过，近于荒诞，当时的人物，没有一个像阿里那样引起争辩的，致使后来的史学家，困惑不辨，无所适从。因为爱他的与恨他的都失之极端，所以各自假造圣训，为自己的一派辩解。因此，教派丛生，彼此攻击，没有止境。这都是由阿里的"人格"问题上引出来的，这种情形以前不曾有过。后人假托阿里而传述的圣训，多至六百八十六段，其中翔实可靠的，不过五段。后人为阿里假造一部诗集，其实据马基尼说，阿里一生只作过后面两句诗：

你古莱氏的人们呀！欲消灭我，

誓指安拉：你们绝不能胜利。

还有一部文集《辞章之道》，收集了很多讲演、祷词、书信、劝告、哲理，后人也说是阿里的文集，然而古今的学者如索费狄及华尔[①]等都以为不是阿里的文集，如："你敬爱你的亲友！因为他们是你高飞的翅膀，是你归宿的根源。"这样的文辞技巧是在希腊哲学移植到阿拉伯之后，并且是在有了学术著作之后才出现的，绝不

① 参看华尔（Huarl）的《阿拉伯文学史》。

是伊斯兰教初期的人所能写出的。又如："忏悔有六义，信仰分四纲"；"何为今生？今生有四定义：1. 从现在到人生终结的这个时期叫今生……"这种下定义的方法，以及这种意义细密精深、文辞简洁美妙的文章，只是到了阿拔斯王朝初期，阿拉伯人才知道、才能做的。后人又传阿里能占卜，曾著了一本书，预言世界毁灭时所发生的事情；又说阿里创设阿拉伯语法，命艾布·爱斯瓦德编为专书。凡此种种，都使后来的历史学家在评论阿里的学术地位时，感到绝大的困难，不易心安理得的：究竟《辞章之道》里面的文章，哪些是阿里作的？哪些不是阿里作的？哪些哲理、哪些格言是他说的？哪些不是他说的？哪些是各哈里发与阿里讨论过而决定的律例，哪些又是假造的？这些问题到现在仍是正在研究中的问题。

但是如果我们读一读正确可靠的历史传记，如伊本·赛德的《人物传记》，便可以知道阿里也是一个赋有法制才能的人物。穆圣曾委他主持也门的审判工作，关于法制方面的许多问题，他都有正确的见解。甚至有人用"有了阿里，司法之事，可以不求他人"一句话来赞美他。阿勒格根据伊本·阿卜杜拉的传说："我们曾谈论过，认为阿里是麦地那人中最具有司法才能的人。"阿里除具法制才能外，很重视《古兰经》，对于"《古兰经》的内容，《古兰经》敕降的原因，都十分注意。有人说《古兰经》下降之时，就是阿里在旁笔授的"。[1] 因此他成为伊本·阿拔斯之师。后人把两人做了一番比较，认为伊本·阿拔斯对《古兰经》有渊博的知识，阿里擅长解释

① 伊本·赛德：《人物传记》，第 2 卷，第 101 页。

《古兰经》晦涩之处。[①]

此外如阿卜杜拉·麦斯欧迪、赛德·撒比特、艾布·达尔丹、穆阿士·本·者白尔、艾布·赛利、艾布·母撒·爱施尔里等人，对于当时的学术活动，都有贡献，或多或少都参加了各种学问的研究工作，但不可能一一叙述，只能概括地提一下。艾布·巴哈台利说："我问阿里：'圣门诸弟子对于学术的成就如何！'阿里问：'你指的什么人？'我答道：'先说阿卜杜拉·麦斯欧迪吧！'阿里答道：'他只知道天经和圣训，但是知道这些也就够了。'我又问艾布·母撒，答道：'他的私见太深。'又问阿穆尔·雅欣，答道：'他是健忘的信士，一经提示，也能复忆。'又问哈基法，答道：'他是圣门中最能识辨伪善者。'又问艾布·赛利，答道：'他博通诸学，而无所表现。'又问赛尔曼，答道：'他是圣门中最渊博的，对于今生与后世的学问，无所不通，广博如海，不测其深。'又问：'穆民的首领！你自己如何？'答道：'我向穆圣领教时，穆圣告诉我，我沉默时，穆圣提示我。'"但是我们不妨特别提出阿卜杜拉·赛兰及赛尔曼二人谈一下，因为二人对于学术各有专长。

阿卜杜拉原为犹太人，受过犹太文化的教化。经注家把他列在"以色列学者"的前列。穆圣迁到麦地那后，他改奉伊斯兰教，曾随哈里发欧麦尔去过叙利亚。当奥斯曼为哈里发时，有人起而反抗，阿卜杜拉立于群众之中讲演，力为奥斯曼辩护，乱事得以未发。后来死于伊斯兰历 40 年。阿卜杜拉在诸门弟子中以博学著称，穆阿士誉之为四大学者之一。穆斯林从他传述的学问很多，足以证

① 伊本·赛德：《人物传记》，第 2 卷，第 121 页。

明他对于有关《旧约》的研究是渊博的。伊斯兰教经典中，混杂着不少“以色列式”的传说，大部分就是由他而来的。艾布·胡赖勒及爱奈斯二人，曾由阿卜杜拉传述圣训。塔巴里的历史著作中，有许多关于宗教历史的问题，也常引证他的见解。

总之，阿卜杜拉在学术方面，代表了独特的一面，他对于《旧约》的见解，影响穆斯林很大，并把一部分《旧约》传说，掺杂于《古兰经》注及历史、故事的著作中，关于这点容后再说。

根据穆罕默德·易斯哈格的传述，赛尔曼为波斯人，原是一个虔诚的袄教徒。后来奉基督教，常与基督教廉洁之士往来。后来，他成为一个犹太人的奴隶，但未奉犹太教，最后改奉伊斯兰教，从此遂成为一个忠实的伊斯兰教徒。据说，赛尔曼未奉伊斯兰教之前，曾周游各国，先由波斯的伊斯法罕赴叙利亚研究基督教义，后又到摩苏尔以及奈绥比、阿母利亚等罗马地方，最后转到阿拉伯半岛研究伊斯兰教，定居于卧底古拉。[①] 他在卧底古拉受克莱白族人的欺骗，被卖为奴隶，最后流落到麦地那，奉了伊斯兰教。[②]

赛尔曼研究过各个宗教的学问，因此阿里说：“你们谁能跟赛尔曼相比呢？他知道今生的学问，后世的学问；读过前人的著作，后人的著作；他是一个不会干涸的大海。”他一生笃于宗教，非常廉洁。哈里发奥斯曼时，死于马达邑尼(即忒息丰——译者)。

赛尔曼最受波斯伊斯兰教人的崇奉，被誉为典型人物。他在波斯的地位，有如比拉勒在埃塞俄比亚，苏海邑巴在东罗马的地位

① 阿拉伯半岛北部的一块沙漠河谷地区，位于从麦地那通往叙利亚的商道中间。——译者

② 伊本·赛德：《人物传记》，第4卷，第53页。

一样。什叶派人把他和阿里、哈桑、侯赛因等人并列。苏菲派（神秘派）认为他是苏菲派的创始人之一。波斯人对他崇奉太过，不惜穿凿附会许多事实。

*　　　　*　　　　*

综上所述，已足以证明：圣门弟子已开始学术活动，但大多偏向于宗教学方面。他们在宗教学方面，涉及很广，有特殊见解。

这班圣门弟子中的学者，大多分散到伊斯兰国家各个地区，换言之，被分派到各个城市，从事教育。穆罕默德生时，已派人到也门和巴林群岛等地。攻克麦加后，又派人到麦加。到了哈里发欧麦尔的时候，幅员增加，国土日广，遂继续派人分赴各方。萨林·阿卜杜拉说过："赛德·撒比特逝世的时候，我正在伊本·欧麦尔的面前，我说：'今日丧失了一个大师了！'伊本·欧麦尔说道：'求安拉赐他幸福，他是当代最有学问的人，欧麦尔曾派他们到各地去。'"[①]

阿穆士将要离开麦地那到叙利亚去的时候，欧麦尔说："从此麦地那人在法学与解释法学问题方面，一定感到空虚了。我以前曾劝艾布·伯克尔说：为人类的需求，应该留下阿穆士，不让他出征，而艾布·伯克尔不肯，以为这样愿意冲锋疆场、为教牺牲的人，不应加以阻止。我又说：一个人就是睡在床榻上，也同样能为宗教牺牲的。"[②]欧麦尔派阿卜杜拉·麦斯欧迪到库法去的时候，曾写信给库法的民众说："我派阿卜杜拉·麦斯欧迪为你们的导师与长

① 伊本·赛德：《人物传记》，第4卷，第61页。

② 同上书，第1卷，第117页。

官,我宁愿使自己受损失而使你们得以享受他的学问。”后来阿卜杜拉·麦斯欧迪长久居住在库法,在库法的礼拜堂旁边筑屋居住。像这样的例子很多。

圣门学者分散各处,从事学术的活动。凡他们所到的地方,无不建立学校,招收学生。由各学校学成的人,便成为再传弟子,三传弟子,从此代代相传。后面有专章论述。

这个时期,一般释奴的子孙已加入学术活动,而其范围也日渐广泛。这些释奴大多是再传子弟或三传子弟中的领袖人物。

释奴与学术　我们已经知道,伊斯兰地区的居民是由两种成分组合而成的,即胜利的阿拉伯人和非阿拉伯人。在圣门弟子时代,学术权威大多为阿拉伯人,因为圣门弟子差不多全是阿拉伯人。在圣门学者分赴各方,从事宣教之后,阿拉伯人与非阿拉伯人便都得共同向圣门弟子求学。到了再传弟子及三传弟子时代,著名学者中,阿拉伯人固然不少,而大多数却是释奴或释奴的子孙了。伊本·赫勒敦说:“一个民族在最初的时候,生活简单、知识固陋,所以没有什么学术工艺,而一切宗教律例,就是安拉的命令与禁令,也不过由立法家与法律家根据天经、圣训创制出来后,再传授给别的人,一般人便仅凭记忆,口相授受。最初信奉伊斯兰教的都是阿拉伯人,而阿拉伯人又不知道教育、不知道编纂与著述,故无从致力于此,也不需要致力于此。这种情形,到了圣门弟子和再传弟子的时候都是一样的。”

“所以有人说,当日《古兰经》学家,就是指一般《古兰经》念家而言,阿拉伯人普遍还是文盲,圣门弟子也多半是文盲。后来这些学问的推广,便需求于教育了。我们前面已经谈到,一切工艺原是城市文明的产物，阿拉伯人当初既和城市非常隔绝，自然便与学术无缘了。当时文化较高的是波斯人，或者说是一般释奴，因为波斯人自波斯帝国时代，就有了稳定的文化基础。阿拉伯文学大家西伯卫、法里西及祖查吉等都是波斯人；圣训学家、法理学家、伊斯兰哲学家以及《古兰经》注家，也多为波斯人。甚至凡是立学著书的，没有不是波斯人的。至于阿拔斯王朝时代的阿拉伯人，则自从看到这些城市文明、城市商场之后，只知道忙着去进行国家的统治了。”

伊本·赫勒敦所说的情形，虽然是指阿拔斯王朝时期的学术编纂而言，但即使指倭马亚王朝时期——再传弟子以后的时期——也是正确的。不过伊本·赫勒敦的论调，未免失之夸张，不惜把阿拉伯人从事学术的功绩一笔抹杀。倭马亚王朝时，著名的学者如赛德·穆桑伊布、艾尔格穆、舒来哈，买斯路格、奈赫伊等，都是阿拉伯人，不过多数学者乃是释奴或尚保存释奴名义的。如麦地那的苏里曼·叶撒尔就是一个最有学问、最精通法律的人，他的父亲是穆圣的妻子迈依姆的释奴。又如纳费尔，德兰人，乃是阿卜杜拉·欧麦尔的释奴。阿卜杜拉所知道的圣训，差不多大部分都传授给他了。再如勒比尔乃是大教长马立克之师，其父范鲁黑也是释奴。

麦加的学者例如穆查雪德·哲布尔是白尼迈赫祖的释奴，《古兰经》注为他传述者最多，他的经注学得之于伊本·阿拔斯。又如伊克勒迈是伊本·阿拔斯的释奴，伊本·阿拔斯的学问因他得传于后。也门地方的黑人伊脱邑是白尼费赫里的释奴。艾布·祖白尔，是哈基姆·哈赞的释奴，是记诵圣训最多的人。

库法著名的学者如：黑人赛德·朱拜尔，是白努·俄里拜的释奴。巴士拉著名的学者如：哈桑·叶撒，是赛德·撒比特的释奴。穆罕默德·西林为巴士拉著名的法学家，其父乃麦桑之役的俘虏，其母苏福叶也是艾布·伯克尔的释奴。哈桑·巴士理的父亲，也是麦桑之役的俘虏。

叙利亚的著名学者迈克贺里，乃奥查尔派的教师，其父是海拉特人，其母为喀浦尔一个国王的女儿。

埃及的著名学者叶基德·哈比布是柏柏尔人，他是艾斯德的释奴，曾任埃及的总法官，为艾易斯之师。其他还有一些学者，是阿拉伯人与外国人的混合种。如欧麦尔之孙萨林、艾布·伯克尔之孙戈西姆、阿里之孙赛德·阿巴丁等，他们的母亲都是叶兹德吉尔[①]的女儿。又如再传弟子中之大学者沙尔比，其父为阿拉伯人，其母为遮鲁兰之役的俘虏。

如果详细叙述倭马亚王朝时代的学者，谁是阿拉伯人，谁是释奴，则不胜其烦。但是我们概观各学者的宗系，便可以证明，大部分学者都是释奴。[②]

《罕世璎珞》中有这样一段记载："伊本·艾布丽拉说：尔萨·穆西是宗族观念最深的一个阿拉伯人，他问我：'巴士拉的法学家是谁？'我答道：'哈桑·巴士理。'又问：'还有谁？'我答道：'穆罕默德·西林。'问道：'这两个是什么样的人？'我答道：'是两个释奴。'

---

① 叶兹德吉尔：波斯萨珊王朝的末代国王，公元651年被杀于呼罗珊，萨珊王朝亡。——译者

② "释奴"一词，阿拉伯语单数为"毛拉"（Maula），复数为"买瓦利"（Mawali），参看本书第二篇第一、二章的正文与注释。——译者

又问：'麦加的法学家是谁？'我答道：'伊脱邑·穆查德、赛德·朱拜尔以及苏里曼·叶撒利等人。'问道：'这是些什么人？'我答道：'都是释奴。'又问：'麦地那的法学家是谁？'我答道：'赛德·艾斯兰、穆罕默德·孟克戴尔及纳费尔。'问道：'是些什么人？'我答道：'都是释奴。'又问：'古拜邑人中最精通法学的是谁？'我答道：'勒比尔·赖伊和伊本·艾布基南。'问道：'这两个是什么人？'我答道：'也是释奴。'此时尔萨·穆西的脸色突变。接着又问：'也门的法学家是谁？'我答道：'脱乌士父子和伊本·木难比。'问道：'是些什么人？'我答道：'都是释奴。'尔萨·穆西听到这里，颈脉膨胀，愤然立起，又问：'呼罗珊的法学家是谁？'我说：'伊脱邑·阿卜杜拉。'问道：'是什么人？'我答道：'释奴。'至此他的脸色变得漆黑，令人害怕。稍停又问：'叙利亚的法学家是谁？'我答道：'迈克贺里。'问道：'什么人？'我答道："也是释奴。'尔萨·穆西此时呼吸骤然紧促，仍继续问道：'库法的法学家是谁？'我本来应该答是哈康·尔台巴和阿马尔·艾布·苏来曼，但我怕尔萨·穆西有什么不测，遂改口答道：'伊卜拉欣·拿赫伊和沙尔比'。问道：'是两个什么人？'我答道：'是两个阿拉伯人。'尔萨·穆西听了喊道：'大哉安拉！'他的心才算安定下来。"

雅古特的《地理辞书》在"呼罗珊"一条中也有同样的记载："阿布杜·拉赫曼说：'伊本·阿巴斯、伊本·祖白尔和伊本·阿穆尔去世之后，各城市的法学家都是释奴，麦加的法学家为伊脱邑，在也门有脱乌士，在叶玛迈有雅合约，在巴士拉有哈桑·巴士理，在库法有拿赫伊，在叙利亚有迈克贺里，只有麦地那的法学家是汉志的古莱氏人，这就是为大家所承认的赛德·穆桑伊布。'"

像这样的故事很多，不免带有“反阿拉伯人的民族主义”[①]的宗派意识，但基本论点是正确的，那就是多数学者是释奴，这是千真万确的。其原因除了伊本·赫勒敦所说的以外，还有另外一个原因，即当时的圣门弟子喜欢多留释奴为家庭服役，或为自己工作助理。主人若为商人，释奴便充其助手；主人若为学者，释奴便为其门徒或助手。释奴白昼深夜，居家旅行，无一刻不跟随主人，如果天资超越的，便会有卓绝的造就。如阿卜杜拉·欧麦尔的释奴纳费尔，曾得其师之博学。圣训学家都承认沙裴尔的传述得自马立克，马立克的博学得自纳费尔，纳费尔的博学得自阿卜杜拉·欧麦尔！这一个传述系统，被认为是最有价值的“黄金线索”。又如伊克勒迈，乃是伊本·阿拔斯的释奴，伊本·阿拔斯去世时，他还是一个没有脱去奴籍的奴隶。伊本·阿拔斯之子阿里·阿卜杜拉以四千金币的代价，把伊克勒迈卖给哈立德·叶基德。伊克勒迈知道后，去向阿卜杜拉·阿里要求毁约，说道：“你得四千金币便卖去了你父亲的学问吗？”阿里遂给了他自由。诸如此类的例子，不胜枚举。

关于此点，在本书后面的《宗教学活动》一章，将加以阐述。

历史学活动　所谓历史学活动，并非指历史学的著作而言，乃指当时流传伊斯兰教各地的古代各民族的历史及穆罕默德时代和诸哈里发时代的历史事迹而言。穆圣时代与圣门弟子时代，对历史研究的活动，非常广泛。这时的研究，为后来历史家如伊本·易

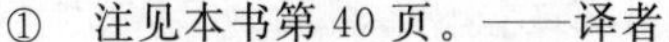

① 注见本书第40页。——译者

斯哈格[1]及塔巴里等人历史著作的根据。读者如果把塔巴里著作中的传述系统加以研究，便知传述者的系统中，有三四人曾与塔巴里同时，同为阿拔斯王朝时代的人。这三四人又是以倭马亚王朝或四哈里发时代的传述为根据。由此可知，后来历史典籍里记载的事迹，都是四哈里发时代和倭马亚王朝时代便为人所熟知的。后来的伊本·易斯哈格等历史学家，不过搜集传述当时著名的史实而已。

这时期历史学研究的活动是由几方面发生的：

1. 一部分的圣门弟子在从事政治工作中，感到必须认识各国帝王的史迹及其政治制度。这在伊斯兰教国土扩大之后，是十分必要的，远征前阿拉伯半岛狭隘的经济活动，已经不能适应于远征后的广泛的活动了。这时阿拉伯人迫切地要知道财富的征收、管理和开支各种制度，迫切地要知道有关治理国家组织机构和创制法律等各种学问。伊斯兰教诸哈里发在这种情形下，便不得不探求和效法各国治国之道了。麦斯欧迪说："穆尔威叶政余之暇，夜间研究阿拉伯人的事迹、战史和波斯历代帝王的轶事以及他们管理人民的政治。同时，也研究古代其他各民族的历史。到了深夜，妇女们进以糖果及食物之后，方才就寝。四更过后，又起来展开记录的册子。记录册里，记载着关于各国帝王的历史、历次战役始末以及关于兵法和战术之类，命仆役们为他诵读。这些仆役是他特别雇了来专为管理书册及为他诵读书册的。他每夜必听他们把册

① 伊本·易斯哈格：伊斯兰初期的著名历史家，有《初期史记》、《圣战》等著作。公元767年卒。——译者

子里面所记载的历史、传记、古迹和政治等，为他诵读一部分。”这样，各国的历史必然会流入穆斯林上层当中。

2. 比较第一类更重要的是，有若干历史悠久的民族，改奉伊斯兰教之后，便把本族的历史传入穆斯林中，其用意或出于宗派主义的思想，或为其他原因。许多犹太人借着《旧约》和《旧约》注解的记载，很知道一些犹太教的历史和传说事迹；他们奉伊斯兰教之后，便将所知道的东西，为穆斯林讲述，因而这些东西便输入《古兰经注》，或附会于其他民族的历史典籍中了。读者试读塔巴里的《先知与帝王历史》第1卷，一定可以得到不少的例证，如“……据阿卜杜拉·伊本·赛兰说：‘安拉于礼拜日开始创造宇宙万物，礼拜日、礼拜一造化地面，礼拜二、礼拜三造化粮食与山岩，礼拜四、礼拜五造化诸天，到了礼拜五最后一个时辰，才忙着把亚当造化起来。末日天地的毁灭，就是在造化亚当的这个时辰。’”[①]诸如此类关于历代先知故事的传说，见于《古兰经》注者，不胜枚举。同样地，波斯人有自己的历史，有自己的神话，他们奉伊斯兰教后，也同样地将他们的历史和神话传入伊斯兰教。基督教徒奉伊斯兰教的也是如此。于是这种从各民族传入的历史和神话，便散布在穆斯林中，并且成为穆斯林研究历史的泉源之一。

然而上面所说的两类，与其说是历史，不如说是故事。

3. 圣训中的历史。这是最主要的一部分。伊斯兰初期，穆斯林们开始搜集圣训。圣训为各种学问的泉源，它包括着穆罕默德圣人及圣门弟子所制订的宗教仪式，包括着民事刑事中的律例，也

① 塔巴里：《先知与帝王历史》，第1卷，第24页。

包括着许多劝诫和指导的善言嘉语。同时圣训涉及一部分重要的历史事实，如穆圣在麦加的事迹，他迁往麦地那的经过，他在麦地那的生活以及亲身参加历次战役的经过，并涉及艾布·伯克尔的工作和欧麦尔的远征等。所有这些历史，散见于圣训之中，因此一部分圣门弟子，如伊本·欧麦尔等，格外注意圣训的搜集，而圣训里面的历史事迹，便成为后来传记及战史的基本史料，甚至一部分不可靠的传述，也混入圣训里面了。后人从事于传记和战史著作时，其文笔的格式以及引证史料的方法，处处与圣训十分相似，这很足以证明圣训是以后传记与战史的基本史料。

在早期，穆斯林们特别注重历史典籍里面的传记及战史。相传瓦赫布·穆南比（伊斯兰历 34—110 年）曾著了一本《圣战史》；又相传麦地那著名的法学家兼圣训家阿瓦尔·祖白尔（伊斯兰历 23—94 年）是首先为穆罕默德圣人作传记者；与阿瓦尔同时代的艾巴尼·奥斯曼（伊斯兰历 22—105 年）也著了一本《先知穆罕默德传》，那是他的门人阿布杜·拉赫曼·穆伊勒（伊斯兰历 125 年前卒）替他收集编辑而成的。

相传伊本·希哈布（伊斯兰历 51—124 年）及母撒·阿格伯（伊斯兰历 141 年卒）也各著了一本圣战史。

当时所著的历史，似乎不出搜集有关传记、圣战史及圣训的范围，然而这已经比前面两种更近于历史了。

以上所述三种，虽不算是成熟的、细致的学术著作，但已经足以证明当时历史学的活动是如何广泛的了。

故事　凡伊斯兰教初期为一般人称为故事的，都属于这一类的范围。据伊本·希哈布说："最早在先知的礼拜寺内讲述故事的是泰米木·达理。先是泰米木·达理请求哈里发欧麦尔允许他公开讲述故事,欧麦尔不许,到了晚年才允许他每逢主麻日在欧麦尔自己未出礼拜堂之前,公开讲述一次。奥斯曼继任哈里发之后,泰米木·达理又重新申请,得到奥斯曼的允许,一个礼拜讲述二日。”又据哈桑的另一传说:有人以故事讲述的产生时期询问他,他说产生于哈里发奥斯曼时代。又问:首先讲述的是谁?哈桑说是泰米木·达理。

泰米木·达理原是也门的基督教徒,伊斯兰历9年改奉伊斯兰教,他曾为穆罕默德圣人讲述过《间谍与骗子》的故事。他洁己修持,所以艾布·奈伊姆称他为当时的‘修士’。他虽改奉伊斯兰教,仍然拘泥于基督教的习尚。泰米木·达理也是首先在伊斯兰礼拜堂中燃置台灯的。

根据许多传说,都认为泰米木·达理是第一个传述故事的人,但我们始终找不到泰米木·达理所讲述的故事。但是如《间谍与骗子》一类的故事,以及关于泰米木·达理自己的事迹,却散见各书中如:“有一个名叫劳哈·欣巴尔的人,往见泰米木·达理,看见他在家里为他的马研麦,而家人皆在其侧。劳哈·欣巴尔问他道:‘你的家人不能代你劳动吗?’答道:‘他们是能代我劳动的,但是我听见穆圣说过,谁能为他的马磨了麦粮,又把麦粮拴在马颈上,安拉必为每一粒麦子,给他一种善报。’”[①]这类的故事很可以表示泰米木·达理的思想和他所传述的故事性质,以及传述的方式。

讲述故事时,讲述者坐在礼拜寺中,群众团团地围着他。讲述

① 伊本·艾西尔:《圣门弟子传记》,第1卷,第215页。

者先叫大家赞诵安拉，然后或讲述历史，或讲述各国的故事，或讲述神话等等，讲述的材料在于能激动听众的感情，而不问其真伪。据赖易斯·赛德说："那时公开的讲述，分普通故事和特殊故事两种：普通的讲述在于说教劝人与颂扬安拉，其实这一类的讲述，述者与听者都是厌恶的。特殊的讲述，开始于哈里发穆尔威叶时代，讲述者也是由哈里发委派，讲述者在晨礼之后，先歌颂安拉、赞念穆圣，而后为哈里发以及人民、侍众、士兵等祈福，最后诅咒敌人、诅咒多神教徒。"①

故事很能适合一般人的口味，所以发展最快。然而一般故事讲述家，差不多都是虚伪的。相传阿里继任哈里发之后，曾把讲述故事的人统统撵出礼拜寺，得保存者，仅巴士拉的哈桑·巴士理一人，因为他所讲述的乃是真实的事情。

阿里与穆阿威叶争夺政权的时候，讲述故事已变为各个党派替自己鼓吹的政治工具。根据赖易斯·赛德的传述：阿里礼拜的时候，向安拉诅咒他的敌人。穆尔威叶知道后，命人在晨礼后讲述故事，晚礼后为他自己及为叙利亚的人民祈福。

讲述故事的事业，日渐发展，后来竟成了正式的事业，凡讲述故事的人，都由政府正式委派并给以薪俸，成为政府人员。根据肯迪的《法官传记》记载，法官兼讲述者的居多。埃及第一个故事讲述家苏里曼·伊特尔（伊斯兰历 38 年）就是以法官而兼讲述家的，后来法官的职务被免去，才开始专门从事讲述。

我们谈一下故事对于学术的影响，其他就不再详细论述了。

---

① 麦格里基：《埃及志》，第 2 卷，第 253 页。

通过这一类故事的讲述，就把犹太教、基督教的故事和神话传到穆斯林当中。故事的传述又为圣训开了一道假托附会的大门，历代正史被那些战争小说和稗官野史搅混得真伪难分，致使后代的历史学家，劳力费时去作许多无谓的考证，仍找不到真正的线索。

有两个大传述家，是我们必须谈到的。关于这两个人的生平，见于历史传说以及圣训、经注的甚多，这两个人就是瓦赫布·穆南比及卡尔白·艾哈巴尔。

瓦赫布·穆南比是也门人，原籍波斯，先奉火祆教，后改奉伊斯兰教。他知道很多关于创世之初的传说以及历代先知的故事。据他自己说，他曾读过七十二部经典。大约在伊斯兰历 110 年卒于萨那。卡尔白·艾哈巴尔是也门的犹太教徒，他是使犹太教历史事迹流入伊斯兰教徒中的最大的传述家。他在艾布·白克尔或欧麦尔时，改奉伊斯兰教。奉教后迁到麦地那，后来又迁到叙利亚。伊本·阿拔斯与艾布·胡赖勒二人曾跟他学习，他的学问借这两个人传布下去，而在前者的《古兰经注》中有不少"以色列式"的传说。瓦赫布·穆南比并未从事著作，他的学问，都是由口头传授给人的。根据他所传述的东西，可以证明他对犹太教的文化和传说，有着广博的学问。伊本·赛德的"人物传记"里有一段记载：有一个人进礼拜寺去，看见阿密尔·阿卜杜拉坐在书堆中，旁边坐着卡尔白·艾哈巴尔，正读着《穆西五章》。[①] 根据一部分学者的研究，伊斯兰教忠实的历史学家如伊本·古太白和纳瓦威等人，都绝不引证卡尔白·艾哈巴尔的传述；塔巴里引证的也很少。但是

① 伊本·赛德：《人物传记》，第 7 卷，第 79 页。

撒耳勒比和基撒伊等人，在写古代列圣的传记时，多半以卡尔白·艾哈巴尔的传述为根据。塔巴里说："卡尔白·艾哈巴尔在欧麦尔遇害前三日曾去见欧麦尔，对他说：'你须注意，你三日后必死！'欧麦尔问：'你怎么知道？'卡尔白道：'我由《圣经》(即《穆西五章》)里面知道。'欧氏说：'你曾在《圣经》里看见欧麦尔这个人了吗？'卡尔白道：'不是，我看见你的德行，你的容貌，你的大限快完了！'"

假使这个传说是真的，那么卡尔白·艾哈巴尔无疑是设计谋害欧麦尔的人，杀害欧麦尔后又捏造"以色列式"的故事以饰其事。

总之，这类的人物，曾根据他们的信仰与学识，把许多不合事实的东西，传入伊斯兰教徒中，对于伊斯兰教徒，发生不良的影响。

很多学者指责故事家和演说家。如哲学家安查理在他的《宗教之复活》一书里指责他们，他以为"故事家除哈桑·巴士理之外，都是在礼拜寺中，捏造是非，造作罪恶的人"。

哈桑·巴士理是另一类型的故事讲述家，不过他与别的讲述家不同，别的讲述家全以以色列式和基督教式的传说与神话为根据，他却以讲述末日提醒人们为宗旨，他由日常的事件中，采取劝诫人民的资料。他坐在巴士拉礼拜寺中，听讲的人坐在他的周围，领教他关于法律的问题，或问他对于那个时期的党派之争的意见。他把正确的圣训告诉他们，劝诫他们。在他讲述的故事中，有这样的话："亚当的子孙！你们不要为了博取人们的欢心而触犯安拉恼怒；不要伤害别人以造作罪孽；不要受了主恩而去赞美人，不要为了失意而去怨恨人。的确，安拉造化人类，然后人类依照安拉的造化而生活，假使有人以为他贪图禄食便得增加禄食，那么叫他去贪图长寿而增加他自己的寿数吧！叫他去改变自己的肤色吧！叫他去加添自己的四肢、加多自己的手指吧！”又说：“亚当的子孙！你本是‘无’，而安拉由‘无’中造化了你。你有所求，安拉应许你，但是别人求你，你却拒绝，你的行为，是何等的恶劣啊！”他一再重复这样的话，他传述的这样言词很多，散载在文学书中。

读者或许要问：为什么上面所说的许多讲述家如泰米木·达理、瓦赫布·穆南比、卡尔白·艾哈巴尔等人，全是也门人呢？为什么讲述的资料大半根据也门犹太人的传说，而不是根据汉志犹太人的传说呢？这或许是由于当日也门的文化程度较汉志为高的缘故。文化既高，就会产生许多犹太人的学校，而且必然较汉志犹太人的学校为发展。也门的许多学校是见于正史的，因此犹太教文化得以传布于也门境内，而圣经注释、历史故事在也门之流行，也就比较在汉志的流行更为广泛了。也门犹太教徒奉了伊斯兰教后，便把他们所学习的东西，传述于人。所以他们在这方面，就有了较大的影响。

哲学活动　这时期的哲学活动是稀少的。哲学研究的活动，首先发生于伊斯兰教统治下的叙利亚各地的学校中，穆斯林曾跟随叙利亚人学习研究。后来的伊斯兰教派别，便是孕育于此。后面将加以分析。

在这个时候，哈里发的皇宫里，出现了不少的基督教医生，他们大多是哲学家兼医生，他们的医学研究是和哲学的研究分不开的。后代伊斯兰著名的大医学家如伊本·西纳[阿味塞纳]和肯迪等人，也是医学家兼哲学家。在倭马亚王朝的皇宫里服务的医生当中，有一个叫伊本·艾赛尔的人，他是大马士革的基督教医生。穆尔威叶即位后，选他为御医，很亲信他，昼夜不离地和他讨论。

“伊本·爱布遮尔也是著名的学者，精明的医生。早年居住在亚历山大城，从事教育工作。他在哈里发奥马·阿布杜·阿齐兹的手中改奉伊斯兰教。那时奥马还是埃及总督，奉教后便跟随着奥马。奥马继任哈里发后（公元717—719年）把他调到安条克和豪兰等地，继续从事教育。凡关于医学方面的问题，奥马都咨询他和依靠他。”①

格夫退叶在《哲学家传记》一书里面说：“巴士拉医生马西尔·朱卫是哈里发奥马·阿布杜·阿齐兹时代的以色列学者，有人说他的真名叫马西尔·吉斯，精通医学，在奥马时主持翻译爱赫兰·格斯的医学著作。”又据西班牙伊本·哲尔吉尔说：“马西尔·朱卫是叙利亚的犹太教徒，他将爱赫兰·格斯的著作加以注译，并译为阿拉伯文，乃是在哈里发穆尔旺时代。后来奥马·阿布杜·阿齐兹在书库里得着这本书，遂命人取出，礼拜时放在自己的旁边，然后向安拉祈祷，恳求安拉让他把这本书公之于穆斯林中间，使大众得益。这样继续了四十日，才取出传之于世。”马西尔·朱卫还有两部著作：《食物的力量及其益处与害处》及《草药的功能及其益处与害处》。

马西尔·朱卫这班人，便是我们所谓的哲学活动的推动者。这时期基督教徒与穆斯林关于宗教方面的辩论，也属于这种活动，但哲学活动比较宗教学与历史学的活动要少一些。

文学活动，见于我们另外的专书。

倭马亚王朝与学术活动　上述的几种学术活动，是互相影响、

① 伊本·古太白：《史事泉源》。

互相推动的。宗教哲学家建立他们的学说,必借证于哲学,必根据《古兰经》与圣训;经注学学家、圣训学家、立法家,为了解释《古兰经》与圣训的深义,必须求助于诗歌与文学;历史学家、传述家的一部分材料,必须根据《古兰经》与圣训。这个时期,还没有产生如今日所谓的"专门研究",所以既没有经注专家,也没有圣训专家。因为必须经过系统研究的阶段,才能进入专门研究的时期。这个时期,还没有达到这个阶段。

所以当时的讲学包括经注、圣训、教律、文字、宗教、辩论等学科。

倭马亚人对于这三种学术,并不加以鼓励,他们所提倡和鼓励的只有文学与历史故事。倭马亚人为一般诗人和演说家大开方便之门,给他们金钱,委他们为各礼拜寺的讲述家。而对于宗教学家与哲学家则漠然视之。这有两个原因:1. 倭马亚人的政权建立在暴虐与压迫的基础上,他们需要诗人和讲说故事的人去颂扬他们,抬高他们。当时只有善于对他们歌功颂德的人,才能获得倭马亚人的赏识。至于阿里派和祖白尔一派的诗人,只是颂扬安拉,不与倭马亚的诗人同流。2. 倭马亚人还保存着蒙昧时代阿拉伯人的思想意识,对哲学与宗教学的深刻的研究,毫无兴趣。他们所喜欢的只是美丽的诗歌、动人的讲演和隽永的格言。麦斯欧迪说:"哈里发阿布杜·马立克喜欢诗歌,爱好虚荣,喜人赞扬;他的臣属也是这样。"倭马亚王朝历代的哈里发除哈立德·叶基德与奥马·阿布杜·阿齐兹二人外,大都与阿布杜·马立克同出一辙。哈立德的特长首先是哲学的智慧,然后才是文学的才能。查希兹在所著《说明与解释》一书中说道:"哈立德是演说家又是诗人,文辞优美、见解正确,他是把

天文学、医学、化学等书译为阿拉伯文的第一人。”

奥马·阿布杜·阿齐兹是一位笃于宗教信仰的哈里发，诗人在他的面前是毫无地位的。他继任哈里发后，诗人努索伊白去谒见他。奥氏对他说：“吁！可恶的人！你就是使一般女子借你的歌咏而著名的人吗？”努索伊白答道：“穆民的首领！指安拉发誓，我已经抛弃那样的诗歌了，以后绝不再吟诗了。”当时在座的人都听见他这样说，奥氏厚赏了他。

我们且不谈这两位哈里发（哈立德和奥马）。我们认为倭马亚人在哲学、宗教学和历史各方面，没有留下大的影响，比不上阿拔斯人，但是倭马亚人在学术活动方面，还是活跃的。他们在宗教学方面有所发展，是因为当时宗教兴盛的缘故；在哲学方面有所发展，是因为在倭马亚王朝末期，穆斯林同基督教徒和犹太教徒不断展开辩论，伊斯兰各教派之间也不断互相质难——这都必须借助于哲学；在历史学方面有所发展，是因为当时的历史都带有宗教色彩的缘故。

这个时期的礼拜堂便是研究学术——尤其是宗教学——的地方，教师坐在中间，门徒围着教师成一个圆圈。圆圈的大小，以教师的学识和名望为标准。苏郁退在《依提高尼》一书中说：“当日阿卜杜拉·伊本·阿拔斯坐在麦加天房的院心中，人们坐在他的周围，领教他《古兰经》的注解。”伊本·赫里康说：“勒比尔·赖伊坐在麦地那的大寺中，城中学者如马立克、哈桑及一般贵族去领教他。人们围绕他坐着，形成一个大圆圈。”巴士拉的哈桑·巴士理也坐在巴士拉的礼拜堂中。巴士拉礼拜堂里讲学的人很多，有许多处，听讲者坐成圆圈形，围着教师。相传当时哈桑·巴士理的学生中有一个叫阿慕尔·欧拜德的，后来因为和哈桑辩论一个问题，便愤而离开，到礼拜堂的另一隅去自设讲座，宣传他的主张，这便是后来著名的穆阿台及勒派的来源。同样地，扎尔法尔·撒底格也在麦地那礼拜堂讲学，据说他还讲述化学、卜筮之类的学问。如这样在礼拜堂中讲学的人甚多，他们被派到各个城镇，在礼拜堂讲授各种学问。这个时期，是否已建立学校，我们还找不到什么史料来证实。我们只看到麦格里基的一段文字："根据瓦格底的传说：阿卜杜拉·媪母·买克图木赴麦地那，投宿于'读者之社'。"这读者之社是否特为讲学而设，却无从知道了。印度爱米尔·阿里在所著《阿拉伯简史》中说："贺兰·郁苏福是西沙姆·阿卜杜勒·马立克在摩苏尔地方的长官，他在摩苏尔建了一所学校。"但他没有提供出可靠的史料来证明。据伊本·艾西尔的《全史》记载，贺兰·郁苏福建筑了一所饰以花砖彩画的住屋，并未说到他建立学校。据我们所知，伊斯兰教以前各国的学校，到了远征之后，仍像叙利亚学校一样存在着。至于倭马亚人则以礼拜堂和私宅作为讲学之所，并未特别建立学校。

著作与编辑　一部分历史学家为学术著作和历史编纂，是伊斯兰教二世纪中叶才发生的，我们以为不然。伊斯兰教一世纪，甚至伊斯兰教兴起前，就有人从事著作了，尤以定居城市如南方的也门和北方的希拉为甚，汉志人从事著作的则比较少。也门的希木雅尔人，曾把他们的历史记录下来，刻在石碑上。这些古迹，已为人们陆续发现。本书第一篇说过，穆罕默德有一次遇见苏威德，手里拿着《鲁格曼格言集》。伊斯兰教兴起后，穆圣命书写家把《古兰经》的节文写在布块、骨片、椰枣叶或白色的薄石上。至艾布·伯克尔时，才把这些字片收集起来。其后，一部分圣门弟子，又从事录写圣训的工作，如阿卜杜拉·阿慕尔便是著名的圣训收集者，他把从先知处得到的圣训都记录了下来。艾布·胡赖勒说："我所知道的圣训，大部分是从伊本·阿慕尔处得到的。他曾把所集的圣训都收录起来。"阿卜杜拉·阿慕尔说："穆圣说的话我都加以记录保存。我曾看见穆圣命一部分圣门弟子学习希伯来文和叙利亚文，为他撰写书信。"

这是关于《古兰经》和圣训以及穆圣书信的编辑。不久后，穆斯林才逐渐把其他学科记录下来。伊本·奈迪姆在所著《费赫勒斯坦》里说："俄白德·舍尔叶与穆尔威叶同时见过穆圣，但未闻穆圣的教训。穆尔威叶做了哈里发后，俄白德去谒见，穆尔威叶问他关于阿拉伯与波斯的先王事迹，并询问各国语言复杂的原因，以及各地人民分离的情况，后来穆尔威叶把他从也门的萨那请来，从事编辑著述。他一直活到阿卜杜勒·马立克时代。他的著作有《格言集》和《先王轶事录》两部。"

伊本·奈迪姆在另外一处又说："苏哈拉·阿布底为哈瓦立及派人，在穆尔威叶时代，他是一个谱录学家和演说家。他从穆罕默德圣人直接传述二、三段圣训。著有《格言集》一书。"又说："当日哈地萨城有一个名叫穆罕默德·侯赛因的人，搜集古典书籍。他所藏之书，包括文法、文字、文学以及各类古籍，他藏书之富，无人能及。我每次见了他，便得到不少的安慰。他恐怕白努·哈木丹人谋算他，故对于自己的藏书，谨慎吝惜，不轻示人。他给我看到大堆书籍，约三百'里脱'[①]重，有中国纸的，有帖哈木纸的，有写于

① "里脱"：重量单位，约等于五两。——译者

皮革上的。书籍的内容，或记载阿拉伯事迹，或录存阿拉伯诗歌，有文法、故事、历史、姓名、宗谱。我每次展开书卷，感到惊讶不已，可惜大都年代久远，已毁坏改观了。每一个纸片，都经过许多学者们的亲笔签字。我见过一本哈立德·艾布·汉雅吉所写的《古兰经》；见过哈桑和侯赛因二人（阿里之子）的笔迹；又见着阿里亲手写的文件、约书以及各圣门弟子如艾布·阿慕尔·耳拉伊及艾布·阿慕尔·西巴尼等人书写的关于文法、文字的手稿。有四篇用中国纸写的文件，里面写着艾布·艾斯瓦德著的阿拉伯文法的条规，书中有这样的话：'本书为艾布·艾斯瓦德所著述关于主语与宾语的用法'，此为雅合约·雅尔木尔所抄写的。在这个手稿上还有一些古老的字迹，是语法家伊拉尼的手迹。穆罕默德·侯赛因死后，所藏的书散失无遗，从此便毫无所闻，除《古兰经》手本外，再看不见其藏书的片纸只字了……”

这是圣门弟子时代的情况。到了再传弟子和以后各个时期，由于远征胜利，文明各国的人相继改奉伊斯兰教。学术活动日渐加强，教律解释的范围，便需求扩大，以适应文化发展后所发生的新的事件。于是著述的工作便日渐繁多了。伊本·赫里康说：“瓦赫布·穆南比卒于伊斯兰历 110 年，享年九十岁。他生平著述很多，对古代希木雅尔诸帝王的生平、轶事、坟墓、诗歌……都有考证。”

伊本·赛德在《人物传记》中记载：“希沙姆·阿尔旺说：'哈兰之日①，我的父亲把他所收藏的教法经典，完全焚毁。后来曾惋惜

① “哈兰”在麦地那附近。倭马亚王朝，叶基德任哈里发，哈兰人起而反抗王朝。叶基德攻破麦地那后，进攻哈兰，屠杀三天，全部焚毁。历史上称此次事件为“哈兰之日”。——译者

道，我爱这些书籍，胜于爱家人财产！’”[①]伊本·赛德在另外一处又引证阿卜杜拉·基格的话：“我听见一个老人说：从祖赫里遗下来的书籍很多，直到瓦立德被杀的时候还存在着。祖赫里的书籍曾用骆驼运送。”[②]

艾布·法拉吉的《诗歌集》中说：“阿卜杜拉·哈康曾建了一所屋子（倭马亚王朝时），里面陈列象棋、骰子，以及记载各种学问的皮革书册，墙上悬着衣架。进去的人，先将衣服挂在衣架上，然后或诵诗书，或作棋艺。”[③]

这是一个俱乐部的雏形，里面有游戏供人消遣，有诗书供人阅读。

伊本·赫里康又说：“伊本·希哈布·祖赫里常独自留在家中，展开书本，抛绝世俗的事务，静心研究。有一日，他的妻子对他说：指安拉发誓，这些书籍胜过我的三个情敌。”他卒于伊斯兰历124年。又说：“艾布·阿慕尔·耳拉伊生于伊斯兰历70年，生平的著述，充满一屋，堆齐天花板。后来，他一心修行，遂把著作悉数焚烧。他到晚年又回头重理故业时，则已一无所有，仅得记忆所及的了。他的著作大半得自阿拉伯游牧人，游牧人又得自蒙昧时代他们曾接触过的阿拉伯人。”本书前面已说过，哈立德曾写过三篇关于化学之类的论文。

上述诸人，都是倭马亚王朝时代的人，他们的事迹，虽不无可疑之处，然大体已足以证明：著述事业并非至阿拔斯王朝才开端，

① 伊本·赛德：《人物传记》，第5卷，第153页。

② 同上书，第2卷，第136页。

③ 艾布·法拉吉：《诗歌集》，第4卷，第52页。

而是在倭马亚王朝时便有人从事著述了。然而据我们的考证,那个时期的所谓著作,仅限于搜集编纂,著作者并没有特殊的见解。所谓书籍,就是指一些零散的纸片而言。直到波斯人、罗马人奉伊斯兰教(他们原有高尚的文化和古代的典籍),学习阿拉伯文之后,才将"著作"的真义,输入阿拉伯文中。于是,将各种有关材料组织起来写成的著作才开始出现。

倭马亚王朝时代,阿拉伯人的著作,流传至今的很少,我们所得见的,大抵是一般学者以传述的方式遗留下来而保存于阿拔斯人的编写完善的著作中的。一部分著作,曾保留到阿拔斯王朝以后。伊本·奈迪姆说,他见过伊本·爱斯瓦德的《文法编》及俄白德的《格言篇》。伊本·赫里康说,他曾看见过瓦赫布·穆南比所写的《也门史》。然而保留至今而又可靠的便很少了。

这是本时期学术活动的概况,下面几章将分别加以分析。

第二章 思想生活的主要区域

无论文学、科学、艺术，都离不开城市。古代文化产生于城市；现代文化也是产生于城市；新的思想和维新家的主义先发动于城市；学校、图书馆、博物院及报纸也是先建立发展于城市，而不是在乡村。这主要是因为：城市人口众多，建筑发达。而人口众多，建筑发达，直接由于土地肥沃，收获丰富；间接由于对外贸易发达，工业生产流通。这都是使人民得以享受丰裕生活的原因。人民生活富裕，便能在谋生之外，有余暇从事别的工作，又有余暇交换彼此的思想：不再用庸俗的眼光看待生活。于是思想科学因而产生，文学事业因而繁荣。

城市对于学术的表现，又各不相同：甲城以科学称雄，乙城以哲学驰誉，丙城又以文学艺术著名。阿拉伯初期的学术是如此的：圣训学和历史学多半出现于汉志，宗教学多半产生于伊拉克，语言学却发源于巴士拉。这种情形，并不是偶然的，实在是由许多社会因素造成的。有这样的原因必定产生这样的结果。阿拉伯各个城市有各个城市特色的学问。主要的原因是：1. 我们所研究的这个时期的伊斯兰文化，差不多是建立在曾予各地方以深刻影响的古代文化的废墟上。如伊拉克、叙利亚的城市，伊斯兰教人征服两地之时，这些城市还未脱去过去的印痕，还深留着古代的思想。但是伊斯兰教却给这些地方以新的影响。两种因素混合的结果,就产生了一种新的思想。2. 圣门弟子与再传弟子的学术造诣,各不相同,他们被派到各地之后,都依照自己的思想与学识建立学校,传授学问。结果地方受了他们的影响,都依循着他们的途径,于是各地自成派别。3. 政治变化和非政治事件的演变,对各个城市在学术思想上的特点,也有莫大的影响。穆圣先在麦加,后迁麦地那,所以麦加与麦地那的圣训学与历史学就特别发达。又如伊拉克,政治屡变,党祸相寻,因而便产生了许多宗教学派。倭马亚王朝以大马士革为首都,也激起学术生活巨变。这且留在后面叙述。总之,伊斯兰教初期,思想生活之主要区域是汉志的麦加与麦地那;伊拉克的巴士拉与库法;叙利亚的大马士革;埃及的弗斯它特(即旧开罗)。

汉志　汉志是一个贫瘠的地区,缺乏河流、地面多沙,气候炎热,植物只能在少数星星点点低洼地区生长,居民多过着游牧生活,与四周邻国,很少接触,只发生过我们前面提到过的种种关系。阿拉伯人所以能接触到各种不同的思想文化,能接触到文化世界,还是受犹太教徒和基督教徒的影响,并从旁门小道传入一些格言哲理。他们在学术文化方面,虽未受外族很深的影响,然而他们的独立,使他们骄傲、自豪,养成凭仗放荡不羁的性格,他们有超过限度的自由,甚至欲为全世界之王。

伊斯兰教兴起后,汉志二城——麦加与麦地那,在学术方面很有表现,然而却是表现阿拉伯人特性的宗教学。麦加本来是伊斯兰教的发源地,是穆罕默德的出生地,初期号召古莱氏人信奉伊斯兰教以及跟古莱氏人斗争的历史事件,都是在那里发生的。“麦加的教律”,也产生在那里。要了解麦加的教律,必须先研究那时期的社会环境。因为一部分伊斯兰教律，是根据伊斯兰教以前在麦加所发生的事件来创制的，如有关朝觐的许多仪式。

麦地那城是穆罕默德与圣门弟子迁移后的都城，大部教律是在这个城里产生的，它是伊斯兰教初期历史事件的中心，是产生大部分圣训的泉源。所以要了解圣训，必须先研究麦地那的社会环境。麦地那又是伊斯兰的重要时代——艾布·伯克尔、欧麦尔、奥斯曼诸哈里发时代的首都所在地。许多圣门大弟子集会在这个城中，亲聆先知的训言，目睹先知的所行，追随先知参加历次的战役，然后曾把目所睹、耳所闻者，传之于人。

所以麦加和麦地那成为伊斯兰教初期学术生活的中心，凡研究圣训、教律与历史者，都以二城为依归，这是毫不足奇的。麦地那城的学术地位，似较麦加为高。因穆圣迁都前或迁都后，麦加人奉伊斯兰教者——尤其是古莱氏族，都带着他们的思想智慧迁到麦地那。那时的麦地那城，成了阿拉伯半岛任何方面想要信奉伊斯兰教之人的趋向。伊斯兰教徒受宗教的热忱所驱使，都想常在穆罕默德的左右，跟他求学，随他礼拜，听他的教训，追随他参加战争。穆圣死后，麦地那城又成为哈里发的首府及圣门大弟子集中的中心。欧麦尔甚至下令古莱氏的重要人物，非有紧急事情，不得离开麦地那。在大远征的时代，俘虏必须首先送至麦地那，不准在前方处置。这些俘虏，原来都是波斯、罗马的贵族阶级，受过本国文化的熏陶。后来这班人大多数居住在麦地那，伊本·赛德在他的《人物传记》中列举很多。[①] 他们在麦地那大半是圣门弟子的释

① 伊本·赛德：《人物传记》，第5卷，第328页。

奴，随圣门弟子奉了伊斯兰教。于是他们都把各种阿拉伯人所不知道的思想，渗入伊斯兰教的生活中。他们原来懂得系统的学问，读过许多书籍，遂将这些东西输入伊斯兰教的教义中。凡此种种，都是促成麦地那在学术方面的地位高过麦加的原因。同时初期迁到麦地那的麦加人，都不愿转回故乡，伊本·赛德说："穆罕默德·伊本·欧麦尔说：凡参加过巴德尔战役的迁士，除艾布·塞尔白外，我没有看见一个人迁回麦加。艾布·塞白尔在穆圣死后转回麦加，使得伊斯兰教徒很不满。他的后人一直否认这件事，不愿意提到他曾转回麦加居住的事。"①

因此麦地那学校的学术比麦加丰富，比麦加著名。大部分的经注家、圣训家、教法家、历史学家，都是麦地那学校出身的。远方学子，都去跟麦地那的学者求学。伊本·艾西尔说："哈里发阿卜杜勒·阿齐兹·麦尔旺，曾遣其子欧麦尔赴麦地那求学，叫所利哈·克伊桑教育他。有一天，欧麦尔礼拜迟到，所利哈·克伊桑问其故，他说：'仆人为我理发，所以来晚了。'所利哈便把情况函告他的父亲。他的父亲立刻派遣一使者赶到麦地那，把他的头发剃掉。"又如伊本·易司哈格及瓦格底也生于麦地那，出身于麦地那学校。后来作传记和战史者，都以二人为本。这是毫不足奇的，还有谁比麦地那人更熟悉圣训及穆圣亲征的战史呢？还有谁比麦地那人更深知穆圣以及圣门弟子的生平呢？他们对于那时候的一切事件，都是亲睹亲闻的。现在让我们略述这两个城市的学校及其著名的学者。

① 伊本·赛德：《人物传记》，第5卷，第328页。

麦加学校　穆圣征服麦加之后，命穆阿士教麦加人诵读《古兰经》，教他们辨认“合义”与“非义”的教律。穆阿士是麦地那的一个博学仗义的青年辅士，追随穆圣经历过重大的事件，他是圣门弟子中最熟诵《古兰经》，最懂得合义与非义的人。他在穆圣时代就从事收集《古兰经》的工作，伊本·阿拔斯·欧麦尔，以及欧麦尔之子都根据他所传授的去传述。后染时疫而死。死的时候，年纪还很轻。

阿卜杜拉·阿拔斯晚年，曾在麦加、巴士拉、麦地那教学，后来遇到阿布杜勒·马立克与阿卜杜拉·祖白尔争夺国位，遂又回到麦加，仍从事讲学。他讲学的时候，坐在克尔白之中，讲解《古兰经》、圣训、教律、文学。麦加学校之能远近驰名，得阿卜杜拉·阿拔斯师徒的力量最多。再传弟子中，由麦加学校出身的，如穆查西德、伊托邑·爱比勒巴哈、托渥士等。这三个人都是释奴。穆查西德是白努·麦赫祖木的释奴，从事《古兰经》的研究，以传述伊本·阿拔斯的意见著称。据传说，穆查西德曾追述道：“我曾三次持《古兰经》请教伊本·阿拔斯，向他询问每一个章节的内容及产生的背景。”

伊托邑是白努·费赫尔的释奴，色黑、鼻扁、发曲，是麦加最精明、最廉洁的法学家。他最熟悉朝觐仪式，常坐在天房里的人群中间，为人解释教律，传述学问。

托渥士是居住在也门的波斯人，认识圣门弟子甚多，并跟他们学习。后来专从伊本·阿拔斯学习，为伊得意的弟子，是麦加最大的法学家，成为再传弟子之领袖。

麦加学校讲授各种学问，此处不再将其著名学者一一叙述，只提出苏福扬·俄雅纳、穆斯林·哈立德二人来说说。二人同为释奴，同为大教长沙裴尔早年的老师。大教长沙裴尔生于加沙，婴孩时，就被母亲携至麦加。最初，他在乡下习文学，背诗歌、学文字，后来跟从麦加学校的名师，专攻圣训与教律，二十岁迁麦地那而卒其业。

麦地那学校 前面说过，麦地那学校的学术内容较麦加更为丰富，更为著名。圣门学者在麦地那负盛名的很多，如欧麦尔、阿里等。然而终身过学术生活，在学术方面有特别成就，而教授学生又特别众多的，首推赛德·撒比特与阿卜杜拉·欧麦尔二人。这两个人的成就，各不相同。赛德·撒比特是麦地那人，自幼跟随穆圣，曾学习过叙利亚文与希伯来文，但不知他学到什么程度。据说他学习希伯来文仅半月，学习叙利亚文仅十七日，这样短促的时间是不足以精通其文字、了解其文学的。他是否曾继续学习而精通了两种文字，已无从考证了。他对于教义有很深的了解，能根据天经、圣训创制律例，若无经训明文，则凭自己见解为断。苏里曼·叶撒说："欧麦尔与奥斯曼二哈里发对于审判、释律、继承法、《古兰经》诵读法各方面的问题，必定首先询问赛德·撒比特。"葛西姆说："欧麦尔每次出巡，一定委托赛德·撒比特在麦地那为自己的代理人。欧麦尔物色有才学的人派到各地时，有人推荐赛德·撒比特，欧麦尔说，他在麦地那的地位连阿里也不能代替，麦地那人民需要从他获得别人所没有的学问。"格比撒说："欧麦尔、奥斯曼和阿里的时代，赛德在麦地那，对于审判、释律，以及继承法、诵读法各方面的学问，居于领袖的地位。五年之后，到了伊斯兰历40年，穆尔威叶为哈里发的时候，赛德仍执学术牛耳。卒于伊斯兰历

45年。”伊本·阿拔斯曾为赛德牵缰，他说对于学士长者，应当如此。赛德很有数学天才，精通继承法，曾主持分配“叶尔姆克之役”的战利品。总之，他是学者，是法学家，博览群书，能创制律例，有独到见解。汉撒·伊本·撒比特曾作诗哀悼他：

“汉撒和他的儿子之后，还有谁能作诗？

赛德·撒比特之后，还有谁能了解经义？”

诗中所谓了解“经义”，就是指的创制律例，这是赛德·撒比特和阿卜杜拉·欧麦尔不同之处，阿卜杜拉只是从事圣训的搜集、传述与抄写，他不轻易发表意见，不轻易解释教律，这是两种不同的立法思想，相并而行了很长的时期，后面将要提到。

这是麦地那的圣门学者的情况，一般再传弟子，出于他们门徒的很多。著名的如赛德·穆桑伊布，他是赛德的学生，在审判与释律方面，遵守赛德的主张，他认为赛德的见解比别人高明。俄尔旺·祖白尔也是赛德的学生，是麦地那最渊博、最谨慎的学者。从麦地那学校出身的，还有古莱氏人伊本·希哈布，他熟记麦地那诸学者所传述的律例与圣训，他是首先从事学术著作者。他接近过许多倭马亚王朝的哈里发，如阿卜杜勒·马立克、雷沙母，都很尊重他。叶基德曾委他为法官，奥马·阿布杜·阿齐兹曾说，没有谁再比他更精通法律的。

最后，麦地那学校曾产生了麦地那的大教长马立克。

*　　*　　*

除上述圣训学家和法学家等人庄严的学术生活外，当时的麦加还表现着另外一种生活，即娱乐、消遣、歌舞、宴饮的生活。文学书籍——尤其是艾布·法拉吉的《诗歌集》，曾为我们描述这种生活，其实我们应当把那个时期社会各方面的情形都叙述一下。当时的汉志，一方面有廉洁的、庄严的圣训和教律的生活，一方面虽在朝天房之期，也不免有歌舞、恋爱、消遣、宴饮的生活。第一种生活产生了各种丰富的学术，第二种生活产生了歌曲、文艺之类瑰奇的艺术。最奇怪的是汉志在艺术生活方面的表现，还较伊拉克、叙利亚更加丰富多彩。当时的麦加、麦地那二城的附近，男女歌手很多。《诗歌集》告诉我们：朝觐之期，一般歌手还成群结队地前往天房朝圣。一个时代就有四个著名的歌唱家，即：艾布·苏赖吉、安利吉、马尔白德和胡奈尼。前三人是汉志人，后一人是伊拉克人。有一次，前三人写信给胡奈尼道："我们三个人同住一处，你却是一个人独居，你应当先来看望我们。"胡奈尼果然来到麦加。四人在一个名叫苏克那的家里集会，公开歌唱，许多外人自由往听。于是当地的人，都集到苏克那家中的一间楼上，希望一聆他们的歌声。因为人太多了，楼不能支，以致倒塌，胡奈尼竟被压死。[①] 又有一次，麦加著名的男女歌手十八人集聚一堂（此处曾列举歌手名字二十余人，略去。——译者），麦加的青年男女都去看他们的美容。[②]《诗歌集》又说："人们集会到歌女迦米拉处，帘子垂放着，隔帘坐着全体歌女。霎时之间，管弦拨处，歌声悠扬四起，连唱五十曲，四壁为之震动。后来迦米拉又独自歌唱，众歌女为之击节。"[③]

麦加与麦地那的歌手，各有派别，常常互相夸耀，招引人们去听他们的歌唱。艾布·法拉吉在《诗歌集》中说："在麦加有一个黑

① 艾布·法拉吉：《诗歌集》，第2卷，第122—123页。

② 同上书，第7卷，第128页。

③ 同上书，第132页。

人，名赛德·弥斯查哈，常以金钱引诱古莱氏族的青年。哈里发阿卜杜勒·马立克听说后，命麦加总督没收其财产，并将他驱逐出境。"[①]又说："大教长马立克说，我幼小时与歌人为伍，跟着他们学习歌唱。后来我的母亲对我说：'孩子，假使一个人的脸庞生得丑陋，那是没有人去听他歌唱的，你最好丢开音乐，去学习教律吧！因为学教律的人，虽然长的丑些，也无关紧要。从此我便离开歌手而去跟从教律家，以至有今日的成就。"[②]

此外，有趣味的清谈和诙谐的笑话，也属于歌唱生活之类。如拿吉里便是当日麦加著名的笑话家，其后又出现了艾施阿白，二人使麦加充满了活泼的气氛。拿吉里的歌声十分动人，麦地那的宴会中，如有他在坐，必然谈笑风生。文学书中，他为我们留下了不少有趣的东西。

汉志的教律与圣训，固然十分发达，而歌唱、清谈也丰富多彩。倭马亚王朝皇宫里面的歌人，大半是由汉志学校出身的。教律与圣训在汉志特别发达，并不足为奇，我们前面已说过。最令人诧异的是，汉志的艺术生活还较伊拉克和叙利亚优胜。照常情说，伊拉克和叙利亚上承古代文明，直接受罗马文化的影响，在艺术生活方面，应该较汉志为优，因为汉志乃一游牧之区，和伊拉克、叙利亚比较起来，只算是穷乡僻壤。可是，他们的艺术生活如此发达，究竟是什么原因呢？

汉志艺术生活发达，据我们由许多书籍的记载看来，或许是汉

① 艾布·法拉吉：《诗歌集》，第3卷，第84页。

② 同上书，第4卷，第39页。

志人特别聪明、柔和，而在那个时期，一切又较伊拉克、叙利亚优越的缘故。甚至汉志的教律家，对于艺术、歌唱的态度比较伊拉克、叙利亚的教律家也要宽大些。伊拉克人对于宗教之严格，是由波斯人沿袭下来的。《诗歌集》说："阿卜杜拉·伊本·欧麦尔（汉志人）说：我往朝天房时，路上遇到一个美丽的妇人，口里说着动人的情语。我的骆驼走近她时，我问她道，你这位妇人，是去朝天房的吗？为什么丝毫都不畏惧安拉？她听见我的话，便揭开了面纱——只见她的美貌，好像艳丽的太阳一样——说道：我的叔叔！我有如诗人尔勒吉说的：

她们，他们去朝圣不是为了寻求良善，

然而，她们是为了杀戮昏庸与顽强。

我说道：'愿安拉保护这个美容。'麦地那的法官赛德·穆桑伊布听见后说道：'倘使伊拉克忿恨的人，遇着这样的事，必然对那妇人说：站远些！让安拉使你的容貌变为丑陋的！然而汉志人却是伶俐智慧的人。'"①

《诗歌集》又记载："达伍德·塞格费说：有一次我们围着伊本·朱赖吉坐着，他为我们讲述学问。当时阿卜杜拉·伊本·巴勒克也在座，还有几个伊拉克人。忽然歌手麦依赞从我们旁边走来，朱赖吉喊住了他，说：'我喜欢听你歌唱。'麦依赞答道：'我没有功夫。'朱赖吉仍坚决地要求。麦依赞遂唱了一曲。唱罢，对朱赖吉说：'假使没有这几位固执的人在这里，我可以多唱几曲，使你满意。'朱赖吉回顾诸人道：'你们对我也许很不高兴吧！'众人道：'倘

① 艾布·法拉吉：《诗歌集》，第17卷，第121页。

若在伊拉克，我们是很厌恶的。'朱赖吉道：'你们对于在驼背上唱的山歌野调，作何批评？'答道：'那倒没多大关系。'朱赖吉道：'但是这两种歌唱，又有什么分别呢？'"①

《诗歌集》中又有这样的记载："汉志歌手胡奈尼去到叙利亚，邀约青年们在一起聚会，为他们歌唱了各式各样的曲调。但是叙利亚的青年们却不感兴趣，快乐不起来，他们希望艾布·穆南比前来歌唱，当穆南比到来，为他们唱了一些粗鄙的曲调之后，他们立刻欢欣鼓舞起来了。于是胡奈尼发誓：绝不在这个地方住上一夜。"②

汉志艺术生活之发达，是因为在汉志居住着阿拉伯人的贵族阶级，他们是远征的胜利者，他们收养着许多美丽的姑娘。那些姑娘，都是氏系高贵、多才多艺的，甚至有些姑娘曾在王公大臣的内宫巨宅里受过文化教养。她们将那些教化传入汉志，而且在上面染了一层阿拉伯色彩，并对于汉志歌唱学校的建立是大有贡献的。

并且游牧人一旦和城市文明接触后，便在生活上大肆铺张，穷奢极欲地享乐，暴发户的情形，大都如是。

倭马亚人执政之后，盘踞着哈里发高位，把哈里发大权垄断在他们手中，甚至垄断在一个家族手中。倭马亚以外的古莱氏各族则备受排挤，一切国家政治，都不得问津。那时，叙利亚人拥护倭马亚朝，伊拉克人则反对倭马亚朝，于是汉志的青年只好丢开国家大事，不问政治，仗着他们丰裕的金钱和高贵的身份，日夜沉浸在

---

① 艾布·法拉吉：《诗歌集》，第1卷，第157页。

② 同上书，第2卷，第119页。

欢歌纵饮之中，尽情享乐了。

凡此种种，都是汉志艺术生活发达的原因。这种艺术生活，对于阿拉伯的文学影响是很大的，此处不再详述。

伊拉克　伊拉克在幼发拉底河与底格里斯河的南部，土地肥美，雨水丰富，气候温和，故开化最早。远在公元前三千年前，在这里就相继产生过许多文化发达的国家。如巴比伦人、亚述人、加尔底人、波斯人、希腊人，都先后在伊拉克建立过不同的王国。他们的文化，就是那时代的灯塔，照耀了周围远近的地方。

很古的时候，阿拉伯人就知道伊拉克这个地方了。白克尔和勒比尔诸族，都曾迁移到伊拉克，建立了希拉王国。伊斯兰教兴起后，在欧麦尔时代，在这里开辟了巴士拉与库法二城，于是文化日渐发展。忒息丰的文化，巴比伦、希拉的文化，都先后移植到这两个城市。到了倭马亚朝，巴士拉与库法竟成了伊拉克的两个文化中心，甚至提到伊拉克，就是指巴士拉与库法二城而言。有人又称二城为“两个伊拉克”。

征服伊拉克后，阿拉伯人早已知道它的富饶，很喜欢到伊拉克去游历。塔巴里的《先知与帝王历史》一书中说：“俄特白派遣艾奈斯·胡查雅往谒欧麦尔，报告麦尔祖邦地方的状况。欧麦尔问使者道：‘那里的穆斯林如何？’使者答道：‘沉溺于尘世，迷恋于金银，所以巴士拉人都喜欢到麦尔祖邦去。’”于是欧麦尔把伊拉克这块地方留给当地的居民，规定向居民征收地租：每一哲尔布（亩名，等于三千六百方吋）椰枣地，年收四个迪尔汗（银币）；每一哲尔布蔗田，年收六个迪尔汗；小麦田，年收四个迪尔汗；大麦田年收两个迪尔汗。每年地租达一亿迪尔汗。又向居民征收丁税，每人一年缴丁税四十八,或二十四,或二十个迪尔汗,贫富不等;每年所收丁税约五十五万迪尔汗。由此可知伊拉克的富饶,所以它吸引阿拉伯人迁到那里居住。

阿拉伯人挟着他们的部落观念与胜利者的贵族习气迁到伊拉克。到伊拉克后的第一桩事,就是把巴士拉与库法两地按照部落划分区域。库法划为两个区域,东区与西区,东区较西区为好。于是分配时,也门人与尼撒尔人①又发生争执,结果也门得东区,尼撒尔人得西区。然后也门人与尼撒尔又根据自己的部落,把土地划分为若干部分。② 根据沙尔比的记载,也门人比尼撒尔人为多,库法的也门人约一万二千人,而尼撒尔人仅八千人。这种褊狭的部落观念,便是后来各族战祸频繁的原因。库法的阿拉伯人,若与巴士拉的阿拉伯人发生战事时,就分别以部落对阵;库法的也门人与巴士拉的也门人作战;库法的勒比尔族与巴士拉的勒比尔族作战;库法的母才尔族与巴士拉的母才尔族作战。③

所谓战胜的贵族阶级是指阿拉伯人,与“释奴”对比而言的。伊拉克的居民以波斯人占大多数,阿拉伯人不过占其少数罢了。阿拉伯人在伊拉克所收的丁税,年达五十五万,而奉伊斯兰教的波斯人,还不在内,因为他们是不缴丁税的。释奴必须与阿拉伯人结盟,受他们的保护,承认他们为领袖,并且要跟结盟的阿拉伯人一

① 即半岛北方汉志地区人,亦即阿德南人。北方阿拉伯人认为他们是原始阿拉伯人,其始祖名撒尔·木阿南·阿德南,以此和南方也门人,亦即葛哈唐人争胜。

② 塔巴里:《先知与帝王历史》,第 4 卷,第 192 页。

③ 同上书,第 5 卷,第 207 页。

起夸耀他们的部落，一起反对别的阿拉伯部落。根据白拉祖理的记载："波斯的爱撒瓦尔骑兵最初与爱兹德族（阿拉伯人）结约，后来他们打听：爱兹德族与台米母族（阿拉伯人）谁和穆罕默德及四哈里发最为接近？谁的力量最强？有人告以台米母最为接近。于是改而与台米母族结约。"这班释奴便是在伊拉克从事文字、学术、工艺、商业的基柱，而握军政大权的统治阶级，则完全为阿拉伯人。

阿拉伯人的部落观念后来慢慢地变为城镇地区观念了：库法城的阿拉伯人与释奴拥护库法城，巴士拉的阿拉伯人与释奴拥护巴士拉城。各人夸耀自己的城市：土地如何肥美，地势如何险要，本城的人征服了多少地方，本城有若干圣门弟子的故居，并以对方产生了多少勾引人干坏事的人为攻击的口实。最后则以学术相炫耀。这种学术的炫耀和学术的辩难以及各地拥护各地学者的风尚，结果产生了许多学派，无论文法学、教律学、教派、宗教哲学、文学，都分库法派与巴士拉派。

库法诗人爱尔沙·哈马丹曾作诗咒骂巴士拉人：

"追击巴士拉人啊！当你遇见他。
追击啊！孤独者、卑贱者都应击杀。
库法人，你让他雄赳赳骑骏马，
巴士拉人，你让他俘虏队中安插。
记住罢！假使你还要向我们夸耀——
记住我们的英勇，在'迦马尔'役[①]的追杀：

① 即"骆驼战役"。——译者

老头儿，鲜血染胡须，

小孩儿，面容皎洁、光华——

来了，来送命了，穿着宽松厚甲，[①]

我们手刃他如羔羊，在那个晨朝，

我们饶了你们，你们却忘记了，

你们隐昧安拉的恩德浩浩！”

总的说来，伊拉克是伊斯兰教国家财产最丰富、学术文艺最发达的地方——除了汉志的少数学问之外——其精神物质之所以较别的地方为高，有几个原因：

1. 伊拉克有历史悠久的古代文明，有丰富的传统学问。所以在阿拉伯人动乱之后，伊拉克人必然奋起，从事复活古代文化，复活古典学术遗产的工作。在远征前，伊拉克各地已经居住着很多叙利亚人，他们在伊拉克境内建立学校，教授希腊学问。同时，在伊拉克有很多基督教派，经常掀起有关信仰问题的争辩。波斯人和希腊人长期战争的结果，大批希腊俘虏，留居在希拉地区。这些俘虏必然留下种种思想意识。在战争时期，虽然暂时消沉下去，但是到了地方局势安定下来之后，必然会渐渐恢复活动。后来伊拉克人奉伊斯兰教者日多，他们便将这些思想学说，染上伊斯兰色彩，跟伊斯兰教教义相符合的就繁荣滋长，跟伊斯兰教教义相违背的就则日渐枯萎。同时，伊拉克地方生活丰裕，人们能有余暇从事学术研究。

2. 在倭马亚王朝时，伊拉克乃伊斯兰教王朝中战争最多、祸

① 意即小孩穿大人的甲胄，出阵应战。——译者

患最频繁的一个区域。自从哈里发奥斯曼被杀[①]以后，伊拉克就到多事之秋。当时阿绮莎、脱拉哈、祖白尔等先后赴巴士拉，阿里赴库法，于是二城之间便发生了历史上著名的“迦马尔战役”（骆驼战役），阿里之子侯赛因便是在库法被杀的。后来穆赫它尔入库法要为侯赛因报仇，当时正是麦斯阿布·祖白尔为巴士拉总督，引兵逼库法，杀穆赫它尔。阿卜杜勒·马立克闻知，又率兵入伊拉克，击杀麦斯阿布。不久库法又被阿布杜·拉赫曼·艾施阿斯占领，但最后又被哈查吉击败。经过这种种混乱的变动之后，一般人自然要问一问谁是谁非？杀奥斯曼是正确的，还是错误的？阿里是否为杀奥斯曼的主谋？脱拉哈、祖白尔以及阿绮莎等人是否应当与阿里进行争战？阿里接受用“古兰裁判”解决战争纠纷，是正确的，还是错误的？……诸如此类的问题，在当时的伊拉克人中聚讼纷纭，莫衷一是。甚至一般在礼拜堂内讲学的人，也以这些问题为讨论的中心。伊拉克既为历次斗争的战场，伊拉克人又都亲身参与这许多战役，所以这个地区自然而然地成为各学派的策源地，因为许多学派都是在这种情形下产生出来的。据伊本·赛德的《人物传记》中记载：“哈桑·巴士里在讲学中，常有人提出问题来问他：你对那个残暴者（哈查吉）的看法如何？他杀人流血，抢掳金钱，而又不作礼拜。”“有人问哈桑·巴士里道：你对战祸有何意见？

① 公元654年，第三任哈里发奥斯曼被暗杀于麦地那，阿里继位，从而引起一系列的派系斗争，布斯拉和库法二城成为主要战场。开始时，是阿里和穆罕默德的遗孀阿绮莎的“迦马尔战役”（骆驼战役），接着是阿里和叙利亚总督穆尔威叶的战争。穆尔威叶提出以“古兰经裁判”的诡计，挫败阿里，最后阿里被暗杀，穆尔威叶建立“倭马亚王朝”。于是正统哈里发王朝终，世袭哈里发王朝兴（公元660年）。——译者

对叶基德·木赫里卜和伊本·艾施阿斯诸人的态度如何？哈桑答道：我不附和这些人，也不附和那些人。有一个叙利亚人又问：难道也不附和哈里发吗？哈桑怒道：是的，也不附和哈里发。”[①]诸如此类的例子不少。

3. 伊拉克是阿拉伯人和释奴杂处之地，阿拉伯人掌握政权，因此释奴人民为了宗教、为了世俗都不得不学习阿拉伯语，为了要学习阿拉伯语，又不得不找一条学习的捷径，于是便有阿拉伯语法的编制。阿拉伯语法所以产生于伊拉克而不产生于汉志与叙利亚，是因为阿拉伯语乃汉志人的语言，汉志人不需要语法的帮助，而叙利亚人的释奴不如伊拉克释奴那样热爱阿拉伯语。波斯人[②]对阿拉伯语的笃爱，是超过别的民族的，同时伊斯兰教以前，叙利亚文学曾流行于伊拉克，叙利亚语原来是有语法的文字，阿拉伯语既与叙利亚语同出于塞姆语系，故伊拉克人能够很容易地根据叙利亚语法的格式，创造出阿拉伯语法来。创制阿拉伯语法的，首为巴士拉人，次为库法人，因为巴士拉距离保持纯正阿拉伯语的游牧地区甚近，库法人则距离较远。

今将库法与巴士拉二城初期的学术活动，摘要一述：

库法——圣门弟子，移居库法者甚多，最有学问的是阿里与阿卜杜拉和伊本·麦斯欧迪。阿里在伊拉克从事政治工作，主持战争，无暇顾及学术。伊本·麦斯欧迪则专心于学，所以在伊拉克对学术方面的贡献甚大。他奉伊斯兰教很早，有人说他是最早奉伊

① 伊本·赛德：《人物传记》，第7卷，第118—119页。

② 指伊拉克人。伊斯兰兴起前，伊拉克属于伊朗萨珊王朝的一部分。——译者

斯兰教的第六人。奉教后，他不堪古莱氏人的迫害，随众人迁往埃塞俄比亚，后来又迁往麦地那，不离开穆罕默德的左右。他可以随便到穆罕默德的住宅去，而别人却是不能随便进去的。他热爱《古兰经》，能背诵和了解《古兰经》，故对于伊斯兰教的教义和《古兰经》的意义，有很精深的体会，为圣门弟子中杰出的学者。欧麦尔执政后，派他到库法讲学，很多库法人学习他的学问，受到他的教育。赛德·朱拜尔说："伊本·麦斯欧迪的门弟子，成为库法的明灯。"他在库法教授《古兰经》，传述圣训，解释教律，若无天经和圣训的明文可循，便根据经、训，自作创制。他的门徒甚多，最著名者有六人，即：阿尔格迈、艾斯瓦德、罗斯鲁格、欧拜德、哈利斯·本·盖斯、阿穆尔·舍尔哈比里。这六个人都是继承了他的学问，并继他之后在库法讲学的人。但这六个人的学问并非全部从伊本·麦斯欧迪得来，有许多学问是在麦地那从欧麦尔、阿里和穆阿士等人学到的。在库法曾出现了广泛的学术活动，参加这一活动的，还有舒来哈、沙尔比、奈赫伊、赛德·朱拜尔等。库法的学术到后来日益发展，甚至产生了艾布·哈宜法这样的学者。

巴士拉　圣门弟子移居巴士拉的也很多，如爱施阿里、爱奈斯·马立克都是很著名的。

爱施阿里原为也门人，在麦加奉伊斯兰教，也曾随众人迁往埃塞俄比亚，为圣门弟子中渊博的学者，后赴巴士拉讲学。他常常为人仲裁，排解纠纷。他主要是一个法学家，对于《古兰经》和圣训的研究还在其次。至于爱奈斯·马立克原是麦地那人，穆罕默德迁麦地那时，他还在幼年时期，他追随穆圣有十年之久。后迁巴士拉，居住了很久，伊斯兰历 92 年卒，为巴士拉圣门弟子中最后死的一人。他的学术造诣，似赶不上爱施阿里和库法的伊本·麦斯欧迪。他在圣训学方面的成就，比对教律的研究要深厚一些。倭马亚朝时代，由巴士拉学校出身的学者，首推哈桑·巴士里和伊本·西林。二人都是俘虏来的释奴。哈桑·巴士里是赛德·撒比特的释奴，伊本·西林是爱奈斯·马立克的释奴。赛德和爱奈斯是两个很有学问的圣门弟子，所以哈桑·巴士里和伊本·西林二人的学问，都是跟主人学到的。二人各有一种特殊的性格：哈桑·巴士里的个性坚强、内心坦白、学问渊博、言辞锐利，他的个性坚强表现在无所畏惧，从不改变自己的主张。而沙尔比和伊本·西林却跟他相反，不敢表示自己的主张。叶基德·穆尔威叶为哈里发后，当时的学者都不敢有所表示，而哈桑·巴士里则不然，有人征求他的意见时，却敢公然批评叶基德的错误。有人问他对于政争的态度，他不愿卷入旋涡，不肯袒护任何一方。有人问他是否不拥护哈里发，他答道：是的，也不附和哈里发。他的口才与哈查吉齐名。他廉洁自守，赋性淡泊。所以苏菲派以他为同道，很推崇他的哲理，仿效他的言词，主张人类意志自由，所以穆阿台及勒派也推崇他为领袖。他精通教法，曾本其所学，为人解释律例。他又是一个首屈一指的大讲述家，并且讲述忠实可靠。因此他在各方面都可称为杰出人物。伊本·赫里康说："他死后（伊斯兰历 110 年），出殡之日，巴士拉倾城参加殡礼，甚至当日晡时的礼拜，也没有留下一个人到礼拜寺去举行。"

伊本·西林曾跟从赛德、撒比特、爱奈斯、舒来哈等人治学，是忠实可靠的法学家，为人解释教律。他和哈桑·巴士里同一时代，二人的友谊有时亲密，有时又疏淡，因为他俩的性情是很合不来的。哈桑·巴士里坚毅、坦白，多怒善愁，凡所主张，虽为重大的政治问题，也从不讳言。而伊本·西林则性情温和而诙谐，不肯说指责人的话。[①] 他擅长圆梦之学，有人将一本圆梦之书，假托为他的著作。伊本·奈迪姆在他著的《费赫勒斯特》中就是这样记载的，但我们却找不着根据，以他的声望，这样的事应该在前人的著作如伊本·赛德的《人物传记》中提到的。伊本·西林卒于伊斯兰历110年，他和哈桑·巴士里和伊本·西林同为巴士拉城的学术泰斗。

*　　　　*　　　　*

伊拉克还有一种非宗教的活动，表面上涂染上伊斯兰教的色彩，实际上固执于蒙昧时代的精神生活。原来一部分移居巴士拉与库法的阿拉伯部落的首领，还保持着蒙昧时代的习尚，每一部落保持着一个酋长，统治全部落，战争与和平操在他一人手里，族人须服从他的指挥。诗人站在他的门前，歌颂他的光荣，宣扬他的功勋，贬击他的仇敌。族长的权力至高无上，又必须仗义疏财。如艾哈纳夫·盖斯是巴士拉城白努·台米姆族的首领；哈康·门才尔是巴士拉城阿布杜·盖斯族的首领；马立克·米斯玛尔是巴士拉城巴克族的首领；白太白·穆斯林是巴士拉城盖依斯族的首领；穆罕默德·俄迈尔是库法城白努·台米姆族的首领；汉萨·门才尔是库法城赞巴族的首领；胡查尔·阿定和穆罕默德·艾施阿里是库法城肯迪族的两个首领。这班领袖，就是那时阿拉伯人精神生活和文学生活的丰富的泉源，产生近似蒙昧时代的诗歌，此处限于

① 以上参看伊本·赛德：《人物传记》，第7卷，第142页。

篇幅,不能作详细的叙述,只提出一个著名的人物艾哈纳夫·盖斯来加以论述,藉知这班人的精神生活的状况及其对于阿拉伯文学的影响。

艾哈纳夫是巴士拉白努·台米姆族的领袖,有人描写他道:艾哈纳夫每一发怒,便有万把利剑不问情由地随着他爆发起来。艾哈纳夫喜欢跟谁打仗,全族的人就去跟谁打仗;艾哈纳夫愿意跟谁讲和,全族的人就去跟谁讲和。穆尔威叶听得他在族中权力很大,地位崇高,就亲近他、尊重他,命各处的官吏都尊重他。甚至艾哈纳夫不喜欢的长官,穆尔威叶就不得不将其革职。穆尔威叶还得承受他的冲撞言辞,委屈着奉承他。一天,穆尔威叶对他说:"艾哈纳夫啊!我每回忆起'绥费尼之役',我的心便不由自主地颤动起来。"(因为在绥费尼之役,艾哈纳夫还是跟穆尔威叶敌对着,站在阿里一方面的。)艾哈纳夫说:"指主发誓!穆尔威叶!当日恨你的心情藏在我们心里,和你作战的利剑插在我们的鞘里。你进攻一寸,我们进攻一尺。"巴士拉许多互相仇视的部落,经过艾哈纳夫的调解后,就互相联合一致。艾哈纳夫的人格、义气、豪侠,都是代表着一个时代的。他死之后,人人说:"阿拉伯的秘密死亡了!"有一个妇人哀悼他道:"你生前是地方的领袖,你是被派到哈里发跟前的代表。他们唯你的言语是听,唯你的意见是从。"艾哈纳夫曾遗下许多格言佳语,散见在阿拉伯文学中。如:"贻后悔的甜蜜,毫无善处。""廉洁无止境。""当别人未向你求公道前,先对你的自身行公道!""先亲后仇,何其鄙陋。""你为正义而慷慨,莫做别人的财库。""忌者不宁,谎者无仁。"……这都是艾哈纳夫的名言。

至于伊拉克的哲学活动,将在后面"宗教学派"一篇里叙述。

在阿拔斯王朝时代，伊拉克的哲学更加发展，甚至出现了“精诚弟兄会”这样的哲学学派。

* * *

叙利亚(沙姆)[①] 叙利亚是一块富饶的地方，土地肥美，雨水丰富，气候温和。历有先知圣人，宣道传教，又不断地产生过各先进民族，所以叙利亚继承了古代的各种学术、文化。如腓尼基人、迦尔底人、埃及人、希伯来人、希腊人、罗马人等的学术、文化。这些民族，各有其独特的文化，各有其独特的思想，各民族都把他们的学术、文化散播在叙利亚地方。当日的叙利亚人，也参加学术工作，出过不少杰出的学者，能和外来的移民学者比美。叙利亚有若干著名的城市如苏勒、安条克、索邑达、贝鲁特、大马士革、霍姆斯等，为当时学术思想生活的中心。这些先进民族，各把他们独特的学术思想遗留给叙利亚人，如腓尼基人的文字，希伯来人的神学，希腊人的哲学体系，罗马人的法律思想……这些东西，对于叙利亚人的思想，都有巨大的影响。我们已经在前面伊斯兰教初期叙利亚的学术活动中，大略说过了。

阿拉伯人之认识叙利亚地方，远在蒙昧时代。公元二世纪初，有一部分阿拉伯人，因为羡慕叙利亚的美好，而迁到霍姆斯、巴特拉等地，建筑城市。公元五世纪后，又建立了爱萨西奈王国。前面已经提过，阿拉伯人迁到叙利亚后，分区居住，在基督教于叙利亚盛行后，都奉了基督教，用阿拉米语和阿拉伯语的混合语为语言。

---

① 此处指的叙利亚(沙姆)，包括巴勒斯坦在内，这是根据雅古特《地理辞书》的提法。——译者

从此他们自认为叙利亚人，与叙利亚的关系较与阿拉伯半岛的关系密切多了。

伊斯兰教攻克叙利亚后，传播伊斯兰教，使用古莱氏语（阿拉伯语）。叙利亚的阿拉伯人，便开始学习古莱氏语。叙利亚本地人也相继学习，于是叙利亚人除使用原来的阿拉米语和希腊语之外，也同时使用阿拉伯语了。伊斯兰教也代替了基督教与犹太教的地位，许多叙利亚人改奉了伊斯兰教。后来哈里发欧麦尔曾派遣教师到叙利亚教授宗教学，这原是欧麦尔在征服任何一个地区后的工作。

布哈里在历史中记载："叶基德·艾布·苏福扬上书于欧麦尔道：叙利亚人急需教师来教授他们《古兰经》，为他们解释教律。欧麦尔遂派穆阿士、俄巴德和艾布·达尔丹三人前往。"这三个人便是叙利亚宗教学校的奠基者。穆阿士的学术生活，前面麦加学校一节，已约略说过。他晚年的生活，全是消磨在叙利亚的教育当中。俄巴德是麦地那人，曾从事于《古兰经》的搜集，后任霍姆斯总督，担任耶路撒冷法官。他最精通教律，坚持真理，不屈不挠。他反对穆尔威叶（穆尔威叶任叙利亚总督时）所做的事，曾控诉他于哈里发奥斯曼之前。后死于叙利亚。

艾布·达尔丹也是麦地那人，他品德高尚，是精通教律的一个圣门弟子，曾主持大马士革司法，后死于大马士革。上述三人，分驻叙利亚各城，教授宗教学。这三个人在先同到霍姆斯，后来俄巴德留在霍姆斯，艾布·达尔丹赴大马士革，穆阿士赴巴勒斯坦。接着欧麦尔又继续派遣阿布杜·拉赫曼前往。叙利亚大多数的再传弟子，如艾布·依德里斯等人，都是他们的弟子。此外，买克胡尔、奥马·阿卜杜勒·阿齐兹、勒查·哈邑瓦等人,也是出身于叙利亚学校的。叙利亚教长阿布杜·拉赫曼·奥查尔在宗教学上的地位很高,后人把他跟马立克和艾布·哈宜法二教长相提并论。奥查尔生于巴勒贝克城,长于大马士革、贝鲁特,时人称他为叙利亚教长。他的学派盛行于马格里布、西班牙一带。沙斐尔派与马立克派兴起后,逐渐消失。

倭马亚王朝时,大马士革是哈里发的首都,为各方学者集中的地方,但是倭马亚朝历代的哈里发,如前面所提到的,对于学术活动异常漠视。他们所关心的只是诗歌、演说、文艺,其他各种学术,都是自然发展的。这时期的学术活动,以宗教学为主,这是由于倭马亚朝的宗教意识十分浓厚的缘故,人人急迫地需要有关"合义的"和"非义的"种种教法知识,尤其是有许多伊斯兰教初期所未曾发生过的事件,需要有教律的创制,加以解释。

叙利亚的基督教徒很多,他们坚守自己的宗教,宁愿缴纳丁税与田赋。但是,叙利亚的基督教徒也有很多改奉伊斯兰教的,这班人受基督教的教化最深。叙利亚各地是基督教和伊斯兰教杂处之地,伊斯兰教堂与基督教堂互相毗连,于是伊斯兰教与基督教多有接触的机会,彼此经常争辩、互相仇视。结果伊斯兰教人受其影响,便产生了"宿命论"与"自由论"。对于安拉的"德性"是否就是安拉的"本体",还是"本体"以外的东西这一类问题,加以研究和争辩。这或许就是伊斯兰哲学的滥觞时期。

埃及　伊斯兰教徒征服埃及时,希腊和罗马的文化早在埃及传播,本书前面对于亚历山大城的学校、学派,曾有所论述。阿拉伯人早知道埃及是物产丰富、土地肥美的地方,因此征服埃及以后，大量向埃及移民，以部落为单位，开辟弗斯它特城。阿拉伯移民居住在城市、乡村，以农耕为生。埃及土著科普特人，也相继信奉伊斯兰教，彼此互通婚姻，于是阿拉伯人的血统与埃及人的血统，遂同混合。[①]

埃及自从被阿拉伯人占领后，便成为伊斯兰国家的学术文化中心，同时也是政治中心。但是埃及初期的情形，也和别的地方一样，其学术并不是哲学、科学的活动，而主要是宗教学的活动。所以那时在埃及各地占统治地位的学术，就是宗教学以及和宗教学有关系的东西。但是这并不是说，原来散布于埃及的希腊、罗马文化，已消灭得毫无踪迹。而是说伊斯兰教入埃及后，埃及人张皇失措，屈服于这种新宗教的势力之下，在人心稍微安定之后，希腊、罗马文化重又抬头，恢复了它的势力，并且还染上一层伊斯兰教的色彩，发生相当的变化，以和伊斯兰教相适应。但这是倭马亚朝末叶，阿拔斯朝初期的情形。

圣门子弟也曾被派赴埃及，从事教育，建立学校，如伊本·阿慕尔便是最著名的一个。伊本·阿慕尔是由穆圣听得圣训最多的一人，凡有所闻，必有记录。穆查西德说："我在伊本·阿慕尔处见着一本册子，我问他书中的内容，他说：'是一本实录，里面记着我单独由穆圣听到的圣训。'"[②]伊本·阿慕尔除精通圣训外，还博览群书。他常读《旧约》，又学习叙利亚文。麦地那、叙利亚和埃及的许多圣门直传弟子和再传弟子传述了很多圣训，都是跟伊本·阿

① 麦格里基：《埃及志》，第1卷，第82页。

② 伊本·赛德：《人物传记》，第7卷，第189页。

慕尔学习的。他的父亲阿慕尔被任为埃及总督时，他跟着到埃及，父亲死后，代理父职；后来哈里发穆尔威叶正式任他为埃及总督，不久又免去。

伊本·阿慕尔曾往麦加朝天房，后赴叙利亚转埃及，在埃及盖了一所住宅，死后即葬在这所屋子中，那是哈里发阿卜杜勒·马立克时候的事。他是埃及学校的建立人。很多埃及人跟他学习，并记录下他传述的圣训。

在圣门弟子以后，埃及学校中著名的学者有伊本·艾布·哈比卜，他是努比亚人，跟埃及诸圣门弟子求学。根据肯迪的记载，他是首先在埃及传授“合义的”，“受禁忌的”教规，以及各种教律问题的。在这以前，他所讲述的，乃是一些战争与祸乱的历史。哈里发奥马·阿布杜勒·阿齐兹曾委三人为埃及的法典解释官，一个是阿拉伯人，即札尔法尔；两个是释奴，即伊本·艾布·哈比卜和伊本·艾布·札尔法。当时的阿拉伯人，似曾反对以释奴充当教典解释官，奥马·阿布杜勒·阿齐兹说：“这有何妨，假使释奴们的学问好，而你们的学问不好！”[①]伊本·艾布·哈比卜熟知战史，尤其是有关埃及的军事、政治的历史。伊本·艾布·哈比卜在肯迪的著作《埃及的总督与法官》一书中，被列为重要人物加以叙述。

伊本·艾布·哈比卜最著名的门徒，有阿卜杜拉·伊本·勒雪尔、赖易斯·赛德。阿卜杜拉·伊本·勒雪尔是阿拉伯的哈达拉毛人（当时哈达拉毛人移居埃及的为数很多），并跟埃及的许多再传弟子求学。他曾把学到的东西记录下来。布哈里和尼撒伊等

① 麦格里基：《埃及志》，第2卷，第333页。

一般圣训学家，都不信任他的传述，但埃及的历史，大多是根据他所传述而写下的。他任埃及总法官九年。

据最可靠的传说，赖易斯·赛德是属于释奴阶级，原籍波斯的伊斯法罕，而生长于埃及格尔格珊德地方，曾周游各地，寻求学问。去过麦加、耶路撒冷、巴格达等地，遇见过再传弟子五十九人，从他们得到学问。他在麦地那跟从教长马立克，和马立克通信辩论许多教律问题。相传沙裴尔教长说过，赖易斯·赛德的学问，似比马立克精深，可惜他的门人不能承其后。赖易斯在民间的地位很高，一般地方官和法官每遇重大的事件，都要领教他并且相信他，对他的诚实可靠毫不怀疑。他的学问被公认为是自成一家的。其学派在埃及曾兴盛一时，但不久就消失了，像奥查尔的学派在叙利亚消失一样。

*　　*　　*

由上面我们知道，在远征胜利后，诸圣门弟子中的学者赴各方从事教育，成为以后建立学校的种子。他们在学问上各有特殊的成就，各地的学校，就受了不同的影响。如麦地那的阿布杜拉·欧麦尔、库法的阿卜杜拉·麦斯欧迪、麦加的伊本·阿拔斯、埃及的伊本·阿慕尔，就是各地的代表人物。他们对于宗教的律例和穆圣的言行，并非博闻周知，毫无遗漏。他们不能追随着穆圣一刻不离，因此在学问方面就不免有所遗漏，所以各人的造诣便不相同了。因此各个城市所传播的圣训也是不同的，甲城知道的，乙城不一定知道。其后再传弟子承受他们的衣钵，继续执掌学术的旗帜。再传弟子，鉴于甲城有甲城的学问，乙城有乙城的学问，遂喜游历，以求各地所长。各地学者，不断地迁动着：埃及学者赴麦地那，麦地那学者赴库法，库法学者赴叙利亚，叙利亚的学者又赴埃及……他们这样做着学术文化的交流工作。这样的结果，各地学术片面发展的情形，就得以减少。再传弟子以后的人，继承他们的学问，也依循他们的道路。

但是，各学校所教授的学科是些什么？学术活动是怎样进行的？当时的学术曾受了各地环境的影响吗？叙利亚、埃及的学术，受过罗马文化的影响吗？伊拉克学术受过波斯文化的影响吗？汉志学术受过阿拉伯半岛粗野生活的影响吗？伊斯兰教以后各地宗教信仰曾受了伊斯兰教以前各地的宗教信仰的影响吗？这些问题都是很复杂的，我们将在后面两篇叙述。

本篇主要参考书目

(1) 伊本·赛德：《人物传记》(Ibn Sa'ad, *At-Tabagat Al-Kubra*)。

(2) 伊本·艾西尔：《森林中的狮子》(Ibn Al-Athir, *Asad Al-Ghaba*)。

(3) 白拉祖理：《各地的征服》(Al-Balazuri, *Futuh Al-Buldani*)。

(4) 雅古特：《地理辞书》(Jakout, *Mo'djem Al-Buldani*)。

(5) 赫木查尼：《地理辞书》(Al-Hemzani, *Kitab Al-Buldani*)。

(6) 麦斯欧迪：《警戒与监督》(Mas'oudi, *At-Tanbih wal-Ishraf*)。

(7) 塔巴里：《先知与帝王历史》(At-Tabari, *Kitab Akhbar Alrusul wal-Muluk*)。

(8) 伊本·艾布·哈底德：《辞章之道注释》(Ibn Abual-Hadid, *Sharh Nahj Al-Balagha*)。

(9)《伊斯兰百科全书》，"伊拉克"、"巴士拉"、"库法"、"叙利亚"、"埃及"诸条。

(10) 伊本·赫里康：《人物传记》(Ibn Khallikan, *Wafayat Al-a'y an*)。

(11) 麦格里基：《埃及志》(Maqrizi, *Al-Hutat*)。

(12) 肯迪:《埃及总督与法官传记》(Al-Kindi, *Akhbar wulat Misr wa qudhaha*)。

(13) 艾布·法拉吉:《诗歌集》(Abul Faraj, *Al-Aghani*)。

(14) 伊本·阿卜杜·莱比:《罕世璎珞》(Ibn Abd Rabba, *Iqd Al-Farid*)。

(15) 伊本·古太白:《故事的泉源》(Ibn qutaïba, *Uyun Al-Akhbar*)。

(16) 伊本·奈迪姆:《百科辞书》(Ibn Nadim, *Fehrast*)。

(17) 伊本·艾比·俄赛邑巴:《医学家传记》(Ibn Abi Osaïba'a, *Tabaqat Al-Atibba*)。

(18) 格夫退叶:《哲学家传记》(Al-qaftii, *Akhbar Al-Hukama*)。

(19) 伊本·盖伊姆:《掌印官传记》(Ibn Al-qaïm, *A'alam Al-Mowaqqiïn*)。

(20) 其他在正文中引用的阿拉伯文参考书目,此处不再列举。

第六篇

宗教学活动

概　述

我们在前面已经说过，伊斯兰教初期，宗教学的活动很普遍，范围也很广泛。大多数著名的学者，全是宗教学者，因为在那个时期，伊斯兰教已深深地占据了人心，人人以“伊斯兰教”为他们团结和兴盛的因素。倘若没有“伊斯兰教”，阿拉伯人必然仍是一些分散的部落，是一些互相攻击的宗派；假使没有伊斯兰教，阿拉伯人必定困守乡里，不能越出家乡一步，更无从征服许多城市，占据无数国家。伊斯兰教是阿拉伯人今生的光荣，来世的寄托。甚至非阿拉伯人也向伊斯兰教表示真诚、皈依它，相信它是使他们幸福的大道。阿拉伯人与非阿拉伯人，都起而研究《古兰经》，了解《古兰经》，搜集圣训、注解圣训。根据经、训，创制法律，以解决各地发生的事件。至于科学和哲学，在当时仍是不发达的，它的发展还求助于宗教的发展。它要以宗教的理论为根据，染上宗教的色彩。譬如哈里发奥马·阿卜杜勒·阿齐兹在书库里发现一本医书后，先向安拉祷告了好几日，然后才取出供之于人们。又如历史学家搜寻过去历史战迹的史料，必定依照搜寻圣训的方法。我们在前一篇曾把这个时期的宗教学活动概括地叙述过，本篇拟作一些分析研究。主要的宗教学有三，即：《古兰经》及其注解，圣训及其搜集与分类，教律的创制。这三个内容，就是本篇所要叙述的。

第一章 《古兰经》及《古兰经》注解

《古兰经》是在二十年内,星零下降给先知穆罕默德的《古兰经》的敕降,是适合于当时社会的状况和需要的。穆罕默德死时,《古兰经》还是一些零星的散片,或仅仅是保存在圣门弟子的记忆中。哈里发艾布·伯克尔时代,命人从事搜集,不过仍没有抄录在一个本子里,只是将记载着《古兰经》篇章的零星的散片收拢在一起,或将圣门弟子所记忆的抄录下来。主持搜集者为赛德·撒比特,收集好后,存于艾布·伯克尔处。

艾布·伯克尔死后,交给欧麦尔,欧麦尔死后,由他的女儿哈福赛保存。到了奥斯曼继任哈里发后,由哈福赛处取出来,命赛德·撒比特、伊本·祖白尔和赛德·阿斯三人抄集成册。然后又抄录多本,分发到各个城市,以为标准《古兰经》,讹误的本子悉数烧毁。搜集《古兰经》的经过很长,这里不拟详述。

《古兰经》是用阿拉伯文敕降的,是符合于阿拉伯人的说话风格的。《古兰经》的文辞,是纯粹的阿拉伯文辞,虽有一些外来语句,也只占少数,并且已经过阿拉伯人的消化,改造成为阿拉伯语了。《古兰经》文的风格、文法、语气完全依照阿拉伯文的语言规范,所以有正写法、有隐喻法、有暗示法……一切都本着阿拉伯文的习惯。这是毫不足奇的,因为伊斯兰教最初的号召,就是以阿拉伯民族为目标，自然必须使用阿拉伯民族所能了解的语言："我每派遣一个先知，必用其本族的语言，以便他向他们解释。"[①]

《古兰经》虽是纯粹的阿拉伯文，但是圣门弟子并不是人人一听到之后，便能够综合地、分析地理解。伊本·赫勒敦认为："《古兰经》是阿拉伯人的语言，依照阿拉伯文的文法和修辞习惯，所以阿拉伯人完全能了解它的意思，懂得它的字句与构造。"[②]这种看法是不正确的。《古兰经》虽为阿拉伯文，并不意味着所有的阿拉伯人都能了解它的词句，这是最简单的道理，稍微思考一下，便会以为然的。无论用什么文字写的书籍，并不是凡会说那种语言的人都能了解。有若干英文或法文的书籍，英国人、法国人也不能了解。因为了解一本书籍的深意，单是懂得文字是不够的，必须要求读者的思想水平能了解书中的内容才行。阿拉伯人之于《古兰经》，也是如此。他们不可能概括地、分析地理解《古兰经》，他们只能凭自己的思想去理解《古兰经》。即使懂得经文的词句，也不一定理解其含义。任何一个民族的人，都不可能懂得其民族的全部语言。有人向哈里发欧麦尔请教《古兰经》的某些词义，欧麦尔答道："不必去深究。"以欧麦尔那样有高水平的人尚且如此，何况其他人呢！

在穆罕默德时代，还没有如后来那样背诵全部《古兰经》的风气，大抵先背诵一章或数节，懂得意思后，又背诵新的章节。背诵《古兰经》者，多为圣门弟子，如奥斯曼·阿卜杜拉和伊本·麦斯欧

① 此处解释《古兰经》的一些语法变化，约十行，略去未译。——译者

② 伊本·赫勒敦：《历史绪论》，第266页。

迪等人。他们跟从穆圣学习《古兰经》每次不超过十节，必须懂得了十节的内容，才学习新的。据艾奈斯说：当时能背诵《黄牛章》和《阿木兰后裔章》的，在圣门弟子中便是难能可贵的人了。伊本·欧麦尔背诵《黄牛章》，历时八年。因为在背诵一节经文时，非懂得它的深意，不背诵另外一节。

*　　　　*　　　　*

《古兰经》里有许多意义明显的章节，那是关于伊斯兰教原理原则的章节，尤其是麦加敕降的，如《家畜章》，差不多完全是解释伊斯兰教的原理原则的。这一类经文，是人人——尤其是阿拉伯人能以领悟的。《古兰经》里又有若干章节，意义隐晦，难于领悟，除少数人外，不易认识其中的真义。

大体说来，圣门弟子比较容易了解《古兰经》，因为《古兰经》是用他们的文字敕降的，而他们又熟悉于《古兰经》敕降时的阿拉伯的社会背景。

但是圣门弟子，对语言知识有差异，对于经文的了解程度也各不相同。因为：

1. 阿拉伯语虽为圣门弟子的语言，但他们对于阿拉伯语文的了解也不相同。他们对阿拉伯蒙昧时代的文学，有的有研究，有的没有研究。懂得蒙昧时代文学的、便能借助古代文学以了解《古兰经》，有的却不能这样。

2. 圣门弟子中，有的经常追随穆圣，有的和穆圣隔离。常在穆圣左右者，得亲睹敕降《古兰经》时的社会背景，而熟悉《古兰经》敕降的原因，便是了解经义的最大助力。不明白《古兰经》敕降的原因，往往易于误解经义。哈里发欧麦尔要委派谷达迈·麦兹阿尼到巴林去，有一个名叫查鲁德的对欧麦尔说，谷达迈乃是一个纵酒之徒，欧麦尔道："谁是见证？"查鲁德道："艾布·胡赖勒是见证。"欧麦尔转过去对谷达迈说："谷达迈，我必须用皮鞭抽你。"谷达迈道："指主发誓！即使我饮了酒，哈里发也不能鞭打我。"欧麦尔问道："为什么？"谷达迈道："因为安拉说过：'信真主而行善者，用什么饮食是无罪的。后来，他们敬畏真主，信仰真主；敬畏真主，努力行善。安拉是喜欢行善的。'"（《古兰经》5:93）"我既是信主的人，又是行善的人，我起先畏主、信主，然后仍然畏主行善。我曾追随穆圣参加过'巴德尔之役'、'伍候德之役'、'濠战之役'以及许多战争。"欧麦尔问左右道："谁能驳斥他的言论？"伊本·阿拔斯答道："这节经文，原是宽恕过往，严禁未来的意思。因为安拉说过：'信士们！饮酒、赌博、祭偶、抽签，都是恶魔的行为。'"欧麦尔道："你说得对！"又有一个人去对伊本·麦斯欧迪说道："你为什么让一个人在礼拜寺中凭私意注解《古兰经》文？他注解'那日浓烟满布天空'这句经文的意思是，'世尽之日，浓烟熏人，人人如患感冒。'"伊本·麦斯欧迪道："知之为知之，不知则说，安拉至知。这句经文的意思是，古莱氏人反对穆圣，穆圣遂祈祷安拉，让古莱氏人遭遇约瑟时候那样的年代，叫他们感受饥荒的痛苦，以致吃死人的骨头。到了这样的日子，人们仰视天空，好似天空中满布浓烟。"由此可知，不懂得《古兰经》敕降时的社会背景，往往是误解经义的[①]。

3. 圣门弟子，有熟悉阿拉伯蒙昧时代的风俗习惯与言语行为

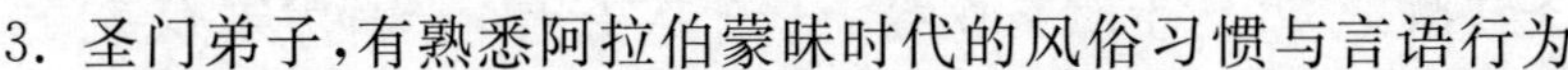

① 参看《穆瓦法卡特》（律例），第3卷，第201页。

的，有不熟悉的。熟悉蒙昧时代阿拉伯人朝天房的情形，便比较容易了解《古兰经》里关于朝觐的经文。认识蒙昧时代阿拉伯人崇拜偶像的情形，便容易懂得《古兰经》里关于斥责崇拜偶像的经文。

4.《古兰经》敕降时，已有犹太教徒与基督教徒在阿拉伯半岛宣传宗教了。《古兰经》曾提到他们的所为，并加以驳斥，对他们的信仰，也有驳斥。这类经文，若不先知道犹太教徒、基督教徒在阿拉伯半岛的情况，是不容易明白的。

因为这种种原因，所以圣门弟子了解《古兰经》的程度，很有差异；再传弟子之时，悬殊尤甚。

*　　　*　　　*

《古兰经》注的来源有好几种：

1. 传闻的注解——《古兰经》的许多注解，是由穆罕默德传述下来的。譬如《古兰经》里“中祷”一词，穆圣解释说：晡时的礼拜叫“中祷”。又如“大朝”一词，穆圣解释说：牺牲日，朝天房叫“大朝”。诸如此类的注解，见于六种圣训实录中的，不胜枚举。后来这类传闻的注解，为一般传述家、小说家增加附会者甚多。据圣训学家的考证，这类注解，正确可靠的固然多，伪造的也不少。一段经文而有两个矛盾的注解，便可以证明有后人伪造的了。因为这类矛盾的注解，绝不是二者都是传自穆圣的。如《古兰经》说：“金银若干坎塔尔。”“坎塔尔”是一种重量单位名，根据艾奈斯的传说，穆圣注解：一千“欧基亚”等于一坎塔尔。又根据艾布·胡赖勒的传说，穆圣注解：一万二千欧基亚等于一个坎塔尔。一部分宗教学者，甚至完全否认这类传闻的注解。大教长罕白里说：“《古兰经》注及战史，是没有根据的东西。”经注学家对于这一类传闻的注解，是不信任的，他们不以它为根据，而是自己努力去了解经文，在他们看来，这一类注解即使是真实的，那也只是限于解释经文字句的范围。

年深日久，传闻的经注渐渐增多，后来传到圣门弟子和再传弟子的，也收入进去。伊斯兰教初期，《古兰经》注大概限于这一类的范围。

2. 意见的注解——经注家凭依自己的心得注解《古兰经》，就叫作“意见的注解”。经注家懂得阿拉伯人的言语习惯，知道阿拉伯人的言谈范围，借蒙昧时代的诗歌，而了解阿拉伯语的许多文辞与意义。经注家借助这许多工具，便可能正确地去理解每节《古兰经》经文的时代背景，并根据自己的见解去注解《古兰经》。圣门弟子这样注解《古兰经》的很多，如伊本·阿拔斯和伊本·麦斯欧迪便是。譬如《古兰经》说：“当我同你们结约时，我将‘图尔’悬在你们的头上。”“图尔”一词就发生了许多不同的注解，穆查西德说是泛指一般的山而言；伊本·阿拔斯说是一座山的本名；又一说是有树林的青山，至于没有树林的童山，那不叫“图尔”。这种种注解之歧义，就是因为见解不同，并不是传述错误。经注家对于经文的意义，有不同的意见，同样对于经文的文辞，也有不同的注解。

诚然，圣门弟子与再传弟子对于这个问题，分为两派主张：一派不主张以意见注解《古兰经》，一派主张以意见注解《古兰经》。前一派如赛德·穆桑依布，他自己说道：“有人问我《古兰经》文的意义，我答道：我不解释《古兰经》。”又如伊本·赛林说：“我请欧拜德为我解释经义，欧拜德说，你畏惧安拉吧！你庄重些吧！了解经义的人已经逝去了。”又如希沙姆·阿尔瓦特说：“我从来没有听见我的父亲注解过一段经文。”后一派主张以意见注解《古兰经》，他们认为隐藏研究经文的心得，无异于隐藏学问。抱这种主张的人占多数，如伊本·麦斯欧迪、伊本·阿拔斯、伊克勒迈等人，都是主张以意见注解经义的。然而他们不赞成未具备各种知识的人轻率地注解，譬如对于阿拉伯文没有完全懂得，不能正确了解文章；或对于《古兰经》没有精深的研究，不能分辨其中概括的或分析的文义者，都不配注解《古兰经》。同时，他们也反对带有教派成见的人如穆阿台及勒派、什叶派，带着派别的色彩去注解《古兰经》，让《古兰经》符合自己一派的主张。经注家最重要的信条，是应该使“信仰”跟随《古兰经》，不应该使《古兰经》迁就“信仰”。

以各人意见为注解《古兰经》的基础，便是圣门弟子和再传弟子注解《古兰经》的文辞与意义时发生差异的原因，他们的意见不同，非常明显，几乎充满于《塔巴里经注》中。

阿拉伯蒙昧时代的诗歌、散文，阿拉伯蒙昧时代的风俗、习惯，伊斯兰初期的情况，穆圣所遭遇的迫害，穆圣的迁徙，历次的战役与祸端，产生教律的原因，敕降某节经文的社会背景等，都是圣门弟子和再传弟子注解经文的有力的根据。

3. 基督教式与犹太教式的注解——还有一个泉源，也是多数经注家常常吸收的地方。原来，人类的理智，有一种穷根究底的习惯，这种习惯使经注家每闻一节经文，必追求它的究竟。《古兰经》说：“有一群洁身自爱的少年，带着一只狗隐身于山洞中。”经注家必问那只狗的颜色是什么？《古兰经》记载着一人被杀、先知母撒（摩西）命族人宰杀一牛：“你们以牛的一部分击尸身，死身便能复活了。”经注家便追问，是牛身上的哪一部分？《古兰经》说：“洪水泛滥，先知努海（诺亚）造船以载门徒。”经注家必问先知努海的船是什么样的船?《古兰经》叙述母撒的故事说:“有一个小孩被杀。”经注家必问,那个小孩姓甚名谁?《古兰经》说:“你(伊伯拉欣)取四只鸟来,撕碎了分投诸山。然后你再呼唤它们,它们必很快地飞到你跟前。”经注家读到此处,必问四鸟是什么鸟?《古兰经》说:“郁苏福说:父亲啊!我梦见十一颗星同太阳围绕着我,向我膜拜。”经注家必问十一颗星是哪一类星?诸如此类,不胜枚举。经注家又见《古兰经》曾指示创世之初的情形,他们就进而追问造化天地的始末。当《古兰经》里提到有关先知的事情时,经注家必进而追根究底,求个水落石出。他们这种欲望,只有《旧约》和《旧约》的注释才足以满足。甚至只有《旧约》注解里面的神话、传说才足以满足,当时犹太教徒奉伊斯兰教的很多,犹太教式的故事,就渗入伊斯兰教徒中了。他们用这一类故事传说来注解《古兰经》,一般圣门大弟子如伊本·阿拔斯等人,也是加以采用的。相传穆圣曾说过:“有经典的人[①]告诉你们的话,不可过信,也不可抹杀。”但事实上,圣门弟子不但相信,而且还加以征引,倘若翻开塔巴里等人的《古兰经注》,便可以得到很多这样的例子。譬如“你们只见安拉与天神由白云中而来”这段经文,便出现了许多注解。当日,伊本·阿拔斯常和卡尔白·艾哈巴尔在一起,听卡尔白的讲述。伊本·赫勒敦说的好:“阿拉伯人既不是信士,也不是学者,而是不识字的游牧人,他们如普通人一般,要知道一些关于造化的原因、创世的情形、生存的秘密,便去领教犹太教徒或基督教徒。而不知那时阿拉伯的犹太人也同他们一样,都是游牧人、所懂得的无非是普

① 指犹太教徒和基督教徒。——译者

通教徒所知道的东西。这般犹太教徒，大半是希木雅尔族奉教的。他们后来改奉了伊斯兰教，依然坚持创世、战史一类与教律无关的传说。如卡尔白・艾哈巴尔、瓦赫布・穆南比、阿卜杜拉・赛兰便是这一流的人物。因此，《古兰经》注里充满了这类和教律无关的东西，应否遵从、又无法断定。而经注家们，过分宽容地接受过来，于是经注里便充满了犹太教式与基督教式的传说。”[①]

这个时代的经注家　这个时代，圣门弟子中从事注解《古兰经》的，只有少数的几个人，注解较多的有阿里、伊本・阿拔斯、伊本・麦斯欧迪、卡尔白・伍白叶等人，其次为赛德・撒比特、艾布・母撒・爱施阿里、阿卜杜拉・祖白尔诸人。我们现在只将前四人提出来说一说，因为这四个人把经注传到各城学校的最多，这四个人在经注方面所以有广博的成就，首先由于他们精通阿拉伯语，熟悉阿拉伯语风格，又经常同先知生活在一起，他们有可能熟悉《古兰经》产生时的社会背景。同时，他们都不敢以个人的意见注解《古兰经》，只有伊本・阿拔斯是例外，因为伊本・阿拔斯在青年时期，从圣门弟子求学，传述圣门弟子的学问。这四个人如以传述经注的多寡来论，应以伊本・阿拔斯为首，伊本・麦斯欧迪其次，然后是阿里和伍白叶。然而这个次序，是指后人从他们传述的多寡来定的，并不论其真伪。后人假托伊本・阿拔斯和阿里而传述的经注，似乎较其他两人为多。首先因为伊本・阿拔斯和阿里，都是先知家族，假托二人而捏造的东西，容易得到人们的信仰与尊重，这是别人做不到的。同时因为阿里为什叶派最崇拜的人，什叶

---

① 伊本・赫勒敦：《历史绪论》，第 367 页。

派为提高阿里的地位，不惜假托阿里的名义捏造经注。伊本·阿拔斯是阿拔斯王朝的祖先，阿拔斯人为要表扬祖先的光荣，又不惜假托伊本·阿拔斯，捏造种种传说，以讨好于王朝。譬如伊本·艾布·遮木赖说："阿里说，倘若有人要我注解《古兰经》第一章的意义，足以使七十只骆驼驮负的分量，我也能够做到。"艾布·图费尔说："我听见阿里演说时候说：你们问我吧？指主发誓，无论你们问我什么，我都能答复，你们问我《古兰经》吧！指主发誓，任何节经文，我都知道他是在夜间降的，或是白昼降的，在平地降的，或是在山中降的。"这种荒诞不经的传述，不加分析便知是伪造的。假托伊本·阿拔斯而传述的经注，更是不胜枚举，任何一节经文，多少总有伊本·阿拔斯的意见；假托他的传说，实在太多了。①

伊本·阿布德·哈康说：我听见大教长沙裴尔说，由伊本·阿拔斯所传述的东西，只有一百段圣训是可靠的。② 假使沙裴尔的话是真的，则可以证明后来假托伊本·阿拔斯的伪造者之多，又可以证明后来的传述家是怎样的善于作伪了。③

这种伪造的经注，其实也有它学术上的价值。伪造的经注也不是信口开河、胡乱编造的，在很多的情况下，乃是努力从事学术钻研的成果。其没有价值的地方，在于假托阿里或伊本·阿拔斯其人。

将后人所传述的伊本·阿拔斯等人的经注概观一下，可以看出其内容不出上面提到的《传述的经注》、《意见的经注》以及《以色

① 此处列举数十个传述者的姓名与世系，略去未译。——译者

② 苏郁退：《阿尔依提高尼》，第2卷，第225页。

③ 此处列举数十个传述者的姓名与世系，略去未译。——译者

列式的经注》三个来源。

圣门弟子以后，再传弟子中也有一部分著名的传述家，穆查西德、阿脱邑、伊克勒迈、赛德·朱拜尔等，这班人都是伊本·阿拔斯的学生，全是释奴。伊克勒迈还是伊本·阿拔斯本人的释奴。他们从伊本·阿拔斯所传述的经注，多寡不一。后来的学者，对于他们的信任也不一致。其中以穆查西德由伊本·阿拔斯所传的经注最少，却是最可靠的，所以大教长沙裴尔和圣训家布哈里以及其他的学者，都十分信任他。同时也有一部分学者，不采取穆查西德所传的经注。根据伊本·赛德在《人物传记》一书的记载：有人问艾尔麦诗：为什么一般学者不采用穆查西德所传的经注？艾尔麦诗说：因为一般学者，认为他常去领教奉伊斯兰教的犹太教徒与基督教徒的缘故，[①]但是却没有一人否认他的忠实。阿脱邑和赛德·朱拜尔二人是很忠实可靠的。伊克勒迈由伊本·阿拔斯所传述的经注最多，他本是伊本·阿拔斯的释奴。他原为马格里布的柏柏尔人。后人对于他的传述的评价，也很不一致。[②]

再传弟子时期，犹太教徒和基督教徒改奉伊斯兰教者渐多，一般人又喜欢分析《古兰经》所指示的关于基督教与犹太教的事件，所以以色列式的经注，更加庞杂了。我们研究《塔巴里经注》后，知道那类犹太教式的经注，大部是瓦赫布·穆南比传述的。在前面提到过，瓦赫布·穆南比原是也门的犹太教徒，奉伊斯兰教后，便将犹太教经典里面的传说、故事，渗入伊斯兰教，并非经过精细的

① 伊本·赛德：《人物传记》，第5卷，第344页。

② 此处列举经典著者之姓名，略去未译。——译者

思考，也不合于学术的研究。而伊斯兰教徒也就宽宏大量地接受过来，有如伊本·赫勒敦所说的那样。至于基督教式的经注，则大部分是塔巴里从伊本·朱莱吉传述的。根据宰赫比的记载，伊本·朱莱吉原是东罗马人，是一个基督教徒。一部分学者说他捏造圣训，为了享乐，曾娶妻九十人。他是伊斯兰教后第一个从事著作工作的人。[①] 他于伊斯兰历80年生于麦加，卒于150年。曾周游伊斯兰各地，如也门、巴士拉、巴格达。[②]

圣门直传弟子和再传弟子时代的学者，已开始从事于经注的著作，他们的著作方法如出一辙。他们先研究经文，然后又依循历代传述者的世系，直溯到传述的第一人，这个时期的经注著作，没有遗留到现代来，遗留到现代的，是后一代人的著作，最著名者如塔巴里。

任何一个时代的《古兰经》注，都不免受当时学术活动的影响。《古兰经》注不啻是各时代的学术思想、宗教派别所反映出来的一个缩影。由伊本·阿拔斯到穆罕默德·阿布杜[③]都没有例外的。甚至研究任何一时代的经注之后，就可以知道当时学术活动的状况，和当时所流行的学派、教派。

圣门直传弟子及再传弟子时代的经注，大抵限于字面的解释。譬如《古兰经》中："你们不可抽签预卜！"这一句话，原来是指蒙昧

① 伊本·赫里康：《人物传记》，第1卷，第405页。

② 同上。

③ 穆罕默德·阿布杜：埃及近代著名哲学家，有《古兰经注》及《伊斯兰哲学》等著作，1905年卒。——译者

时代的阿拉伯人，出外之前，必抽签预卜，以测吉凶，而定行止。安拉禁止这种迷信，就降上面那节经文。当时的经注家，仅解释词义及其时代背景，但后来的经注家，却把犹太教式、基督教式的许多传说附会上去。在这班人的经注里，还找不着一点法律创制和教派之争的踪迹。到“定命论”等教派产生之后，经注里才有教派之分，每个经注家各人根据自己对于“善恶前定”，或“意志自由”的主张，作为注解经文的标准。后来法学的活动扩大后，经注家又才开始根据《古兰经》的原文，创制律例。此外如经注里文法的规则，修辞的格式、伦理的标准等，也都是在各种学术发展之后，才进入经注学的领域里面去的。

第二章　圣训学

“圣训”(哈底斯)是指先知穆罕默德的言语或行为,或指示而言。穆圣以后,圣门弟子所传述的言行也列入圣训的范围。原来圣门弟子,跟穆圣在一起生活,亲聆他的言语,亲睹他的行为,便把他所见所闻的穆圣的言行传述出来。后来再传弟子,跟直传弟子在一起生活,又从他们处间接听到。所以凡由穆罕默德或由直传弟子、再传弟子传述的言行,都属于圣训(哈底斯)。

圣训在宗教中的价值很大,它的地位仅次于《古兰经》。《古兰经》里有许多经文的意义是笼统的,或是泛指的,或是一般性的。穆圣的言行便阐明它、规范它、指定它。比方:《古兰经》笼统地命人礼拜,没有加以分析,穆圣便阐明礼拜的时间,礼拜的仪式。《古兰经》禁人饮酒:“饮酒、赌博、祭神、抽签全是恶魔的行为,你们远远的避免它!”然而,酒的真意是什么?禁酒禁到什么程度?凡此种种,圣训都予以详细的说明。

同时,穆圣经历过的事件,对于问题的答复、对于应酬交往、对于战争与和平的措置,诸如此类的事件,有的有《古兰经》明文的指示、有的没有明文的指示。没有明文规定,但经过圣训解释后也和有明文规定一样,同是立法家创制的根据。因此,宗教家对于圣训异常重视。

穆圣时代,圣训还没有像《古兰经》那样记录下来。穆圣曾命书写家记录《古兰经》，然而这班书写家，并未记录《古兰经》以外的东西。反之，穆圣曾禁止圣门弟子记录圣训，穆斯林在他的《圣训实录》中，根据艾布·赛德的传述，穆圣说："你们莫记录我的言行，谁写了《古兰经》以外的东西，叫他抹去。传述我的言行，是无妨的。假托我的名故意捏造的，让他身陷火狱。"布哈里根据伊本·阿拔斯的传述说："当穆圣病危痛苦之际说道：你们拿一个本子来，我为你们写下一本书，使你们以后不致迷途。欧麦尔说，先知病情已经严重了，我们有了安拉的经典，已足够了。"

的确，有若干圣训证明，在穆圣时代，已经从圣训中写下许多篇章了。据布哈里根据艾布·胡赖勒的传述："征服麦加之年，赖易思族人杀死一个胡查尔族人，胡查尔族人又同样杀了一个赖易思族人。事为穆圣所闻，穆圣便骑上骆驼，对众人发表演说道：'安拉禁止在麦加杀人，安拉叫先知和信士保护麦加。我之前和我之后的人，在麦加杀人都是非法的。从现在起，在麦加砍树伐木，是非法的；路拾遗物是非法的；为呼告失主而拾起遗物者无罪。杀人者，有两种断法：或罚赎，或交给被杀的亲属去偿命。'穆圣讲到这里，一个也门人起来说道：'安拉的使者，请你为我们写下这段讲词吧！'穆圣便对左右道：'你们为某人写下来！'同样，伊本·阿慕尔也说：他在穆圣前，每有所闻，必记录下来。"

一部分学者想调和上述两段圣训的矛盾说：穆圣禁止记录圣训，乃是在《古兰经》敕降之时，恐怕圣训与《古兰经》混淆起来。

总而言之，在这个时候，记录圣训之事还未普遍，也没有如记录《古兰经》那样记录的规定。

穆圣死后，遗留下已经记录下来的书籍只是《古兰经》及若干未经记录的圣训。那时候圣训的传述，多半是根据圣门弟子的记忆，而不是根据册页。

假使发生一桩《古兰经》里没有明文判断的事件，圣门弟子中有人确记穆圣时代也发生过类似的事件，穆圣当时已经有过判断，这也是为圣门弟子所传述的一种圣训。此外，如穆圣时代发生的战争，以及他对于人们的诺言、警告，都是门人传述的资料。

一部分圣门弟子，不愿意多传述圣训。因为，一方面恐怕流于错误，另一方面又恐怕人们重视圣训而忽略《古兰经》。据谷尔图比在所著《学术释明集》中的传述："古莱兹·卡尔白说：有一次我们要到伊拉克去，欧麦尔陪送我们。到了哈拉勒时，欧麦尔做完大小净后，对我们说道：'你们知道我为什么送你们吗？'从人道：'我们同为圣门弟子，所以你送我们。'欧氏道：'你们现在将到一个诵《古兰经》嗡嗡然如蜜蜂之声的地方去，你们别以圣训去分散他们的心，多教他们《古兰经》的正确的读法，少传他们圣训。你们去吧！我是你们的同伴。'古莱兹到了伊拉克，伊拉克人要求他传述圣训，古莱兹说：'欧麦尔禁止我们传述。'"一部分门弟子，每闻人传述圣训，必求其证。据哈康的传说："有一个老妇人对哈里发艾布·伯克尔说道：'我对我亡孙的遗产应当有继承权。'艾布·伯克尔道：'我在天经里没看见过这种规定，圣训里也没有这种说法。'艾布·伯克尔又问左右，谁听穆圣说过这样的话。于是穆伊拉证明穆圣曾准许她继承遗产的六分之一。艾布·伯克尔又问：'还有谁听见？'于是伊本·买斯勒迈承认自己也是听见的。艾布·伯克尔便断六分之一的遗产给老妇人。"穆斯林和布哈里二人引证艾布·赛德的传述说："有一次我和辅士们坐在一起，忽然艾布·母

撒神色恐怖地走过来。众人问他道:'你为何这样害怕?'答道:'欧麦尔召我去见他,我去时连请三次都未见我。'后来欧麦尔问艾布·母撒道:'你为什么不来见我?'答道:'我到门口连请三次,未见允许,故退回,因为穆圣说道:三次请见而未得允许,则应退出。'欧麦尔道:'谁是见证?'艾布·赛德为他证实了。欧麦尔对艾布·母撒说:'这确是圣训,我不冤枉你。'"相传阿里每听有人传述圣训,必叫传述者盟誓以见信。

*　　　　*　　　　*

因为伊斯兰教初期,圣训未经记录下来,圣门弟子的传述,仅凭记忆,而穆圣自奉使命到逝世,二十三年的言行,后人难以尽记。于是便有人假托穆圣之名,伪造圣训。伪造圣训的事实,大概在穆圣生时就已发生了。如穆圣说:"假托我的名故意捏造的,让他身陷火狱。"这似乎已经有人伪造圣训,他才说这样的话。穆圣死后,假托伪造,更加容易,而考证真伪,尤为困难了。穆斯林引证伊本·阿拔斯的传述说:"以前我们常述圣训,因为那时,还没有假托圣训的事。如今有人自甘卑贱,随便作伪,我们便不再传述圣训了。"又说:"有一个叫白西拉的人,往见伊本·阿拔斯说道:'圣训说……'伊本·阿拔斯急忙拦着他不准他说下去,并掉头不顾。白西拉道:'伊本·阿拔斯,为什么你不听我说话?我把圣训告诉你呀,你不愿意听吗?'伊本·阿拔斯说:'从前,我们每闻人传述圣训之时,立刻正眼注视着,洗耳恭听着。自从有人自甘卑贱,随便作伪以后,我们除自己知道的,就不再听别人的传述了。'"[1]根据苏

① 穆斯林:《圣训实录》。

福扬·俄依尼的传述："伊本·阿拔斯得到一个手卷，记载着攻击阿里的话，伊本·阿拔斯将大部分涂去，只留下手肘长的一部分。他的意思是：这本冗长的手卷，几乎全部是假造来攻击阿里的，可靠者，不过仅有手肘长的一部分而已，因此将虚伪的大部分抹去。"远征胜利后，波斯、罗马、柏柏尔、埃及、叙利亚等战败国的人民，奉伊斯兰教者日多，而这班人对于伊斯兰教的信仰，非常浅薄。于是，伪造圣训之事，多到惊人的程度，甚至充塞于山野之间。最善于伪造的是阿布杜·克林，伊本·阿丁曾说："当人们审判圣训伪造家阿布杜·克林时，阿布杜·克林说：我造作的圣训四千段，我以自己的私意判断某种为合义的，某者为非义的。"[①]这阿布杜·克林乃穆阿尼·查伊德之舅，有人以为他实际是摩尼教徒。他造作的圣训，全是真伪难分，使人迷惑的东西，当中有一部分还更改了教律。[②] 伪造圣训之事是非常多的，如罕百里曾收集圣训数千段，而他自己却说，真实的没有一段。又如布哈里《至圣实录》共收圣训七千段，重复的三千段。据说布哈里收集圣训共得六十万段，都是在他的时代辗转收集的，后来经过选择考证后，他认为真实可靠的仅有七千段。苏福扬说："查白尔传述圣训约三万段，而我认为真实的，没有一段。"伪圣训之多，由此可见。大概因为一部分伪造家以为伪造圣训，对于道德没有什么损伤，对于宗教亦没有什么妨害。根据穆斯林引证穆罕默德·亚赫雅传述他父亲说过的话："在我看来，一般廉洁的人，最虚伪的事，莫过于他们假造圣训。"穆

① 穆斯林：《圣训实录》。

② 参看阿尔·巴格达底：《教派之分歧》。

斯林解释这句话说:“造作伪圣训之事,成为一般廉洁者口头习惯,并非蓄意作伪的。”一部分人,心存善念,自以为凡所收集者,全是正确的。这样的人原是忠实的,不过轻信人言。于是人们往往为他们的忠实所欺哄,而接受了他们所传述的东西。如伊本·穆巴勒克是一个忠实的人,然而他对任何人的传述都是接受的。又有一部分人以为倘使传述的言词正确,则虽假托于穆圣也不要紧。哈立德·赛德曾引证穆罕默德·赛德传述他父亲的话:“假使传述的言词善良,我看伪托是无妨的。”又如艾布·札尔法便造出了许多用意善良的圣训。还有一部分人,以为造作使人希冀福泽,恐怖罪罚的圣训是可以的。纳瓦威说:“所以一般近似廉洁的无知之人,便相继造作这类的圣训了。”

伪造圣训的原因:

1. 政争　如阿里与艾布·伯克尔之争,阿里与穆尔威叶之争,伊本·祖白尔与阿卜杜勒·马立克之争,倭马亚人与阿拔斯人之争,这都是伪造许多圣训的原因。伊本·艾布·哈底德在所著《辞章之道注释》中说:“歌功颂德的伪圣训,开始于什叶派,他们为了歌颂阿里而造作了许多圣训以攻击敌人,如‘弓手’的圣训,‘进攻魔井’的圣训等。艾布·伯克尔一派看见什叶派如此,便也为艾布·伯克尔伪造了许多圣训,和什叶派针锋相对……于是,什叶派更把伪造圣训的范围扩大,甚至指一部分门弟子及再传弟子为异教徒……艾布·伯克尔一派则拼命攻击阿里和阿里的两个儿子,有时攻击他们思想上的毛病,有时攻击他们政治上的错误,有时攻击他们贪恋尘世。其实两派人的褒贬都是无谓的,以阿里和艾布·伯克尔二人的彰明昭著的德行,绝不需要他人以宗派来加以标榜的。”①

阅读许多圣训之后，必感觉其内容不是拥护倭马亚人，或阿拔斯人，或是什叶派人，就是反对他们。如相传穆罕默德提到穆尔威叶时曾说：“真主啊！你从罪罚与审判上保护他，你把经典传授给他！”又如阿慕尔曾传述过这样一段圣训：“穆圣说过，阿里的子孙不是我的后裔，而是安拉的托付者、信徒中的廉洁者。”伊本·阿勒法曾说过，关于赞扬圣门弟子的伪圣训，大部是人们在倭马亚王朝时代编造出来迎合倭马亚人与贬责哈申族人（穆罕默德和阿里之族）的。②

为颂扬阿拉伯部落而编造的伪圣训，也属于这一类。当时各部落常常互相争夺领导权、互相夸耀荣誉与高贵。于是，便出现了夸荣赛誉一类的圣训，有如诗歌一样。因此，如歌颂古莱氏人、麦地那人、瓦吉奈人、木基奈人、艾斯勒麦、伊法尔人、爱施耳里人、希木雅尔人等的圣训，便到处都是了。

一方面，阿拉伯人伪造圣训，同波斯人、罗马人争荣；另一方面，波斯人、罗马人、埃塞俄比亚人、土耳其人，也编造圣训，同阿拉伯人比美。③

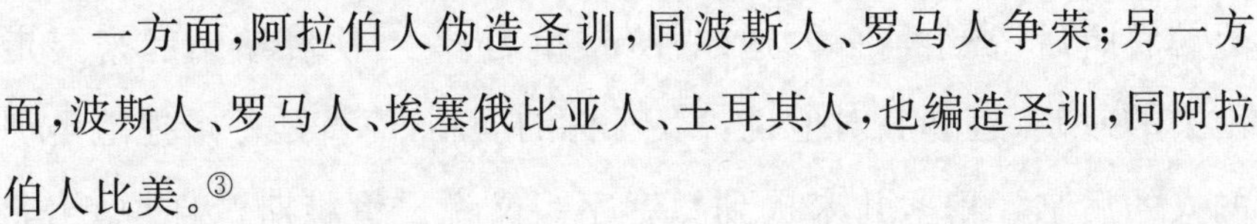

乡土观念也是伪造圣训的一个原因，任何一个大地方，都有若干伪圣训夸耀它。麦加、麦地那、伍侯德山、也门、叙利亚、耶路撒冷、埃及、波斯等，都有若干伪圣训来加以颂扬。总之，党派、部落、乡土等观念，都是伪造圣训的最主要原因之一。

2. 哲学和法学派别之争　宗教哲学家对“定命论”，“意志自

① 伊本·艾布·哈底德：《辞章之道注释》，第3卷，第17页。

② 同上。

③ 这一类圣训，收集在《圣训易知录》中者很多。

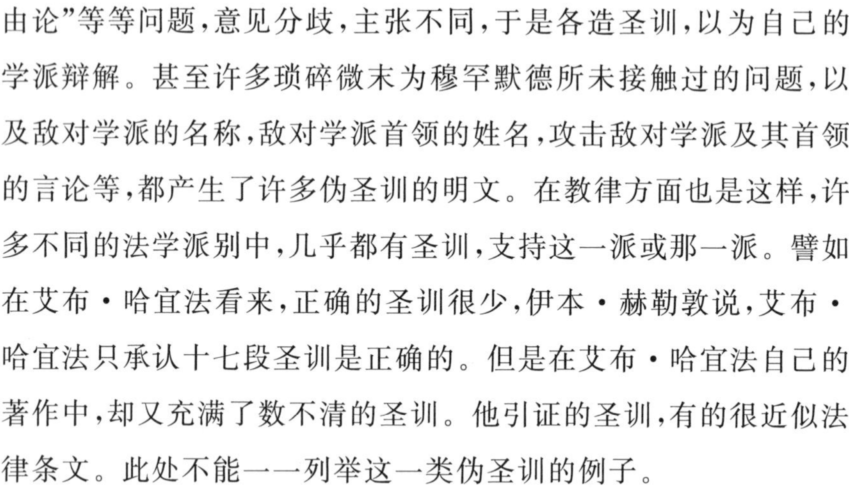

由论”等等问题，意见分歧，主张不同，于是各造圣训，以为自己的学派辩解。甚至许多琐碎微末为穆罕默德所未接触过的问题，以及敌对学派的名称，敌对学派首领的姓名，攻击敌对学派及其首领的言论等，都产生了许多伪圣训的明文。在教律方面也是这样，许多不同的法学派别中，几乎都有圣训，支持这一派或那一派。譬如在艾布·哈宜法看来，正确的圣训很少，伊本·赫勒敦说，艾布·哈宜法只承认十七段圣训是正确的。但是在艾布·哈宜法自己的著作中，却又充满了数不清的圣训。他引证的圣训，有的很近似法律条文。此处不能一一列举这一类伪圣训的例子。

3. 逢迎邀宠　有一部分伪装的学者，为了博取哈里发和王公们的欢心，而伪造圣训去逢迎讨好。如相传：“伊雅斯·伊卜拉欣去见哈里发迈赫底，知道迈赫底喜欢玩弄鸽子，伊雅斯便为迈赫底讲述了一段圣训：‘必须有骆驼、战马和鸟的人，才足以和人争胜。’迈赫底听后，赏给他一万迪尔汗（银币名）。当伊雅斯站起来要走出去的时候，迈赫底对他说：‘我看你的后脑，简直是一个捏造圣训的人的后脑，’穆圣并未提到‘鸟’字。又说：‘伊雅斯这样说，无非为了讨好于我们而已。’”①

4. 夸张善行　有些人过分强调“副功”，因而伪造圣训者，认为凡不违背教律中“有关合义”与“非义”的条文者，都许可伪造圣训。于是在圣训书中，充满了颂扬个人德行的东西。如瓦赫布·穆南比这个人，并未见过穆圣，而居然也有若干圣训表扬他。圣训中，又充满着颂扬《古兰经》篇章的东西。如相传伊斯美尔·努哈

---

① 苏布退：《穆斯林圣训实录注释》，第2卷，第152页。

曾将《古兰经》的每一章都加以颂扬，并解释读了某一章便获得某一种善报。他有时说是根据伊克勒迈的传述，有时说是根据伍白邑·卡尔白的传述。这一类圣训，都被转录在《白塔威经注》中每一章经文的末尾。有人问伊斯美尔·努哈道：这些圣训从何而来？伊斯美尔答道：我看见人们只注意艾布·哈宜法的法典和易斯哈格的圣战史，他们都不再背诵《古兰经》了，因此，我编造了这一类圣训，促使人们重视《古兰经》，以符合安拉的意图。[①]

同样，在神秘派哲学中也渗入不少这一类圣训，许多故事也和圣训混淆难分。

5. 强调经训　伪造圣训的另一个更重要的原因是：由于人们过分强调经训，对于任何学问，必须和《古兰经》、圣训紧密结合，才加以重视，除开经训以外的学问，便认为没有多大价值。因此根据"创制"而产生的律例，便远不如根据圣训而解释的律例有价值。甚至这个时期的很多学者，竟根本否认创制的律例，认为没有任何价值。一部分学者并诬蔑从事创制的人。有若干好的格言和教训，由于是来自印度、希腊、波斯，或来自《新旧约》的注释，就很不受重视。人们便将这些外来传说，全部染上伊斯兰教的色彩，以便人们能够接受。于是圣训便成为他们假托伪造的一道大门，他们肆无忌惮地作伪。因此在圣训中，便有捏造的律例、有印度的格言、有琐罗亚斯德教的哲学、有以色列式和基督教式的教训。

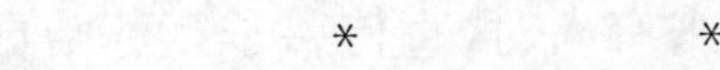

伪造圣训引起的混乱，使一般忠实学者很烦恼，他们从事于考

① 苏布退：《穆斯林圣训实录注释》，第 2 卷，第 125 页。

证、辨伪和澄清的工作，而且采取了各种途径。

首先研究圣训的传述线索，就是研究历代圣训传述者的世系：某甲传自某乙，某乙传自某丙，某丙传自某丁……一直追溯到穆罕默德本人。研究传述线索后，可以考证出传述者是忠实的还是虚伪的，传述者是不是有捏造圣训以宣传异端的可能。穆斯林的《圣训实录》在序言中曾引证伊本·西林的话："圣训研究家在起初本来是不追究世系的，到政争的祸乱发生后，才开始追究传述者的历史：如果属于正宗派，便接受他们的传述；如果属于异端派，便不接受他们的传述。"

圣训研究者，对传述者作研究分析：谁是可靠的，谁是不可靠的。将不可靠的传述者和历史传录者的破绽发现出来。

大多数的圣训研究家，认为圣门直传弟子全是忠实可靠的，并未以恶意指责他们，相信他们中的任何一个人都是不会说谎的。有少数的学者，对待直传弟子也和对待其他的人一样。安萨里说："指掌管前古后今各民族的安拉发誓：直传弟子的正派是明显的，因为安拉使他们成为正派人，曾在天经里赞扬他们。我们对他们是相信的，除非其中有人明知而故犯恶罪。因此，对于他们的可靠问题，不必再加考查。……有人主张，直传弟子的情况和别人一样，应当加以研究。有人又认为，直传弟子在初期是正派的，到政争与仇恨发生之后，情况就发生变化了，流血之事也出现了，故对直传弟子就必须加以分析……后来有人对'直传弟子'（苏哈白）一词的解释，认为是专指跟穆罕默德在一起，不离其左右的人而言。"①

① 安萨里：《阿尔木斯讨西斐》，第1卷，第165页。

其实,即使在直传弟子时代,他们互相间也似乎是有评议的。把某些人看得高一些,某些人又低一些。前面提到:直传弟子中有人听见别人传述圣训,必向传述者追问证据,甚至追问得很广泛。据艾布·胡赖勒传述了下面一段圣训:“抬灵柩的人,必须先作小净。[①] 因为谁也不知道,他的双手是放在什么地方过夜的。”但伊本·阿拔斯不接受他的传述,他说抬一个干木匣,不需要作小净。又相传:“盖斯的女儿法提玛曾说过:她的丈夫离弃她后,穆圣并未判费用和住宅给她。而是对她说:你到温姆·买克图木的儿子家里去守限吧![②] 因为他是一个瞎子。但是欧麦尔不相信她这段传述。说道:你们不要凭着一个妇人的话,抛弃了天经和圣训。我们不知道她说的是真或是假,她记忆得正确或是不正确。阿绮莎说:难道她不畏惧安拉吗?”[③]像这样的事是很多的。

总之,圣训研究家——特别是在后一时期,对于直传弟子的可靠是肯定的,并未对任何人加以指责,也没有指出是什么人伪造圣训。他们的批评与驳击,只是对直传弟子以后的人。

教派之争对于传述者的肯定与否定影响特别大,正宗派人否定什叶派中的许多传述者,甚至认为凡阿里的朋友和阿里的党徒所传述的关于阿里本人的“圣训”,都是不可靠的。仅承认阿卜杜拉·麦斯欧迪的门人传述。同样,什叶派人也否定正宗派的传述

① “小净”为伊斯兰教徒在祈祷前的仪式,即洗面部和两手、两足。另外有“大净”仪式,即沐浴全身。——译者

② 按《古兰经》规定,妇人丈夫死后或离婚后,必须等候四个月零十天,才能出嫁。这叫“守限”,即守四个月零十天的限期。——译者

③ 苏郁退:《穆斯林圣训实录注释》。

者，什叶派人只承认本派人传述的圣训。这一派人所肯定的，另一派人加以否定。宰赫比说："没有两个学者共同肯定一段不太可靠的圣训，也没有两个学者共同否定一段可靠的圣训。"这话虽然有些夸张，但是也可以看出对圣训的看法是如何分歧了。例如有关伊斯兰初期最杰出的历史学家伊本·易斯哈格的评价问题：格它德认为易斯哈格有生一日，学问在人间就存在一日；尼撒伊却认为易斯哈格并非饱学之士；苏福扬认为易斯哈格之饱学无可置辩；而达勒·古图比则不但否认了他，而且否认了他的父亲。马立克甚至说，他不过是一个说谎的人……

圣训学者考证一段圣训之真伪，曾制定了一些原则，此处不再详述。他们对于圣训传述系统之重视，甚于对圣训原文之重视。他们很少从原文去研究，是否合于穆圣时代的社会背景？是否与当时的事实相抵触？是否仅仅是一些哲学的文辞，而不符合穆圣的言谈习惯？是否在"分析"或"界说"方面近似教律条文？这样就原文本身从事研究者，十不得一，甚至如布哈里这样对圣训学有精湛研究、有高度成就的人，也不能免。有若干圣训，若根据历史事实和生活体验去研究，本来应当完全否定的，然而布哈里却只从传述者的线索方面去研究而加以肯定。如："百年之后，世界上不再有生物的存在。"又如："每日清晨若用椰枣七粒，直到当日深夜，不会中毒、中魔。"这样的圣训，布哈里竟认为是真的。

圣训学家根据圣训的强弱，把圣训分为几类：一类称为"连续的圣训"（众传的圣训），一类称为"单传的圣训"。"连续的圣训"是根据众多诚实无欺的人连续不断地传述，直溯到穆圣，这一类圣训是绝对可靠的。有人说，这类圣训不存在。有人把"谁故意诽谤我，谁就进火狱”这句圣训归入这类圣训，而这类圣训不超过七段。“单传的圣训”没有连续不断的传述者，大多数法理家和法学家认为这一类圣训是不可靠的。但如果具有一定的正确性时，可以遵行。他们又根据“单传圣训”的强、弱，将它分为若干类。

*　　　*　　　*

圣门弟子传述圣训有多有少。传述最多者为艾布·胡赖勒，穆民的母亲阿绮莎、伊本·欧麦尔、伊本·阿拔斯、查比尔、艾奈斯·马立克等人。艾布·胡赖勒传述五千三百七十四段，阿绮莎传述二千二百一十段，伊本·欧麦尔和艾奈斯的传述大约与阿绮莎相等。查比尔和伊本·阿拔斯所传约一千五百段以上。此外，欧麦尔传述约五百三十七段，但实在由他传述的不过五十段。[①]这班人所以能多传述，乃由于他们跟穆圣生活的时间很长，从穆圣听到的话较多。

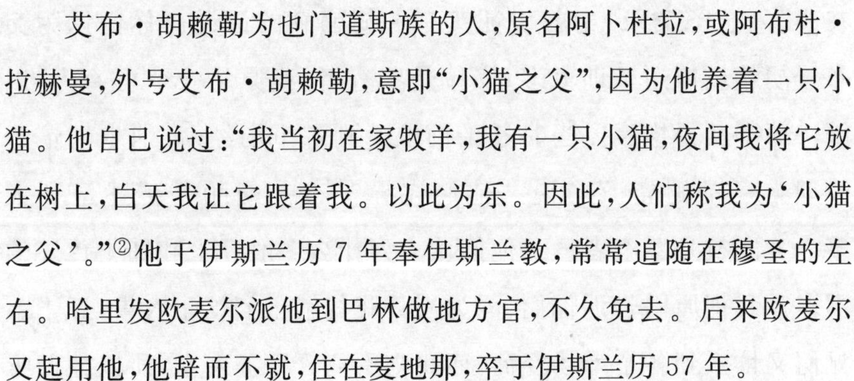

艾布·胡赖勒为也门道斯族的人，原名阿卜杜拉，或阿布杜·拉赫曼，外号艾布·胡赖勒，意即“小猫之父”，因为他养着一只小猫。他自己说过：“我当初在家牧羊，我有一只小猫，夜间我将它放在树上，白天我让它跟着我。以此为乐。因此，人们称我为‘小猫之父’。”[②]他于伊斯兰历7年奉伊斯兰教，常常追随在穆圣的左右。哈里发欧麦尔派他到巴林做地方官，不久免去。后来欧麦尔又起用他，他辞而不就，住在麦地那，卒于伊斯兰历57年。

伊本·古太白在所著《阿尔·麦阿里弗(知识)》中引证艾布·

① 伊本·哈兹木：《宗教与教派》，第4卷，第138页。

② 伊本·艾西尔：《圣门弟子传记》。

胡赖勒自己的话说:“我出生时就是一个孤儿,孤苦流浪,为了饱腹而出卖苦力,做过爱宰瓦尼女儿布斯莱的雇工。她的家人坐息的时候,我在旁边侍候;他们乘骑的时候,我在一旁歌唱。后来安拉将她嫁给了我,感谢安拉使宗教建立,使艾布·胡赖勒成为一个伊玛目。”伊本·古太白说,艾布·胡赖勒是一个善于诙谐的人,曾传下一些有趣的话语。[①]

如前所述,艾布·胡赖勒是从穆圣传述圣训最多的人,他不书写,而是靠记忆传述。他不仅传述从穆圣直接听到的,还传述从旁人间接听到的,有一次他传述一段圣训:“黎明时无大净者,其斋戒无效。”阿绮莎否认这段圣经说:“斋月时,穆圣有一次因非梦遗而无大净,故黎明时沐浴后,仍举行斋戒。”艾布·胡赖勒听见后说:“她比我知道得清楚,我不是直接从穆圣听来的,而是从法兹莱听来的。”[②]

艾布·胡赖勒传述圣训之多,很受圣门弟子的指责。穆斯林在所著《至圣实录》中曾引证艾布·胡赖勒的话说:“你们认为艾布·胡赖勒传述圣训太多,安拉是鉴查者,我原是一个可怜人,以服侍穆圣而得饱腹。当时迁士们忙于到各市场经商、辅士们忙于管理自己的财富。”又说:“他们诧异艾布·胡赖勒传述圣训太多——安拉是鉴查者——他们认为为什么一般迁士和辅士传述的不多。我把原因告诉你们:因为当日我的辅士们忙于农事,迁士弟兄们又忙于到各个市场经商,而我则不离开穆圣左右,所以他们听不到的,我听得到;他们忘却了的,我能记得。”

① 伊本·古太白:《阿尔麦阿里弗(知识)》,第94页。

② 苏郁退:《穆斯林圣训实录注释》,第20卷,第175页。

哈乃飞派遇到他所传述的圣训，若是跟“比较”法抵触的时候，便不采用。譬如关于扎上驼、羊的乳头，使乳贮藏数日，让乳囊丰满，欺骗买者，关于这个问题的处理办法，艾布·胡赖勒曾传述一段圣训：“你们不要把驼、羊的乳头包扎起来。假使有人购买了扎过乳头的驼、羊，又挤过了它的乳，则有两种断法：如买者愿意要，就留下来；如不愿要，则退还卖主，赔偿半升椰枣子。”有人说：“艾布·胡赖勒并非法学家，这段圣训跟比较法是有抵触的，因为挤了驼、羊的乳，又把驼、羊退回卖主，这就是侵犯了他人的财物，必须等价偿还，而半升椰枣并非等价。”

一般伪造圣训者，借艾布·胡赖勒传述之多，又假托他的名义伪造了许多圣训。

阿绮莎是穆圣妻室中最受宠爱的。穆圣从麦加迁到麦地那约六七个月之后，娶她为妻，一直和穆圣居住在麦地那。穆圣死的时候，她十八岁，便开始参加了政治生活。她指责奥斯曼，又和阿里打仗。她异常聪明，学习过《古兰经》，熟悉蒙昧时代的文学。她在圣门弟子中有崇高的地位。关于宗教问题和教律问题，圣门弟子都向她领教。她既聪明，又和穆圣共同生活，所以能传述很多圣训，尤其是一般圣门弟子不易知道的、有关家庭事务的问题。她死于伊斯兰历58年。

圣门弟子各有自己的门徒，师承于他们，根据他们而传述。于是在各个时代，便形成了若干“传述系统”，各个系统都认为自己的系统才是正确的。直溯到艾布·伯克尔的线索是：伊斯玛仪·艾布·哈立德——盖斯·艾布·哈基姆——艾布·伯克尔。直溯到欧麦尔的线索是：祖赫里——撒里姆——撒里伯之父——撒里姆之祖欧麦尔。直溯到艾布·胡赖勒的线索是：祖赫里——赛德·穆桑伊布——艾尔·胡赖勒。直溯到阿绮莎的线索是：俄拜笃拉·欧麦尔——哥希姆——阿绮莎……

*　　　*　　　*

伊斯兰历一世纪过去了，哈里发中还没有人正式搜集圣训，就是说还没有集合直传弟子和再传弟子，把他们所占有的，而且认为可靠的圣训搜集起来，编辑成书，像《古兰经》那样，分送各个城市，作为标准本子。也许有人想到这样做，但那是异常困难的事。因为穆圣死时，门弟子达十四万人，人人都听过一段两段圣训。甲听到的，乙未听到；乙听到的，甲未听到。况且门弟子又分散在各方，要搜集圣训，必须将他们统统集合在一起，从事讲述和编写工作，这是不容易做到的。纵然将他们统统集合起来，可是又如何能够将所听到的，所看见的全部讲述出来呢？这需要记忆，而记忆又有赖于联系。因此圣训之编集，几乎成为无法克服的困难。但是从以后发生伪圣训的弊病而论，如果当日门弟子们将所知道的圣训，记录成册；未经记录者，禁止传述。那对于伊斯兰教人，是很有用处的。

哈里发欧麦尔似乎曾经有过搜集圣训的念头。根据祖赫里引证伊本·祖白尔的话说："欧麦尔决定搜集圣训后，便和圣门弟子商量，门弟子们赞成他的意见。经过一月的时间，欧麦尔不断地向安拉祈求启发，但最后决定打消。他对圣门弟子说：'我原曾提出搜集圣训，可是我想起过去有经典的人(指一神教)，也曾在天经之外，写了一些书本，后人遂抛弃经典，而专心他们所写的书本。指主发誓！我不能用任何东西来混淆天经。'"

后来，哈里发奥马·阿卜杜勒·阿齐兹时，也有意搜集圣训。根据马立克所著《穆宛脱圣训实录》的记载：奥马写信给艾布·伯克·穆罕默德说："你注意搜集穆罕默德的言行，把它记录下来，我害怕学者们死后，圣训就会消失了。"又据艾布·奈斯姆在《伊斯法汗史》中的记载："奥马曾写信给各地方长官：'你们注意穆圣的言行，把它搜集起来！'"

但是，我们找不到奥马搜集到了些什么，可能他照顾不及，而他的后继者也没有加以重视。到哈里发曼苏尔时，再提到这个问题。伊本·赛德在所著《人物传记》中曾引证马立克的话："曼苏尔去朝觐时对我说：'你将你的著作抄录成册，每一个伊斯兰城市分发一本，命人们遵行，不准越出本子的范围。'我答道：'穆民的领袖！别这样做，因为他们曾听到历代传述的圣训，而且都加以遵行，让每个地方的人们自由选择吧！'"其实，曼苏尔的意思恐怕不仅是要马立克编集圣训集，令人们遵行。可能是要指定马立克的著作作为伊斯兰教的正式法典，令伊斯兰各地遵行。随着时代的推移，这种动机在马立克自己的著作《希勒叶》一书中更为明显。《希勒叶》中引证马立克自己的话说："哈伦·拉西得告诉我，他有意将《穆宛脱圣训实录》一书悬挂在麦加大寺中，让人们遵行。我说，不要这样做，圣门弟子的意见不一致，又散居各方，他们每一个人都是正确的。"

总之，伊斯兰初期，还没有广泛地搜集圣训，仅赖口头和记忆而传述。虽有人从事记录，也不过是为自己个人记录而已。

伊斯兰历二世纪，各城的人们才开始搜集圣训，但也不广泛，而是搜集各人自己所认为正确的。伊本·哈哲尔在《布哈里至圣实录注释》中说:"首先搜集圣训的是勒比尔·苏白哈(伊斯兰历160年卒)和赛德·艾比俄尔瓦(伊斯兰历156年卒)二人,以及许多三传弟子。除大教长马立克在麦地那著《穆宛脱》外,阿布杜·买立克·朱莱哈在麦加,奥查尔在叙利亚,苏福扬·撒利在库法,胡玛德在巴士拉,都从事圣训的编辑。还有许多教长,各人根据自己的学识能力进行编辑。"有的依照法典的分类,如《穆宛脱》,如布哈里和穆斯林的两部《至训实录》;有的依照传述者的次序,如根据艾布·胡赖勒的传述、艾奈斯的传述、罕白里的传述等。这是在阿拔斯王朝时代,不属于本书研究的范围。

*　　*　　*

圣训,无论是真实的或伪造的,对于在伊斯兰世界传播文化,是有巨大影响的。因为研究圣训的人很多,各城市的学术活动,差不多都是围绕着圣训学进行。无论直传弟子或再传弟子,他们的学术名望,全是建立在《古兰经》注学与圣训学上,而圣训学的范围,尤为广阔。其原因是,圣门弟子希望得到圣训的传述,便常常旅行帝国各方,周游城市。他们到处互交所长,因此学术、思想得以辗转交换:甲地的学者,得到乙地的学问,乙地的学者,得到甲地的学问。结果,学术的活动几乎有一致的趋势。

根据罕白里的记载,麦地那人查比尔听说阿卜杜拉·伍奈斯亲自听到穆圣的一段圣训,便立刻购买一头骆驼骑着,经过一个月的时间,到达叙利亚,学习那段圣训。[①] 若读圣训学者的传记,便知道他们大多将大半生精力消磨在旅途之中。此外,他们还有书

---

① 阿尔·格斯特拉尼:《布哈里至圣实录注释》,第1卷,第206页。

信往来，麦地那的马立克和埃及的赖伊士·赛德，经常有书信往来，对圣训和法律问题进行辩论。

借着圣训的研究与传述，各种学术文化得以散播于伊斯兰世界。以伊斯兰历史来说，跟战史、人物传记以及民族的优秀传统一样，在最初就是采取圣训的方式，流传各地，经过了时代的变迁，才被人编写为书本的。譬如：伊本·希沙姆的《圣传》，塔巴里根据伊本·易斯哈格的传说写下的历史，以及白拉祖里的《各地的克服》等著作，其写作的方法与笔法都是仿照圣训的。又如古代列圣事迹，以及有关的历史，先载于《古兰经》里，其次圣训扩大它的范围，再加上讲述家的渲染，最后乃成了故事。又如格言谚语、伦理标准，以及希腊、印度、波斯的哲学，一般人使用伪圣训的方式，使之流传人间，而名之曰宗教。这种借宗教为名的教训，其影响于人，较世俗的教训还要大得多。况且圣训又是许多民法、刑法、宗教仪式等各种律例广阔的泉源。

所以圣训是伊斯兰教初期的学术文化最丰富的史料。

第三章 法律学

蒙昧时代汉志的阿拉伯人是游牧人(贝都因人)或准游牧人,还没有组织政府,也没有国王根据自己的权力去阻止各部落互相的进攻。当时阿拉伯人仅是一些部落,人民众多的大部落,又分为若干小部落。每一个部落中,各个成员的关系,就是血缘的关系,血统相同的人民——根据他们的说法——合起来就成了一个集团。一个部落的成员,得享受部落的保卫与救助,同时各个成员则负着捍卫部落的责任:为部落流血牺牲,为部落抵抗敌人,服从部落的风俗习惯,遵行部落的宗教信仰。一个部落有一个酋长为它的首领,管理部落的成员。长老的被选,或以贵族的资格,或以年高德劭。酋长对外代表整个部落。酋长的权力,乃依靠族人的公意,不是凭恃个人的财力或武力等。

一个部落有一个部落的风俗习惯。各部落有的距游牧生活很远,有的距游牧生活很近,所以有些习尚是共同的,有些是不同的。每一个部落有一个"仲裁",他根据本族的传统习俗和经验去裁判族人的争执。《诗歌集》中记载:"艾克赛米·赛伊费自己说:'他是蒙昧时代阿拉伯人的裁判者。'迈伊达尼说:'阿米尔·宰尔布是阿拉伯人的裁判者,他的裁判无人能及,他的智慧无可比拟。'"读一读阿拉伯的文学书籍,一定可以看到:阿拉伯人有时听酋长的判断，有时听占卜者[①]的仲裁，有时又听见解端正、善于调解的人的排解。各人的专职是什么，很难区别，但事实上无疑是有区别的。

仲裁者裁判的时候，既不根据法典的条款，也不凭依约定俗成的原则，乃是凭依他们的习惯与传统，而习惯与传统则或以经验为依归，或以信仰为标准，或根据从犹太教所得到的知识去裁判。这种建立在风俗习惯上的裁判，没有刑罚的处分。发生纠纷的双方，不一定要受裁判的束缚。判决的案件，双方同意则遵守，不同意则充其量不过惹起族人的忿恨而已。

根据阿拉伯文学的传说，阿拉伯人有争为领袖的故事。阿拉伯人往往两人同争为领袖，无法解决，便去请求一个“仲裁”为之判断。胜利者，则族人感到高贵和荣誉，失败者则认为是卑贱和耻辱。这类故事为我们证明：所谓的“裁判者”就是公证人。他们并没有政府赋予的权力——因为那时还没有所谓的政府，无从赋予权力——也不是凡有争执的人都应受约束于裁判者的决裁。他们不过是平日为人公正、善于排解、熟悉于历史的人。所以族人有了纠葛，就去请他们排解。布哈里《圣训实录》载着一段伊斯兰以前发生的杀人案件：“有一个哈西姆族的人，受古莱氏另一个支族人（哈西姆族属古莱氏族的一支）的雇用。他赶着主人的骆驼行在途中，遇着另一个哈西姆族的人，那人大袋的绳子断了，就要去了他的驼缰。到了驿站，主人清点骆驼，发现一头骆驼没有缰绳，就问道：‘为什么这头骆驼没系上缰绳？’哈西姆人答道：‘原来没有缰

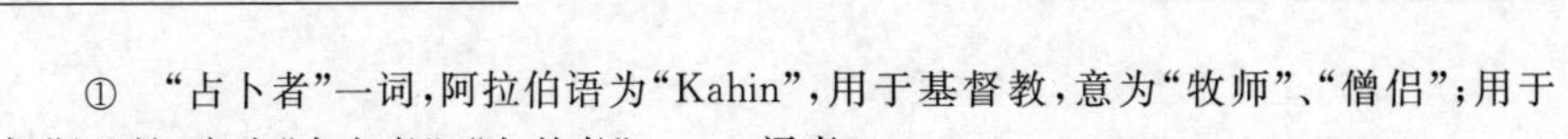

① “占卜者”一词，阿拉伯语为“Kahin”，用于基督教，意为“牧师”、“僧侣”；用于伊斯兰教，意为“占卜者”、“卜卦者”。——译者

绳!’问道:‘为什么没了缰绳?’随即以手杖痛击哈西姆人,以至于死。哈西姆人将死时,恰遇一个也门人从面前经过。哈西姆人问道:‘你能为我报一个信吗?’那人道:‘可以!’哈西姆人道:‘到了集会之期,你在麦加喊道:“古莱氏人呀!”倘使他们答应你,你又喊道:“哈西姆人呀!”倘使他们答应你,你又问阿里在哪里。找着阿里后,你告诉他:“某人为一根缰绳杀了我。”哈西姆人嘱咐完就死了。再说那个杀哈西姆人的古莱氏人回到麦加后,阿里去问他:“‘我们的族人怎样了?’答道:‘他在途中害病死了,我已经把他好好的安葬了。’过了一会儿,那报信的也门人赶来,把死者的嘱托告诉阿里。阿里对那凶手说:‘现在有三条路,任你选择:或以一百头骆驼为抵偿;或者是你的五十个族人出来保证你没有行凶;或者是我们杀了你。’”[①]

这个故事,为我们说明了蒙昧时代阿拉伯人的裁判制度的情况。

伊斯兰教以前不久,麦加政府制度包括裁判制度在内,似乎已具有相当高的规模,这由当时麦加人对于公务的分配,便可以看得出来。他们将公共职务分为十项,由十个支族分别管理。[②] 如管理天房者、管理泉水者、招待外宾者、主持军事者、执掌旗纛者……这种种职务的分配中,包括有关裁判的职务。蒙昧时代的裁判由艾布·伯克尔主持,抵偿金和罚金等等公款,也由他管理。同时,在麦加已经由古莱氏的各部落共同组织了联盟会议。他们联盟起

---

① 布哈里:《至圣实录》,“赌咒章”。

② 参看伊本·阿卜杜·莱比:《罕世璎珞》。

来，保护麦加的人，不论是远亲或近邻，不论是自由人或奴隶，到了麦加就受保护，古莱氏人保障他们的权利，他们受到冤枉，必为之申雪。

在伊斯兰以前，麦地那在律例方面，也具有相当的规模，因为麦地那人在伊斯兰教以前就与犹太人共同杂居，犹太人根据《旧约》及《旧约》的注释，创制不少的律例。他们在日常事务中，就是遵循犹太教人的律例。

伊斯兰教兴起后，对于阿拉伯蒙昧时代的法律，换言之，对于阿拉伯的风俗习惯，有承认的、有否认的、有更改的。承认者如用“盟誓”裁判，穆斯林和尼撒伊等人根据一个圣门弟子的传述，有这样的记载：穆罕默德圣人在“麦地那人中判断一件杀人案，嫌疑犯是一个海邑巴尔的犹太人，穆圣采用了蒙昧时代‘盟誓’裁判的习惯。又如对朝天房、婚姻、离婚、聘金等制度，便作部分的更改。如养义子的风俗，掷石交易的习惯等，便根本加以废除”。诸如此类，不再详述。

*　　　*　　　*

穆罕默德在麦加住了十三年，在麦地那住了十年。在麦地那居住的这个时期，才是真正立法的时期。这个时期的《古兰经》已经包括着若干律例。并产生了解释新生事件的圣训。这两种东西——《古兰经》与圣训——就是伊斯兰教立法的两个最大的泉源。

《古兰经》　读者已经知道，《古兰经》是零星敕降的，历时二十三载，在麦加降的占三分之二，在麦地那降的，占三分之一。

在麦加产生的《古兰经》篇章，差不多没有关于民法、刑法及社会制度的律例。它全是解释宗教的原理，信仰真主、先知、末日，命令人类实行高善的道德。如：公正、行善、践约、宽恕、敬畏唯一之主。禁止人犯罪作恶。如：奸淫、杀人、活埋女儿、使用小秤、小斗、禁止人们悖逆真主等。麦加篇章里面，甚至关于宗教仪式，如礼拜、天课的经文，也是笼统的，并不是像麦地那篇章那样的分析明显。在麦加时所谓的"天课"，乃是指自由施舍和行善的意思，没有一定的范围，也没有特定的制度。所谓的"礼拜"，乃是一种泛指的祈祷，并不是每日按时的五次祈祷。伊斯兰教的教训，以麦加的《家畜章》为最明显。

至于民事方面的律例，如买卖、债务、科息等；刑事方面的律例，如杀人、偷盗；社会制度如婚姻、离异等，这完全包罗在麦地那篇章里面。麦地那篇章包括律例最多者，为《黄牛章》与《妇女章》。麦加篇章以宗教原理为主，麦地那篇章以宗教律例为主。其原因是非常明显的：因为宗教的原理，照逻辑性和重要性都应当在宗教律例的前面。宗教律例近似国家的法律，必须国家建立，基础稳定之后，才谈得到法律的创制的。而伊斯兰教的政治基础是到麦地那时代才逐渐巩固的。在麦加，还是宣传一个新宗教的时期，最初几年，奉教的人非常稀少。

《古兰经》里关于律例的经文，并不很多。全部《古兰经》约六千节，解释律例的经文不过二百节。甚至有些经文，法律家称为"律例的经文"，也还是勉强的说法。由前后文的语句，看不出是律例，如："一般的伪君子到你面前说道：'我盟证你是安拉的使者。'安拉知道你确是他的使者，安拉证明伪君子乃是欺谎的人。他们借盟誓为幌子。"解释这节经文"我盟证"一词为誓词，乃是牵强的。

又如："安拉造化马、骡子、驴子，以便你们乘骑装饰。安拉造化你们所不知道的。"以这一段经文解释禁止吃马肉、骡子肉和驴子肉，也是牵强的说法。又如："我以考赛尔（幸福河）赏赐你，你礼拜安拉吧！你宰献牺牲吧！"以这段经文为伊斯兰教徒应牺牲献祭的证据，也是牵强的。诸如此类的例子很多。

《古兰经》的次序是天启的，并不依照历史的先后，也不是分类排列的，所以律例的经文没有集在一块。同一性质的律例，而见于一处的，仅有关遗产、有关离婚等少数的经文而已。因为《古兰经》的第一个目的是建立宗教的基础，阐明安拉的一性，陶冶人类的心性，确立伦理的原则。至于制定律例，那只是其次的目的了。所以《古兰经》里有若干律例的经文，还是由第一类经文中抽绎出来的，乃是用劝诫的方式，并非通常法律的条文。譬如："信主的人们！饮酒、赌博、祭神、求签，乃是恶魔的行为，你们应该远离，以便你们得到成功。恶魔情愿你们因饮酒、赌博而互相仇恨，并阻止你们纪念安拉和立行拜功。你们将戒除（这些恶邪）吗？你们应当服从安拉，应当服从天使，应当警惕罪恶，倘若你们违背命令，那么，你们须知，我的使者只负明白地传达使命的责任。"

《古兰经》的律例多半和当时发生的事件相适应。人们有了什么争执，就去请穆罕默德排解，然后便有默示下降，解释断法。譬如：有一个安脱法族的人，代他的孤侄管理遗产。侄子成年之后，要求自主，他不肯交出。二人便去见穆圣，请求判断。于是便有下面一节经文："你们以孤儿的财产还孤儿，你们莫以纯洁的财产掉换不洁的财产。莫鲸吞他们的遗产，因为那是很大的罪恶。"又如蒙昧时代与伊斯兰教初期的麦地那，有人死后，遗下一妻，由另一妻的儿子或其他近亲拿一块巾帕盖在她的头上，便有处置她的优先权了：愿意娶她，就和她结婚，不给什么聘金。死者给过的聘金，就算是他给的聘金了。愿意嫁她，就嫁出去，而享受她由死者所得到的聘金，不让她拿去一文。假使不娶不嫁就将她扣禁起来虐待她，逼着她用死者给她的聘金赎买自由；或是让她死后，继承她的聘金。有一个名艾布·盖斯的辅士死了，抛下一个妇人，名叫库白衣沙。死者的儿子（另一妇人所生）就用帕子抛在她的头上，和她结了婚，不久又抛弃了她，断绝她的衣食，肆意的虐待，逼着她用聘金赎买自由。库白衣沙受不过虐待，去见穆圣，陈诉她的状况，穆圣说：你且回去静候着安拉的默示。麦地那的妇女，听到这个消息，都来见穆圣，诉说她们也受着库白衣沙所受的痛苦。于是安拉默示道："信主的人们！强迫着继承妇女是不合法的，你们不要为贪图她们的所有，而虐待她们！"[①]

有时社会上发生一桩局部的事件，因而产生"举一反三"的经文。譬如遗产问题："他们请你解释，你说道：安拉为你们解释，一个人死后没有儿子只有一个姊妹，那么姊妹得继承死者的一半遗产。"

读者由上面库白衣沙的事件，便可以知道伊斯兰教初期的阿拉伯人——甚至麦地那人——对于伊斯兰教法律没有规定的事件，仍然依照蒙昧时代的习惯去处理，伊斯兰对于那些习惯，或加以承认，或加以更改。有些奉了伊斯兰教的麦地那人，关于裁判问题，甚至固执蒙昧时代的陈规。塔巴里历史中说：麦地那的一个伊

① 瓦西底·尼沙浦里：《古兰经敕降的原因》一书，记载这一类的例子很多。

斯兰教徒和一个犹太教徒发生争执，两人不去见先知，却去请求占卜者判断。那个犹太人知道先知不会冤枉他，要去见穆圣，然而那个自称奉伊斯兰教的人却不愿去见，宁愿听占卜者的裁判。因此，安拉默示道："你没看见吗？那般自称信仰安拉降给你的经典和你之前的经典的人，他们要求恶魔的裁判，他们已奉命不信仰恶魔，恶魔要使他们坠入迷惑。""指主发誓，他们不信仰安拉，除非他们发生争执后求你裁判，毫无难色地遵从你的判断，绝对地服从。""你们愿意蒙昧时代的裁判吗？谁比安拉更能裁判信主的人呢？"这些经文，或许就是《古兰经》里最初号召伊斯兰教徒应该服从伊斯兰教法律的明文了。

可以说，麦地那的《律例的经文》乃是跟着麦地那的社会变迁而敕降的。我们如果研究《律例的经文》先后敕降的历史，再用经文和当时的社会事件互相印证，便可以正确地认识伊斯兰教社会发展的状况，正确地了解《古兰经》经文笼统的，或分析的、特殊的，或泛指的意思。沙退白在所著《阿尔·母瓦法哥特》(律例)一书中说："要了解《麦地那篇章》的经文，必须求证于'麦加篇章'的经文，要了解《麦加篇章》后期的经文，必须求证于《麦加篇章》前期的经文。根据下降的先后次序去加以理解。"[①]在麦加时，《古兰经》提倡和平，到麦地那初期，号召圣战，以后又扩大关于战争的律例。在麦加时，笼统地命令人们举行不限定额的天课，到麦地那则制定了天课的范围与天课的使用。凡此种种，都是与社会的变迁与发展相适应的。有关律例的经文的下降，完全适合于伊斯兰教徒的

---

① 沙退白：《阿尔·母瓦法哥特》(律例)，第 3 卷，第 244—245 页。

状况。又如《古兰经》在起初对犹太教徒是和平的，到犹太教徒迫害伊斯兰教徒后，便产生号召严厉、号召战争的经文了。有若干蒙昧时代的习尚，本来是为伊斯兰教所厌恶的，如饮酒。伊斯兰教因为要维系人心，不愿一次断然地禁止，起初准许饮酒，待时机成熟、命令可以通行之时，才断然禁止。[①]

伊斯兰教的律例是分期渐进、顾及当时社会环境的，所以《古兰经》里出现“废止的经文”。这无论是《默示的律例》或《创制的律例》都是免不了。安拉说：“我废止一段经文，我又敕降一段再善的或同等的经文。”又说：“当我用一段经文代替另一段经文的时候，安拉最知道他所敕降的。他们说，你乃是造谎者，他们大多数人是不知道的。”《塔巴里经注》中说：“所谓废止经文，即非义的改为合义的，合义的改为非义的，允许的改为受禁的，受禁的改为允许的。”废止经文的理由，就是因为人类的福利乃是跟着时间的变迁而随时不同的。事实上伊斯兰立法中就有这样的事。伊斯兰教在先制定：死了丈夫的妇人，应守限一年才得出嫁：“死了丈夫的妇女，叫她们守限周年。”后来又改为守限四月零十日：“死了丈夫的妇女，叫她们等待四月零十日。”圣训也有废止的，穆圣说：“我从前禁止你积蓄献祭品，现在你们可以积蓄了。”“我从前禁止你们游坟墓，现在你们可以游坟墓了。”

据沙退白的研究，《麦加篇章》的经文很少废止。因为《麦加篇章》多半是关于信主唯一、反对多神、提倡道德的经文。这类的经

① 伊斯兰教分三个阶段，第一阶段警告饮酒之害，第二阶段禁止醉后礼拜，第三阶段禁止饮酒。——译者

文，如果有所废止，那是不合理的。经文的废止，只限于某些关于宗教的律例，那是在麦地那才发生的。

《古兰经》中有关律例的经文，涉及人类各方面的事件：关于教律的，如礼拜、斋戒、天课、朝天房；关于民事的，如贸易、借贷、利息；关于刑事的，如凶杀、偷窃、和奸、抢劫；关于家庭秩序的，如结婚、离婚、继承遗产等。从这些一直到国家大事，如战争、伊斯兰教徒与敌方交仗的关系、和约的订立、战利品的处置等。《古兰经》对于这一切，只是笼统的、概括的指示，并未作具体的分析。《古兰经》命人礼拜，并没有规定礼拜的时间、仪式；命人缴纳天课，并没有分析课赋的种类和数量。其他的律例也是这样。分析的工作，是穆圣用言行来解释的，《古兰经》不过大体指示而已。

伊斯兰立法工作是一种崭新的、改革的工作，对于蒙昧时代的制度改动很多。伊斯兰律例限制多妻的数目，增加妇女的自由，变更蒙昧时代阿拉伯人的婚姻与离异的制度，建立和蒙昧时代相反的继承法。蒙昧时代的妇女、小孩都没有财产继承权，必须能出征打仗的壮丁才能继承财产。[①] 伊斯兰教给妇女以财产继承权。这个制度很使人心受到强烈的震动。伊本·阿拔斯说："伊斯兰教规定妇女、儿童、父母(死者之父母)的继承法后，阿拉伯人十分讨厌。他们说：为什么妇女能继承财产的四分之一或八分之一，女儿得继承半数，儿童也得享受遗产呢？他们都不能打仗，不能获取战利品。"[②]因为阿拉伯人的不满，所以《古兰经》对于妇女的继承权特

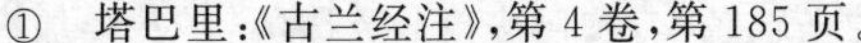

① 塔巴里：《古兰经注》，第 4 卷，第 185 页。

② 同上书，第 86 页。

别叮咛，多次的重复。这是《古兰经》解释律例的情形，我们在此处不能作全面的叙述。

*　　*　　*

穆罕默德生时，伊斯兰教还有一种法律，那是《圣训的法律》。圣训与《古兰经》的区别是：《古兰经》的文字和意思，都是安拉默示的，圣训的文辞却是穆圣口说的；圣训解释了许多《古兰经》文，如拜功的仪式与时间，《古兰经》并未解释天课的数量与条件，而穆圣解释这一切，或用言语，或以行为。临时发生的事件和纠纷，穆圣以言辞判断，而不以《古兰经》为判断。他的解释和判断、言语和行为，以及他所嘉许的……都是伊斯兰教的法律。凡确定为《圣训的律例》后，就等于《古兰经》的律例，然而我们前面已说过，后来发生假托伪造之事，所以要分别真伪，是非常困难的。

《圣训的律例》是很多的，《古兰经》笼统指示的地方，圣训分析它；泛指的地方，圣训规范它；还增加若干《古兰经》所没有的东西。所以古代的学者很注重收集圣训的工作，曾用法典的分类法，将圣训分门别类地编辑起来。①

这两个泉源——《古兰经》与圣训——就是穆圣时代伊斯兰教立法的两个泉源，由此可以说明伊斯兰教的法律是建立在神意上的。它的泉源就是“安拉”，任何权力不能违反它，任何权力不能越出明文的范围。不过没有明文规定时，立法家可以根据《古兰经》

① 最早按照法典分类法编纂圣训者，为布哈里（公元810—880年）的《至圣实录》。最好的圣训著作为邵卡尼（公元1758—1834年）的《Naïl-al-Aotar》（《完成愿望》）。这部书，搜集了六大《圣训录》的圣训条文，按照法典分类法编辑，并详加注释，然后从中撷出法律条文。

与圣训的原则，从事创制。所以伊斯兰教的法律和创制的法律大不相同。创制的法律，立法家有解释、更改、废除的自由，神意的法律是不能这样的。伊斯兰教的立法家和历代哈里发的自由，不能超越出体会《古兰经》明文的范围，也不能超越出辨别圣训真伪的范围。没有《古兰经》明文的规定，也没有真实可靠的圣训明文规定，才可以进行创制。

*　　　*　　　*

穆罕默德死后，默示断绝了，伊斯兰王国的幅员很迅速地扩大了。伊斯兰历 14 年征服大马士革；17 年征服叙利亚的全部及伊拉克；21 年征服波斯；56 年穆斯林达到撒马尔罕。在西方，伊斯兰历 20 年占领埃及、马格里布；至 93 年而征服北非，夺取了安德鲁斯。远征胜利后，伊斯兰教人获得了空前未有的财富与奴隶，享受了空前未有的丰裕生活。战败的各国，原是富庶之邦，为当时文化极其灿烂的国家。如波斯、伊拉克所表现的波斯文化；埃及、叙利亚所表现的希腊文化。伊斯兰胜利后，并没有掳掠破坏的行为。伊斯兰的远征是有秩序的远征，远征军后面随着大批宗教学者、教师、法学家。远征军到什么地方，他们跟到什么地方。穆斯林在战胜后，遇到了许多重大的问题——许多关于生活的问题，需要法律的解释。那些问题全是他们在阿拉伯半岛所没有遇到过的，所以没有律例加以规定。例如灌溉制度吧！各地的灌溉情况，不同于阿拉伯半岛的灌溉情况；伊位克的水利灌溉又不同于埃及的水利灌溉。又如财政事务吧，这是十分繁难的问题，各国的财政事务，绝不像阿拉伯的财政事务那样单纯。其他又如军队的整理，战败人民的待遇，和战败人民的关系，对伊斯兰教徒与非伊斯兰教徒的

租税征收,阿拉伯人所不知道的婚姻制度与司法制度,阿拉伯人在其简单生活所没有经历过的种种罪恶事件以及内政、外交等;这一切的一切,都出现在伊斯兰教徒的面前,使初期的立法家遇到了繁难重大的问题。《古兰经》和圣训里又没有明文来分析这些具体的问题。于是,伊斯兰便产生了另一种法律,即"意见的法律"或"类比的法律"。

因此,许多圣门弟子,在没有经训明文的时候,就用自己的意见解释法律。历史学家、圣训学家、法学家传述了许多圣门弟子用正确的意见来解释的法律问题。先知刚死的时候,圣门弟子立刻遇到一个重大的立法问题,就是谁是他的继承人?麦加的迁士呢?麦地那的辅士呢?还是在迁士中产生一个领袖,在辅士中产生一个领袖?倘若是推一人继承穆罕默德,那么谁是最合法的?《古兰经》与圣训的明文,都没有提到这个问题,这样除了用"意见"解决外,没有别的办法,后来就有了"草棚会议"的召开。历史家叙述"草棚会议"时,告诉我们:圣门弟子如何应用他们的"意见",如何从各方面研究问题。

艾布·伯克尔刚刚得到众人的拥戴,做了第一任哈里发,迎头又遇着叛教的问题。一部分居民虽信奉了伊斯兰教,并举行了礼拜仪式,但却拒绝缴纳天课。艾布·伯克尔怎样处置呢?天经、圣训没有指示办法。艾布·伯克尔便征求大家的意见。欧麦尔说:"我们如何能同他们打仗呢?穆圣说过:我奉命同人们战争,但是只要他们说过'除安拉外,别无主宰'后,我就得保护他们的生命、财产。除非是取之以义。"艾布·伯克尔说:"穆圣不是说取之以义吗?向他们征收天课,不是同命他们礼拜一样的合义吗?"

再如关于搜集《古兰经》的问题。艾布·伯克尔主张不可搜集《古兰经》,欧麦尔主张搜集《古兰经》,经过一番辩论后,艾布·伯克尔才接受了欧麦尔的意见。

又如有关遗产继承问题:一个人死了,留下祖父和弟兄,究竟祖父应继承遗产呢?还是弟兄更应继承?这样的问题,《古兰经》没有明文规定,只是说死者之父与弟兄同受遗产。艾布·伯克尔和伊本·阿拔斯主张祖父比弟兄更应继承,赛德·撒比特、阿里、欧麦尔和另外一些人,主张弟兄和祖父共同继承。

又如有关分配战利品的问题,也发生不同的意见:麦加的迁士和麦地那的辅士能平均分配吗?欧麦尔说:"我们不能让勉强奉教者(辅士)和舍家输财者(迁士)一律平等。"艾布·伯克尔说:"他们同是信奉安拉的,安拉会报酬他们。今生是有尽头的。"艾布·伯克尔坚持着自己的主张,让迁士与辅士一律平等。艾布·伯克尔死后,欧麦尔继为哈里发,改变战利品的分配,实行他的按等级分配的主张。

一个人死了,遗下父母与妻室,他们去请求赛德·撒比特处置遗产的分配,赛德判给母亲三分之一。伊本·阿拔斯说:"在安拉的经典中,你从什么地方看到母亲应受三分之一?"赛德说:"我有我的意见,你有你的意见!"

根据肯迪在所著《法官传记》中的记载,埃及法官伊雅德·俄拜杜拉写信给哈里发欧麦尔,请求解释一个问题。欧麦尔回信说:关于这个问题,并无依据,你可以用你的意见解决。[①] 像这样的例

① 肯迪:《埃及总督与法官传记》,第 344 页。

子很多。

总而言之，多数圣门弟子，在没有经训明文的时候，曾用他们的见解解释律例。考“意见”Ar—Ra'y一字，在伊斯兰教初期时，乃是“公正”的意思。换句话说，就是对“公正”与“亏枉”所表示的正确的意见。伊本·古太白解释“意见”的含意道：“意见就是为寻求真理、经过思考的参悟而发表出来的主张。”我且举几个例子来说明，当日圣门弟子怎样研究问题；怎样由问题的各方面推敲；怎样应用他们的见解。欧麦尔曾提出死者的祖父和死者的弟兄，谁最应该继承死者遗产的问题，后来赛德追述道：“我同欧麦尔激烈的争辩这个问题，我当时主张弟兄应当优先继承，我为他举了一个例子，我说一个树根，生出一个树干，树干又发出两个旁枝。连接和滋养两个枝子的，是树干，而不是树根。难道穆民的首领没有看见，两个枝子彼此间的距离比和树根更接近些吗？我举了这个例子后，欧麦尔仍坚持祖父比弟兄应当继承遗产的主张——当我追忆此事时，我已赞成欧氏的主张了。”①

有人被他父亲的一个女人合伙情人杀害了，有人为死者到欧麦尔前申冤。欧麦尔犹豫着：究竟叫一人偿命呢，还是二人偿命？阿里对他说道：“你看！假使几个人合偷一只羊，每人各分了一块，你是否将几人都判处断手？”欧麦尔道：“是的。”阿里道：“那么合谋杀人，也是一样，应该二人抵罪。”欧麦尔采纳了阿里的意见，命杀二人。并说：“假使全萨那城的人同谋杀人，我一定杀全城的人。”②

① 伊本·盖伊姆：《掌印大臣传记》，第1卷，第365页。
② 同上。

有一个妇人死了,遗下丈夫、母亲、母弟及同胞弟兄,死者的遗产继承问题,发生了纠纷。欧麦尔为他们判断:“丈夫受遗产之半,母亲受六分之一,母弟受三分之一。”而同胞弟兄却毫无所得,有人对欧麦尔道:“难道他们不是同母所生吗?”欧麦尔很以为然,遂重新分配,使同胞弟兄也得同受遗产。

有人问阿里:饮酒的人应受何罪?阿里道:酒后必乱言,乱言者必以言语伤人。因此饮酒与诽谤人的罪一样。

这些例子,都足以说明伊斯兰教初期立法思想的情况。

圣门弟子中,最能以意见解释问题者,首推欧麦尔,后人传述他的言行很多,这是对伊斯兰教人有益的。欧麦尔所遇到的种种法律问题,不是他前后的哈里发所遇过的。在他的手里,远征胜利,建立城市。文明诸邦,如波斯、罗马全在伊斯兰统治之下,这是过去从来没有过的事情。欧麦尔所处的政治的、经济的、文化的种种问题,绝非后代的法学家能经历到的。所以在关于处理胜利者与战败者之间的关系时,伊斯兰法学家称欧麦尔为“立法栋梁”。

欧麦尔应用的“意见”,其实远远超出了我们所说的范围。我们所说的“使用意见”是在没有经、训明文的时候,而欧麦尔是越出这个限度的。欧麦尔以为天经圣训的律例,是注重人生的福利的,所以他是根据经训重视人生福利的精神来创制律例的。这和现今注重法律的精神,不拘束于条文字面的意思,十分相近。欧氏解的法律问题很多,举出一二,以为例证:

《古兰经》说:“施济惟及于贫困者、乞食者、主持施济者,并用之以维系人心。”经文规定,为了维系人心,可以施赠钱物。穆罕默德曾把财物送给一部分人,使之安心于伊斯兰教。如曾给艾布·

苏福杨、安格勒尔·哈比斯、阿拔斯·米尔达斯、索福瓦·倭马亚、俄雅纳·哈斯尼等，每人一百头骆驼。后来索福瓦说，穆罕默德原是我最厌恨的人，自他给我百头骆驼后，他成为我最爱戴的人。艾布·伯克尔为哈里发时，俄雅拿、安格勒尔二人又向艾布·伯克尔要求土地，艾布·伯克尔便签了字据，分给二人土地。欧麦尔走来将字据撕为粉碎说道："安拉已光荣伊斯兰教了，安拉不需求你们，若你们安分便罢，否则我们以利剑相周旋。"[①]看吧！欧麦尔以为伊斯兰教微弱时施济钱财，维系人心，是符合伊斯兰教的利益的；至伊斯兰教强盛后，便用不着这样做了。

饥荒之年，犯偷窃罪者，欧麦尔不处以割手之刑。相传哈特布的几个仆人偷了某人的一头骆驼，有人将他们带来见欧麦尔，他们立刻认罪了。欧麦尔唤哈特布的儿子阿布杜·拉赫曼来说道："你们的仆人，偷了某人的骆驼，他们已经承认了。"说罢命割数仆之手。将带去执刑之时，欧麦尔忽然喊住，对哈特布的儿子说道："啊！指主发誓！我本来要割他们的手，然而若不是你们对他苛刻，使他们受饥挨饿，他们绝不敢把非法当做合法的。我释放他们，必须重重地处罚你们。"[②]

伊斯兰教初期的立法，已有从"意见"发展为"商议"之趋向。白阿威根据买伊蒙·本·迈赫兰的传述：艾布·伯克尔遇着有人发生纠纷，请他判断时，他首先参考《古兰经》，若在《古兰经》里得着判断的方法，就照着判断，否则再根据圣训判断。圣训无明文则

① 阿尔·才伊勒耳：《搜集正确圣训的标准》，第1卷，第299页。

② 同上书，第3卷，第32—33页。

向大众征求意见道："现在有如此如此的一桩案件，你们知道穆圣处置过同样的案件吗？"如此，或许有些人能够回忆起穆圣曾判断过这样的案件。如果再不能解决时，他便集合一般头领、长者商议，众人的决议，便是他的判断。欧麦尔时代，经训没有规定的，便参考艾布·伯克尔的决案，再不能解决，则召集首领会议，依据大众的决议解决。

赛尔赫西在所著《阿尔·买布苏退》中说：欧麦尔虽精通法律，也常常和圣门弟子商量。发生事件时，欧麦尔对左右道："你们去请阿里来！请赛德来！众人来后，欧麦尔就同他们商议，尊重他们的决议。"

沙尔白说："欧麦尔接到一桩案件后，有时用一个月的工夫和左右商量。今天呢，一个会议，可以判断百桩案件。"

赛德·穆桑依布说："阿里问穆圣道：'安拉的使者！假使发生一桩事件而没有天经的明文，也没有你的教训，应如何处置？'穆圣道：'召集一般学者或信士，和他们商量，不要以个人的意见独断。'"

舒来哈说："欧麦尔对我说：你们遵圣训裁判！假使你们不完全知道穆圣的判断，可依从正直领袖的意见裁判；若再不知道先例，可以提出自己的意见和一般学者廉士商量。"

但是没有人制定一种固定的原则来解释"协商制度"是怎样的情形？被咨询者是哪一等人？协商的价值在哪里？凡此种种，都是急需一些原则来说明的。西班牙的阿拉伯人在这方面，有一种很好的办法。他们组织咨询会议，由哈里发指定若干咨议员。这不是本书研究范围，不再多论。

总之伊斯兰教初期，曾有“意见的律例”产生，许多大圣门弟子如艾布·伯克尔、欧麦尔、赛德·撒比特、伍白邑·卡尔白，以及穆阿士都曾以“意见”裁判许多案件。据我们看来，“意见派”的首领，首推欧麦尔，他之后为伊拉克的伊本·麦斯欧迪。伊本·麦斯欧迪崇拜欧麦尔，最佩服欧麦尔的意见。他曾说过：“欧麦尔之死，带走了十之九学问。”《掌印大臣传记》一书说：“伊本·麦斯欧迪处理任何事情，都不违背欧麦尔的意志。”[①]又说：“欧默尔祈祷，麦斯欧迪亦必祈祷。”又说：“欧麦尔、伊本·麦斯欧迪和赛德·撒比特三人，每事必相商。”“阿里、伍白邑·卡尔白和艾布·穆撒·艾施阿里三人，每事必相商”。足证，当时圣门弟子学者之中，已出现不同的思想流派。每个流派，互相联系，互相支持。

伊本·麦斯欧迪属于欧麦尔派，没有经训明文规定的问题，依靠自己的见解去解决。这在伊本·麦斯欧迪表现得很鲜明。艾布·阿慕尔·西巴尼曾说过：“我和伊本·麦斯欧迪同处一年，他从来没有说过：‘穆圣说……’这样的话，有时引证到穆圣的话，他便全身打颤（害怕引证错误）”。伊卜拉欣·纳赫伊说道：“欧麦尔和伊本·麦斯欧迪的意见无法比拟，二人的意见若有分歧，则伊本·麦斯欧迪的话最受赞赏，也最为中肯。”

假使读者知道伊拉克的学问乃是由伊本·麦斯欧迪传下来的，而艾布·哈尼法则是伊拉克学派的首领，那么一定可以知道伊拉克学派为什么以“意见”和“类比”著称了。

伊斯兰历一、二世纪，意见派已经流行，已经有“意见派”的名

---

① 伊本·盖伊姆：《掌印大臣传记》，第1卷，第22页。

称。或称为“主张意见的勒比阿派”。勒比阿是意见派的首领，为再传弟子中最重要的人，是大教长马立克的老师，原是一个释奴。许多再传弟子或三传弟子都是属于“意见派”，如哈桑·巴士里。意见派的中心所以在伊拉克，有三个原因：1. 受伊本·麦斯欧迪的影响，伊本·麦斯欧迪倾向于以意见解释法律，他的老师欧麦尔也和他一样，以“意见”为主。2. 根据伊本·赫勒敦的说法，流传于伊拉克的圣训甚少，因为圣训大多流传于穆圣及大弟子的故乡——汉志。3. 伊拉克是一个文化区，受波斯、希腊文化的影响很深，文化高的地方，常以立法的眼光处理问题，对法律的需要比游牧区域更为迫切。急需法律而圣训又少，自然便不得不使用“意见”了。

和“意见派”对立的是“圣训派”。圣训派产生于圣门弟子，如阿拔斯、祖白尔、伊本·欧麦尔、伊本·阿慕尔等。圣训派中有再传弟子沙尔比者曾说：“如果他们传述圣门弟子的话就遵循他们，如果说自己的主张便弃而不顾。”倘使有人问圣训派的人一个问题，他知道有经训的明文，便为之解释，否则就不表示意见。相传有人问萨里姆·阿卜杜拉一个问题，萨里姆说：“我不知道。”那人道：“告诉我吧！安拉端正你的见解。”萨里姆道：“不！”那人重复要求道：“我是接受你的意见的。”萨里姆道：“怎么能这样呢？我把我的意见告诉你，而你走后，我又另有一种主张，那时我已经找不着你了。”大教长罕百里的儿子阿卜杜拉说：“我问我的父亲道：假使一个城里，有一个圣训派的人，他的传述真伪难辨，另外还有若干意见派的人。一旦发生什么事件，究竟应该领教圣训派的人呢？还是领教意见派的人？”他答道：“应该领教圣训派的人。不太可靠的圣训还强过意见派的人哩！”[①]

圣训派所以发生于汉志，和意见派所以发生于伊拉克的原因恰恰相反。圣训派有两个特点：1. 他们的根据限制在圣训的范围内，最厌恶提出假设的问题。从许多传述来看，证明他们最讨厌别人提出问题，除非真是发生了什么新的事件。他们指责伊拉克人随便掀起“假设的问题”。2. 依靠圣训，即使是不太可靠的，他们考查圣训的条件非常宽容，使它居于“意见”之前，如上面罕百里所说的那样。

前面已经说过，圣训派的产生，就是开伪造圣训之风的间接原因。因为有一班不忠实的学者，遇着一个问题时，既没有经训的明文，本派的主张又不许用意见解释，只得伪造圣训了。阿谛格·祖拜底说：“马立克教长编辑《穆宛脱圣训实录》时，搜集圣训，共得万段。马立克逐段考订，才删减成为现存的样子。假使马立克再活几年，或许会全部抛弃的。”伪圣训之多，由我们手边的法典书籍看来，也可以证明的。就以最著名的哈乃斐派的法典来说，大教长艾布·哈尼法在当时曾以意见派著称，然而哈乃斐派的法典，无论哪一项细则，都有一两段圣训作根据。其实那些圣训大部分是伪造的，真实者很少，所以一部分学者以为哈乃斐派的法典有许多部分是无力的。[②]

*　　　　*　　　　*

“意见派”与“圣训派”的争执十分厉害，彼此攻击，互相丑诋，

① 沙退白：《阿尔·母瓦法哥特》，第1卷，第81页。

② 阿尔·才伊勒耳：《搜集正确圣训的标准》。

各造圣训，以为助力。圣训派传述"穆罕默德说：'不久以后，必有人端坐在椅子上，传述我的教训。他说：在你们与我们之间，有真主的经典，经典认为合义的，我们就认为合义，经典认为非义的，我们就认为非义。穆圣所禁止的，就如经典所禁止的一样。'"[①]意见派也传述，"穆罕默德说：'凡说是由我所传述的，你们同经典对证，合于经典者，就是我说的，背于经典者，就不是我说的。安拉引我于正道，我如何能违反安拉的经典？'"[②]这可以为我们解释历代教典中所以矛盾百出的原因了。后人传述艾布·伯克尔、欧麦尔、麦斯欧迪等人的言行也是极其矛盾的，他们有时遵照"意见"，[③]有时又斥责"意见"，也是十分矛盾的。一部分学者，曾努力调和这些矛盾。他们认为有些问题，用"意见"解释是应赞美的，有些问题用"意见"解释是应斥责的。据我们看来，这种矛盾的由来，一则是受两派人的影响，二则是受一部分不顾真理、不畏安拉的人的穿凿伪造。

相传勒比阿向赛德·穆桑伊布询问关于砍断妇人手指的罚金断法，问他砍去一指罚金若干？答道：罚骆驼十头；问砍去二指罚金若干？答道：罚骆驼二十头；问砍去三指罚金若干？答道：罚骆驼三十头；又问：砍去四指罚金若干？答道：罚骆驼二十头，勒比阿说：为什么受伤愈多，罚金愈少了？赛德说：你是伊拉克人呀？我说的乃是圣训。

*　　　　*　　　　*

① 沙退白：《阿尔·母瓦法哥特》，第 4 卷，第 7 页。

② 同上书，第 9 页。

③ 伊本·盖伊姆：《掌印大臣传记》，第 1 卷。

“意见派”与“圣训派”之外，还有一个派别，既不抹杀“意见”，也不忽视“圣训”。他们主张：若没有经训明文规定的问题，可以有条件地使用意见解释。马立克教长和沙裴尔教长就是这一派的首领。

他们精密的研究“意见的立法”后，制定出几个条件和原则，就成为“类比的立法”。经过种种的条件限制后，范围渐渐狭小，而不出下面这条原则：“无明文的问题，如果和某一个有明文的问题的情况相似，可以比照办理。”

各家派别，虽然分歧，但经过不断的研究、探讨，法律学遂得有明显的进步。就是伪圣训也是有益于立法的，因为伪圣训不是毫无根据，随便说出来的，多半是用法理思想研究推敲出来的结果，然后才把意见放在“圣训”的模型里面。

现在且把伊斯兰教初期的法学史作一个概括的叙述：

四大哈里发时代，麦地那为哈里发的中心，那里住着许多大圣门弟子，他们的学问是很广博的。艾布·伯克尔执政的时候，遇着许多急需解决的问题，如果没有经训的明文时，他就咨询圣门大弟子，他是否委任过谁为法官已不可考。只知道国事繁重以后，他曾将司法的任务，托付欧麦尔。

欧麦尔继任哈里发后，远征胜利，才任命法官分赴埃及、叙利亚、伊拉克各地。城市之中，除法官外，还有一些圣门弟子及再传弟子，熟悉本地的风俗、习惯以及生活的状况、社会经济的情形。他们懂得《古兰经》和圣训，即使没有经训的法律问题，也能发表“意见”加以判断。这班人遇着有人请他们解释法律问题的时候，他们就为人解释。他们解释过法律的问题，就成了后人遵守的律例,换句话说,前人的法律主张,就是后人遵守的律例。我们曾说过,当时麦地那城的人多遵循欧麦尔之子阿卜杜拉的主张,麦加城的人多依从伊本·阿拔斯的见解。此外,库法人随伊本·麦斯欧迪,埃及人随伊本·阿慕尔。因为当时新发生的事件很多,过去又没有法律的规定,所以他们的法律解释,也是很多的。

到了倭马亚朝,哈里发的中心移至大马士革。这个时期,战胜的阿拉伯人与战败的非阿拉伯人同化的影响非常显著,这在前面已经说过了。

初期的伊斯兰教人,对非伊斯兰教人的待遇颇为宽大,这就加强了这种混合。欧麦尔的一生便是最真实的证明。过了那个时期,就发生了残暴与虐待之事。在伊斯兰教人目睹之下,出现了种种不同的文化,不同的宗教,不同的制度。这一切情况,使伊斯兰教人与非伊斯兰教人,都不免齐声问道:伊斯兰教的律例是什么?伊斯兰教对各种文化产生出来的繁杂事件,如何看待?伊斯兰教所肯定的是什么?何者适合于伊斯兰教的原则?何者违反伊斯兰教的原则?当日的法学家对于这些问题是十分困难的,十分艰苦的,他们比别人更为活跃,比别人更有责任。

一部分欧洲的"东方学"学者如哥尔德基叶和桑底拉拿等,认为倭马亚朝的伊斯兰教法受罗马法的影响最多,认为罗马法乃伊斯兰教法的泉源之一,伊斯兰教的若干律例,是取自罗马法的。他们认为伊斯兰教远征胜利的时期,叙利亚的格萨林、贝鲁特等地,还有许多教授罗马法的学校及若干遵行罗马法的法庭。这些法庭到伊斯兰教后,还存在一个时期。他们又认为阿拉伯人受文化的熏陶不多,占领各文明国后,他们都感觉到一个困难的问题:"用什么东西来审判?"后来就从罗马法中选择了一部分。他们认为假若将伊斯兰教法与罗马法作一番比较的研究后,不但可以证实这种看法,并且可以看出"伊斯兰教法"的若干条文,还是由罗马法的原文直译过去的。譬如:"控诉者立证,否认者盟誓。"伊斯兰教"法学"一字的使用也与罗马相同。罗马人的"法律(Juris)"一词含着"悟解""知道""智慧"的意思。伊斯兰教的"法律(Al-Figh)"一字,也含着这几种意思。他们认为伊斯兰教法之取自罗马法,或直接的,或从犹太法典间接学到的。犹太法典系采自罗马法,阿拉伯人与犹太人接触后,便可能从犹太法典中采择了一部分律例。

据我们看,这些论据,都不足以服人。一种法律在某些地方和另一种法律相近,不能断定就是由它而出的。尤其是立法的精神在于"公正",有些条例之公正性是为所有立法家所一致承认的。如"控诉者立证,否认者盟誓"这样的条例。至于阿拉伯文的"法律"一字,原是"知道""懂得"的意思,后专指"知道、懂得宗教学"而言。这种思想,在阿拉伯人还未和罗马人接触的时候,《古兰经》就使用过了:"假使你们中没有一部分人去使他们'懂得'(Al-Figh)宗教……"最后,这个字进而成为"法律学"的专名了。因为立法必须"了解"宗教,"懂得"经训。阿拉伯人的学术名称,多半如此:先是泛指普通的名称,后来才成为特指的专名。我们在伊斯兰教的法学家中,找不到一个人提到罗马法,即使是在批评、引证、采择之中。最应当受"罗马法"影响的是奥查尔派。因为奥查尔本人,生于叙利亚罗马学校的中心贝鲁特城,他又是该城最大的法学家。一部分欧洲的"东方学"学者,也注意及此,他们说:"可惜奥查尔的学派消灭了,否则,我们一定可以发现很多罗马法的踪迹。"我们以为这是毫无根据的话，我们在《阿尔·温姆》一书第七卷中便可以得到有关奥查尔派的记载。读过那些东西后，公正地说，奥查尔乃是属于圣训派，不是意见派，和哥德尔基叶的说法恰恰相反。以圣训派的法学家而受罗马法的影响，这是最不可能的。

我们不否认在某一方面，“伊斯兰教法”曾受罗马法的益处。我的意思是说，法学家在根据伊斯兰法理提出自己的主张，解决问题的时候，会得到罗马法的一些好处的。诚然，伊斯兰教以前的埃及、叙利亚通行的法律，是罗马法。伊斯兰之后，埃及人、叙利亚人改奉伊斯兰教，服从伊斯兰法律，自然将旧有的审判制度及司法主张交给伊斯兰人审查，哪些可以承认，哪些应该废止。譬如说，现在因某种原因，埃及须废除旧有法规，另外创制新律。那么，无疑地，当法官、法学家研究一个法律问题时，必须用新旧两种制度比较的研究。尤其是初期的伊斯兰教法官，在不越出伊斯兰教法的范围以外，是宽大的、通权达变的。我们读《法官传记》一书，看到这样的记载：“埃及法官哈尔纳邑穆（伊斯兰历 120—127 年）审判埃及科普特人时，完全使用科普特语，并承认科普特人自己邀请的证人，依其提出的证据加以裁判。”①

*　　　　*　　　　*

倭马亚朝的哈里发毫不重视立法的问题——除极少数哈里发如欧麦尔·阿布德·阿齐兹外——这时期的立法，不是在哈里发的保护下而发展，如阿拔斯朝那样，而是由各个学校乃至各个单独的研究者进行研究的。倭马亚朝没有正式提倡立法。所以我们在

① 肯迪：《埃及总督与法官传记》，附录，第 349 页。

这个时期，找不到如阿拔斯朝的艾布·优苏福那样的大法学家，同哈里发有密切的关系，得他们的保护与支持，同各地的法官之间也有紧密的联系。倭马亚朝的法学家能够和朝廷接近的，仅祖赫里等数人。

倭马亚朝时，伊斯兰教四大法学派别还没有形成，仅有许多努力从事研究的法学家，如奥查尔等人，他们的学说都已经消灭了。到了该朝末期，伊拉克的艾布·哈尼法（哈乃斐派领袖）、麦地那的马立克（马立克派领袖）才初露头角。艾布·哈尼法教长，生于伊斯兰历 80 年，他经历了阿拔斯朝最初的十八年而卒。他原为波斯籍，从跟随阿里家族的札尔法·撒底格和当时最著名的法学家伊卜拉欣·纳伊赫学习法律；从沙尔白、阿尔麦西、格它德等人学圣训。他以法学才能著称，他的论据有力、推理精密、归纳细致，所以人们称他为意见派的首领。他没有什么著作流传于今，他曾否著作，也无从肯定。他的学派是得他的两个大弟子艾布·优苏福、穆罕默德二人的著作，才留传下来的。

马立克教长是阿拉伯人，伊斯兰历 96 年生于麦地那，并在该城求学、教学、著作。他以圣训的论据著称，因此人们称他为圣训派的领袖。马立克派的特色是依靠圣训的地方，较艾布·哈尼法为多。马立克卒于伊斯兰历 179 年，曾著《穆宛脱圣训实录》。这部书，虽称为圣训，充满圣训，但实在是一部法学著作。因为马立克的目的，不在于圣训的搜集，却在引证圣训以为立法的根据。所以里面有许多问题，有他独到的个人的意见与解释。

我们且不多说马立克派与哈乃斐派在思想方面和法理方面的争执。因为这种讨论，放在阿拔斯朝时代较为适当。我们只引证伊本·赫勒敦研究马立克派盛行于马格里布(即北非——译者)与西班牙的原因:"马格里布人与安德鲁斯人,(阿拉伯人)仍然是游牧民族的成分居多。他们并不如伊拉克人那样注重文化的发展。由于游牧习性,他们倾向于汉志,因此很欢迎马立克派,因为马立克派没有像其他各派受城市文化的影响。①

伊本·赫勒敦的意思以为地方环境的文明与野蛮,不仅对于马立克学派的形成及其分支的多寡有特殊的影响,同时对于学派的思想体系也有很大的影响。如果我们将各法学家所争执的问题研究一番,就可以明显地看出来。譬如,艾布·哈尼法主张礼拜开端时的赞美辞,可用波斯文代替阿拉伯文(即使赞诵的人能念阿拉伯文),念《古兰经》也不妨用波斯文替阿拉伯文。马立克和沙裴仪二人便反对此说,主张只能使用阿拉伯文。② 艾布·哈尼法主张自由的女子,可以自主婚姻,不需监护人。马立克、沙斐仪主张必须取得监护人的同意。③

然而立法家的主张受环境影响的,只限于法学家本人认为没有可靠的经训明文规定的问题。如果有正确的经训规定,那是不受什么影响的。譬如艾布·哈尼法主张男女须同出一宗族,才能通婚。古莱氏人才能与古莱氏人通婚,别的阿拉伯人不能与古莱氏人通婚,释奴不能与阿拉伯人通婚。而马立克却主张只要同奉伊斯兰教者,就能通婚,以为必须如此,才合乎穆罕默德的教训:'人类是平等的,如同梳齿一般,阿拉伯人并不比外国人尊贵,只有

① 伊本·赫勒敦:《历史绪论》,第 375 页。

② 阿尔·才伊勒耳:《搜集正确圣训的标准》,第 1 卷,第 109 页。

③ 同上书,第 2 卷,第 117 页。

廉洁的人才是尊贵的。”[1]假使法学家的主张全受环境的影响，那么哈乃斐派与马立克派对于这个问题的主张必然是恰恰相反的。[2]

本篇主要参考书目

(1) 布哈里:《布哈里圣训实录》(Al-Bukhari, *Sahih Al-Bukhari*)。
(2) 穆斯林:《穆斯林圣训实录》(Moslin, *Sahih Al-Moslin*)。
(3) 伊本·赫勒敦:《历史绪论》(Ibn Khaldun, *Al-Muqaddima*)。
(4) 沙退白:《阿尔·母瓦法哥特》(律例)(Ash-Shatibiï, *Al-Mowafaqat*)。
(5) 肯迪:《埃及总督与法官传记》(Al-Kindi, *Akhbar wulat misr wa qudhaha*)。
(6) 麦格里基:《埃及志》(Maqrizi, *Al-Hutat*)。
(7) 塔巴里:《古兰经注》(At-Tabari, *Tafsir At-Tabari*)。
(8) 伊本·阿卜杜·莱比:《罕世璎珞》(Ibn Abd Rabbi, *Iqd Al-Farid*)。
(9) 瓦哈底:《古兰经敕降的原因》(Al-Wahidi, *Asbab An-Nu-zuli*)。
(10) 伊本·盖伊姆:《掌印大臣传记》(Ibn Al-qaïm, *A'alam Al-Mowaqqiïn*)。
(11) 沙裴尔:《阿尔·温姆》(Ash-Shafiï, *Al-Umm*)。
(12) 伊本·赫里康:《人物传记》(Ibn Khallikan, *Wafayat Al-a'yan*)。
(13) 胡祖理:《伊斯兰法学史》(Al-Hudhuri, *Tarikh At-Teshriï Al-Islami*)。
(14)《伊斯兰百科全书》,“Figh”条。

---

[1] 阿尔·才伊勒耳:《搜集正确圣训的标准》,第2卷,第128—129页。

[2] 意即马立克认为这一条圣训是正确的,艾布·哈宜法认为是不正确的。——译者

第七篇

宗教学派

第一章　哈里发问题及各学派产生的原因

哈里发问题，是伊斯兰教徒争执最激烈的第一个问题。为了这个问题，初期的伊斯兰教人意见分歧，产生许多教派，即哈瓦立及派、什叶派、麦尔吉阿派。本篇略述各派发生的历史，其详见我们另外的《伊斯兰教政治史》专著。

穆罕默德死时，并没有指定谁继承他，亦没有遗嘱告诉如何推选继承人。于是伊斯兰教人立刻碰到一个最严重、最难解决的问题。他们对于这个问题所抱的态度，就是后来他们在政治生活方面成功与失败的关键。

穆罕默德死后的当时，伊斯兰教徒立刻考虑到谁来继承他的位置。麦地那的辅士在没有埋葬穆圣之前，就在白努·撒伊达的草棚里召开"赛基法会议"（草棚会议），商议解决的办法。艾布·伯克尔、欧麦尔、艾布·欧拜德等人知道后，深恐辅士们怀着私心，便立刻前去参加会议。在"赛基法会议"中，出现了两种意见，一种意见主张麦地那人应当继承哈里发位置，他们认为穆罕默德在麦加传教十三年，而奉教人寥寥无几，麦加人不能保护穆圣，发扬圣教；只有到了穆圣迁到麦地那之后，伊斯兰才得到发展，麦地那人出来辅助他、皈依他、阐扬他的宗教，保护他和门人的安全，不断地和他的敌人斗争，直到整个的阿拉伯半岛都顺服了。并且认为穆罕默德直到死的时候，一向是喜欢他们，以他们为慰藉的，所以辅士最应当为穆罕默德的继承人。

另外一批人是麦加去的迁士，他们认为，麦加的迁士最应当继承哈里发位置，他们首先信仰穆圣，忍受种种迫害，不怕人数稀少。他们既是穆罕默德的族人，又是属于阿拉伯民族所崇拜的古莱氏族，具有他族所没有的荣誉。所以麦加人最应当为穆罕默德的继承人。双方经过长时期的争辩，没有解决。有的辅士提议麦地那人推一个领袖，麦加人推一个领袖，迁士们也不赞成。最后才一致拥护古莱氏族的台米姆支族人艾布·伯克尔为哈里发。

这时，阿里与家人，忙于穆圣的丧葬，没有参加会议。艾布·伯克尔被推为哈里发的消息传出后，阿里很不高兴，他提出第三种意见，主张以穆圣的家人为继承者。当时穆圣家族中与穆圣最接近者，为他的伯父阿拔斯和堂弟阿里。阿拔斯奉教不久，白德尔之役还是伊斯兰教的敌人。穆圣的近亲阿里首先信奉伊斯兰教，又是法提玛的丈夫、穆圣的女婿。他为宗教奋斗的精神，他高尚的德行，他丰富的学识，都无人否认。那么阿里当然是穆圣亲人中最应该继承的人了。阿里派主张穆圣的家族比外人有资格做继承者，哈西姆族（圣族）比台米姆族（艾布·伯克尔族）更有资格做继承者。他们认为麦加人既在麦地那人的面前自称为圣族，并以圣族为继承的理由，那么穆圣家人之应继承，是理所当然的。《辞章之道》云："阿里问左右道：在草棚里发生什么事？古莱氏人说些什么？答道：古莱氏人说他们是穆圣的树身。阿里道：他们说树身而忘却了果实！"阿里的意思是，古莱氏人是穆圣的树身，哈西姆人却是古莱氏人中的结晶。姑不论这段文字的真伪，而表示阿里自己的态度却是真实的。阿里提出这种主张后，哈西姆人帮助他，祖白尔帮助他，而一部分迁士因为与阿里同为失意之人，所以也同情他。过了一个时期后，阿里才正式承认艾布·伯克尔。

这三种观点，不断地冲突着，各派的支持者和辩护者，代不乏人。就是主张麦地那人为哈里发的斗争，历史上虽未怎样强烈地显露，但也不免经常发生的。至于后两种主张，则是不断地激烈地斗争着。[①]

艾布·伯克尔和欧麦尔的时代，拥护阿里为哈里发的主张终于消沉下去。其原因：首先是艾布·伯克尔和欧麦尔两人大公无私，廉洁、克己，不存丝毫的部落偏见。其次是远征之后，伊斯兰教人忙于远征，注意着远征的胜利。有成见之人，找不到机会掀起内争。

欧麦尔死后，奥斯曼继位，阿里同他的党羽，大不满意。加之奥斯曼（倭马亚族人）援用亲近，大官小吏，全为倭马亚家族的人。他的亲信麦尔旺·哈康及其党羽，破坏了过去伊斯兰所建立的秩序。违反艾布·伯克尔和欧麦尔二人反对部落宗族主义，实行阿拉伯一统的政策。他们以倭马亚家族专政，对其他阿拉伯人加以排挤，重新燃起蒙昧时代哈西姆族与倭马亚族之间的仇恨。于是在奥斯曼末年，各方组织秘密集团，号召推翻奥斯曼，拥立他人为哈里发。阿里一派最著名的宣传家，为阿卜杜拉·赛白衣其人，原是也门的犹太教徒，后改奉伊斯兰教。他周游巴士拉、库法、叙利

①　参看伊本·艾布·哈底德：《辞章之道注释》，第2卷，第6页。

亚、埃及，为阿里鼓吹道："历代先知，皆有指定的继承人，而阿里就是穆罕默德的继承人。不是指定的继承人而担任哈里发的位置者，是最残暴的人。"他们对奥斯曼大肆攻击，奥斯曼因此竟遭杀害。

奥斯曼被杀以后，阿里得到很多穆斯林的拥护，于是阿里派自穆圣死时即企图继承哈里发的愿望，至此才得实现。许多为首的迁士也支持阿里，因为他们的意见和阿里是一致的。然而脱拉哈、祖白尔、穆尔威叶诸人，则始终反对阿里，认为阿里乃是杀害奥斯曼的支持者，认为他对这件杀害事件，坐视不理，而他的力量是可以制止的。这几个人并提出证据，认为阿里应当缉拿凶手，为奥斯曼报仇，而阿里对此亦坐视不为。脱拉哈、祖白尔各人认为自己乃是欧麦尔指定的六个"哈里发候选人"中之一不是首先奉教的人，所以应该为奥斯曼报仇。穆尔威叶以为自己是奥斯曼亲属中最有实力者，所以更应该为奥斯曼报仇。

这个时候，有一部分圣门弟子，既不拥护阿里，也不附和阿里的敌党，他们宁愿牺牲官职，不肯参加内争。最著名者如伊本·欧麦尔、伊本·麦斯欧迪、伊本·宛葛斯、艾撒马、撒比特、伊本·赛兰等人。伊本·宛葛斯曾说："穆圣告诫我，如有人发生争端时，叫我拔出宝剑，去砍断伍侯德山的一角。[①] 若是砍断了，我回到家中等候着，或被人杀死，或自然归真。"[②]

脱拉哈与祖白尔二人，不久即在"骆驼战役"被杀，而穆尔威叶

① 穆罕默德时，伊斯兰教军与古莱氏人战于伍侯德山，因弓手不听命，擅离阵地，伊斯兰教军大败。——译者

② 意即叫他毁去宝剑，不要参加内战。——译者

却成为阿里的劲敌，因为穆尔威叶身为叙利亚总督，拥有叙利亚的有组织的军队。经过绥费尼（在幼发拉底河畔）战役之后，穆尔威叶见军事不利，遂令士卒枪挑《古兰经》，要求阿里以《古兰经》为裁判，和平解决。

这是本章应叙述的伊斯兰教初期，形成哈瓦立及什叶、麦尔吉阿三大教派的简略的历史。

第二章　哈瓦立及派（军事民主派）

阿里与穆尔威叶经过“绥芬之役”激战之后，穆尔威叶要求以《古兰经》为裁判，解决纠纷。阿里的部属对这个问题的态度很不一致。如不接受“裁判”，自己又高唱着为安拉出战的口号；如果接受“裁判”，又明知这是穆尔威叶军事失利后的一种诈术。经过长时间的辩论后，阿里终于接受了。于是穆尔威叶派阿慕尔为代表，阿里派爱施阿里为代表。这时，阿里属下的一部分台米姆族人，忽然由内部起来反对，认为接受穆尔威叶的要求，以《古兰经》为裁判，是错误的。因为安拉的裁判，已经彰明昭著了。他们认为只有在弄不清楚正义属谁的时候，才采取“古兰经裁判”的办法，而这时候的阿里是不应疑惑的，因为同穆尔威叶打仗，就是为正义而战。台米姆人的这种号召，本来已经深入人心，再加有人高唱“除安拉外，没有裁判”的口号，于是一人高呼，各方响应。这句口号，如电流一般，穿进人心，成了这一批人的信念。

于是，这些人起来要求阿里，要么自己承认错误，拒绝“古兰经裁判”；要么接受“古兰经裁判”，自己承认叛教。如果拒绝谈判，他们就拥护他；否则，就要转过来同他打仗。阿里不肯接受，他此时的处境非常困难，他如何能够对穆尔威叶失约呢？宗教就是命人践约的，倘若背约，大部属从必然离弃他。他又如何能自己承认背叛安拉呢？他自奉教后,从来没有背叛过安拉。然而高呼“除安拉外,没有裁判”的人太多了,阿里非常窘迫。他在礼拜堂内讲演的时候,人们就用“除安拉外,没有裁判”的呼声打断他的讲演,于是四隅的人,立刻起来响应。有一个人对着阿里诵读了下面一段《古兰经》以攻击他:“我默示你和你之前的人,假使你除信安拉外还信多神,你的工作便白废了,你一定是亏本的人。”这时适逢两代表议和失败,希望议和能停止流血、恢复和睦的人们也失望了。于是这一部分人的主张益愈坚固,甚至阿里属下的一部分古兰念家也加入了。阿里始终拒绝他们的要求。大家失望了,就集合在一个人的家里,有一个人起来演说道:“指主发誓,信仰安拉,服从安拉法令的人,不应该迷恋尘世;舍去尘世,应该不顾利害地起来劝善止恶,宣传正义;今生受了迫害,来世必得安拉的报酬,享受永久的乐园。走罢,弟兄们！我们离开这人心亏损的地方,走到山洞里去,或走到别的地方去,离开这些迷惘的异端！”于是大家去到库法附近的一个叫哈鲁拉的村落。后人就称他们为“哈鲁拉派;”又称为“木哈基母”(裁判)派,因为他们主张“除安拉外,没有裁判”。这两个名词都是被用来称呼“哈瓦立及派”的。他们推举一个名叫阿卜杜拉·瓦赫布的人为首领。“哈瓦立及”是“出走”之意,就是说他们由阿里的营中走出的意思。有人解释“出走”,乃出走到安拉的道路上,这是由下面一段《古兰经》文引申而来的:“谁若是从他的家庭走出,去为安拉、为安拉的使者因而死去,则安拉给他报酬。”“哈瓦立及派”又被称为“舍身派”,意思是为安拉而舍身。这是从下一句《古兰经》文而来的:“有的人为取悦于安拉而舍身。”阿里曾同哈瓦立

及派人作战，在著名的“奈赫鲁旺战役”[①]中，打败了他们，杀了许多哈瓦立及派人。然而阿里并未铲除他们的势力，也没有消灭他们的思想，战败后，哈瓦立及派人对于阿里，更含恨入骨，竟预设计谋，杀了阿里。杀人者名阿布杜·拉赫曼·穆尔哲姆，他妻子家中的人在拿赫鲁宛之役大部战死。

哈瓦立及派为倭马亚王朝的劲敌，不断地以稀有的勇敢同倭马亚人战争，威胁着倭马亚人，在好几次战役中，倭马亚王朝险些被消灭了。哈瓦立及派的人在很长时期内，遭受着残酷的迫害与屠杀，此处不能详述。哈瓦立及派分为两个分支，一个在伊拉克，巴士拉附近的巴脱伊哈，就是他们的根据地。他们占领克尔曼及波斯的几个地方，常威胁着巴士拉，纳费尔·爱兹莱格和高脱里·弗查埃二人是他们著名的首领。

一个分支在阿拉伯半岛，占领也门、哈达拉毛、塔伊夫等地。艾布·脱鲁特和奈吉德·阿米尔二人是他们著名的首领。

倭马亚王朝同这两支哈瓦立及派人，进行了很长时期的战争，战争继续了整个王朝的时代，直到了王朝的末期，才打败这两个集团。

到了阿拔斯朝，哈瓦立及派仍然存在着，然而势力已渐次微弱，武力已渐被摧毁，不如倭马亚王朝时那样强有力了。

哈瓦立及派的教训　哈瓦立及派为了哈里发问题而开始提出他们的主张，他们承认艾布·伯克尔和欧麦尔，也承认奥斯曼初期

① “奈赫鲁旺”位于伊拉克的库法城与巴士拉城之间。公元65年，阿里和哈瓦立及派信徒在此发生激战，哈瓦立及派大败。——译者

的政权。但是自奥斯曼改变了态度,不依循艾布·伯克尔和欧麦尔的政策之后,便主张推翻他了。他们也承认阿里,但是自从阿里接受穆尔威叶提出的“古兰经裁判”之后,就判阿里为叛徒。他们攻击参加“骆驼战役”的人物,如脱拉哈、祖白尔、阿绮莎等人。把从事议和的两代表爰施阿里和阿慕尔,通通看作叛徒。根据伊本·奈迪姆的记载:“有人抓到了一个哈瓦立及人,解到基雅德处,基雅德问他对艾布·伯克尔和欧麦尔的看法如何?他答道:二人是善良的。又问对奥斯曼的看法如何?答道:最初六年拥护奥斯曼,后来他背叛了安拉,便开始反对他了。又问对阿里的看法如何?答道:原来是拥护阿里的,到阿里接受‘古兰裁判’后,便不再拥护了,阿里已经背叛安拉了。又问当今哈里发穆尔威叶如何?那人大骂穆尔威叶不止。”[①]由此可见,哈瓦立及派最初的言论都是同哈里发问题有关系的。他们所研究的,不外谁应为哈里发,谁不应为哈里发,谁是信士,谁是叛徒……这些问题。

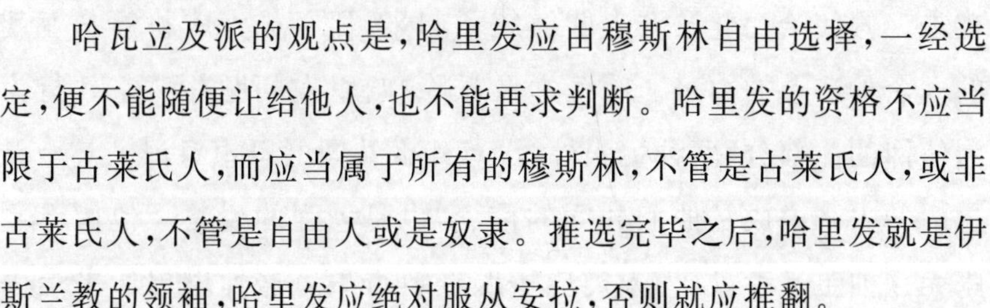

哈瓦立及派的观点是,哈里发应由穆斯林自由选择,一经选定,便不能随便让给他人,也不能再求判断。哈里发的资格不应当限于古莱氏人,而应当属于所有的穆斯林,不管是古莱氏人,或非古莱氏人,不管是自由人或是奴隶。推选完毕之后,哈里发就是伊斯兰教的领袖,哈里发应绝对服从安拉,否则就应推翻。

所以哈瓦立及派的首领阿卜杜拉·瓦赫布,就是推选出来的,用“穆民(信士)的领袖”这样的称号称呼他。瓦赫布不是古莱氏人而是阿兹德地区的拉西布人。以后的首领,也是推选出来的。哈

① 沙赫力斯坦:《宗教与教派》,第1卷,第161页。

瓦立及派对于哈里发问题的主张，恰与什叶派和逊尼派相反。什叶派主张穆圣的亲属阿里及其后裔才得为哈里发，逊尼派主张古莱氏人才有哈里发的资格。哈瓦立及派对于哈里发问题的主张，就是他们反对倭马亚朝和阿拔斯朝的原因。他们认为倭马亚朝和阿拔斯朝的历代哈里发，全是暴虐的，不公正的，不符合于他们所提出的哈里发的条件。

我们认为，哈瓦立及派最初原是纯粹的政治党派，到了哈里发麦尔旺时代，才将一些神学研究，掺进政治主张中去。对此影响最大的为纳费尔·爱兹莱格的信徒。[①] 哈瓦立及派在宗教方面，主张礼拜、斋戒、诚实、公正是信仰的一部分；认为信仰不只是内心的功课，所以单是相信“除安拉外，别无主宰，穆罕默德是安拉的使者”，不遵行宗教各项仪式，并犯重大罪恶的，都是宗教的叛徒。

哈瓦立及派并不是一个统一的集团，他们充分表现着阿拉伯游牧民族的性格。因此常常发生纠纷，在各小集团中，不断地彼此攻击。假使哈瓦立及派人能够统一起来，那必成为威胁倭马亚朝的一个最严重的力量。哈瓦立及派除“哈里发问题”及“宗教行为为信仰的一部分”两种主张外，没有什么共同的思想意识。甚至将这两种主张说成是他们共同的信念，也是勉强的说法。他们有主张无领袖主义者，以为人类应按照经典行事。这种思想似乎是由他们著名的口号“除安拉外，没有裁判”一句话的解释而来的。因为阿里听见他们喊这个口号后说道：“这本是一句正确的话，而他

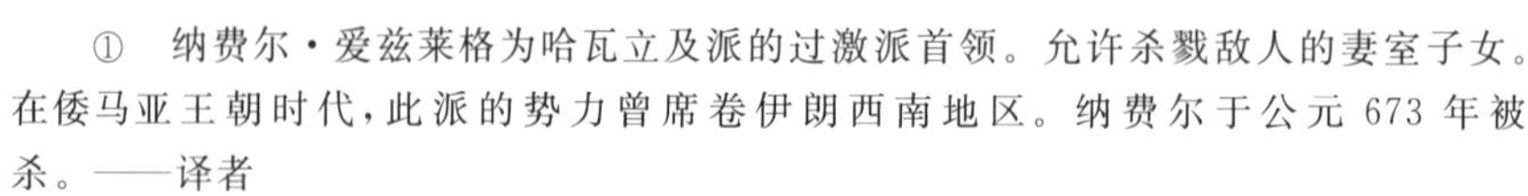

① 纳费尔·爱兹莱格为哈瓦立及派的过激派首领。允许杀戮敌人的妻室子女。在倭马亚王朝时代，此派的势力曾席卷伊朗西南地区。纳费尔于公元 673 年被杀。——译者

们故意错误地解释。不错,除安拉外,没有裁判,但是他们的用意乃是没有领袖,只有安拉,却不知人类必须有一个领袖,无论领袖的贤愚,这样才能使信士与非信士都安居乐业、获取战利、抵抗仇敌、保障道路、抑强扶弱,使善良者得以安心,不受坏人的干扰。”伊本·艾布·哈底德说:“哈瓦立及派最初主张无领袖主义,当他们推选阿卜杜拉·瓦赫布为领袖后,就改变自己的主张了。”[①]

总之,哈瓦立及派对于上面的两种主张是一致的,此外的问题便是分歧的了,共分为二十余派,各派都有其特殊的教训,[②]此处不能备述,只提出著名的四派来说:

1. 爱萨里格派　爱萨里格派是纳费尔·爱兹莱格的信徒。纳费尔原是哈瓦立及派最大的法学家,他武断地认为哈瓦立及派以外的穆斯林全都是叛徒。他主张本派人不能跟随别派人祈祷,不吃别人屠宰的牲口,不和别人通婚,不和外人发生继承遗产的关系。他们对别派的伊斯兰教人,如对蒙昧时代的阿拉伯人与多神教徒一样,假使不从新举行奉教仪式就要杀戮,不问妇孺婴孩。不准本派人同敌人表面妥协,因为安拉说过:“你们中有一部分人畏人如畏主,或比畏主还厉害。”对反对派施行诈术是合法的。他们对能打仗而逃避者,虽为哈瓦立及派的人,也断为叛徒。

2. 奈芝达特派　这一派的人是奈芝达特·阿米尔的信徒,他的教训是,人们经过努力之后,而犯了错误,是可以原谅的。认为宗教就是“认识安拉”、“认识圣人”。除此而外,虽然毫无所知,也

① 伊本·艾布·哈底德:《辞章之道注释》,第1卷,第25页。

② 参看沙赫力斯坦:《宗教与教派》、阿尔·巴格达底:《教派的分歧》等书。

可以原谅。但是证据成立之时，就应该信仰。他认为在判断是非之时，如果经过努力研究之后，而错断非义为合义、合义为非义，都是可以原谅的。奈芝达特派以为说谎的罪恶较奸淫、饮酒的罪还要重大。纳费尔与奈芝达特对于这些原则，有长期激烈的争辩。①

3. 爱巴底叶派　这一派的领袖是阿卜杜拉·爱巴底，他的信徒至今还遍于北非洲一带。他们对待别一派的人是比较缓和的，许可通婚、继承，偏向和平，认为同哈瓦立及派以外的人战争，或用阴谋俘虏别一派的人，都是非义的。除非先对敌人劝告、立证、而后正式宣战。阿卜杜拉·爱巴底派产生于伊斯兰历一世纪后半期，他的信徒对于哈里发大都是和平相处的。

4. 苏福利叶派　这是基雅德·艾斯法尔的信徒，他的教训与爱萨里格派没有多少异点。

上述四派就是哈瓦立及派最著名的支派，在各种著作中都曾提到。

哈瓦立及派说，伊本·阿拔斯的释奴伊克里玛，以及圣门弟子艾奈斯·伊本·马立克都是崇奉哈瓦立及派的。哈桑·巴士理同意哈瓦立及派的主张，认为阿里参加“古兰经裁判”是错误的。但是，哈桑并未参加哈瓦立及派。哈桑举行讲座时，首先提念哈里发奥斯曼，为他祈祷三遍，然后诅咒谋杀奥斯曼的凶手，说道：“如果我们不诅咒凶手，我们必将被人们诅咒。”接着，哈桑·巴士理又提念阿里，说道：“穆民的领袖即将胜利的时候，却接受了‘古兰经裁

① 阿尔·穆拜莱德：《哈瓦立及派历史》，第2卷；《辞章之道注释》，第1卷，第382页。

判’,你为什么接受‘古兰经裁判’呢？真理本来是属于你的,为什么不乘胜前进呢？你是有理的。”

木汉莱卜·伊本·艾布·萨弗莱用各式各样的圣训攻击哈瓦立及派,他编造圣训以笼络族人,削弱哈瓦立及派的影响。他认为“兵不厌诈”。阿兹德地区的人,每见木汉莱卜出门,就说道:“他又出去造谣惑众了。”有一个人说了一句诗:

你本是一个好青年,如果你说真话!

这也许足以说明为什么文史书籍中充满了咒骂哈瓦立及派的圣训。

*　　　*　　　*

哈瓦立及派绝大多数的信徒,是阿拉伯的游牧人。由于哈瓦立及派对哈里发问题具有民主的主张,认为哈里发资格不应限于古莱氏人,或阿拉伯人,凡为穆斯林都有资格,不管是自由人还是奴隶。因此,深得一般释奴的同情,所以也有一部分释奴参加进去。但是释奴参加的人数毕竟不多,因为大部分哈瓦立及派人,具有浓厚的宗族观念,他们轻视释奴。根据伊本·艾布·哈底德的传说,有一个释奴和一个哈瓦立及派的阿拉伯女子结婚后,哈瓦立及派的人就对那个女子说:“你为我们出丑了!”假使没有这样的狭隘观念,那么必然将有更多的释奴参加进去。

研究哈瓦立及派的历史,可以看出它的几个重要的特征:

1. 过分的修持　沙赫力斯坦说,哈瓦立及派是“斋戒之人”、“礼拜之人”。阿尔·木邦利德说:“哈瓦立及派人全是不说谎、不干明显罪恶的人。”基雅德杀了一个哈瓦立及人后,命人将死者的释奴喊来询问死者的情况,释奴答道:“我白昼不向他进奉饮食,夜晚不为他铺床叠被。”[1]

阿里·阿卜杜拉遣一使者去见拿赫鲁旺的哈瓦立及人，使者到了那里，“只见人人由于长年的礼拜，前额深凹，两手如骆驼的膝头一般，穿着清洁的汗衫，人人都是紧张地工作着”。一个名叫艾布·哈木斯的哈瓦立及人，描写同伴的情况时说得很好：“他们是一些青年！青年时期就修持了！他们紧闭着两眼，不视邪恶，稳定足跟，不蹈虚伪，为修持而消瘦，为夜功而孑弱。在深更静夜之时，他们屈着背儿，念诵《古兰经》，念到说天园的时候，他们涕泣流泪，企望天园的福泽；念到说火狱的时候，他们气喘唏嘘，恐惧未来的罪罚；好像地狱中的呼啸呐喊，在他们的耳边缭绕着。从白昼到黑夜，从黑夜到白昼，他们不断地劳苦着。地面毁伤了他们的两腿、两手、鼻端、前额，[2]他们静心地向着安拉。虽然敌人的箭在弦上了，矛头举起了，利剑出鞘了，而千军万马呐喊着奔腾而来了。因为他们在安拉罪罚的恐怖中，觉得战争的恐怖不算什么了！他们中的青年，徒步出征，甚至两腿跨到马脖上了，[3]他们漂亮的面容被鲜血染红了。然后地上的猛兽向他们扑来，天空的鸟儿向他们飞来，飞鸟啄去多少眼珠啊！当日曾因畏惧真主而在深夜痛哭流涕，猛兽噬去了多少手掌啊！当日它（手掌）的主人为了膜拜真主曾借它在深夜抚摸地面啊！”哈瓦立及人的思想，非常极端，凡犯大罪者——甚至于小罪者，在他们看来就是叛徒。倘使他们的领袖，犯了一桩很细微的罪过，他们就立刻起来反抗他。有一部分人极

① 意思是废寝忘食，日夜修持。——译者

② 礼拜时鼻额触地。——译者

③ 战马冲锋时，跑得太快，骑士颠簸过甚，跨到马脖上了。——译者

端到判断别派的伊斯兰人全是叛徒。他们对待别派人,比对待非伊斯兰教人还要厉害些。相传有一次穆阿台及勒派的领袖瓦绥尔·伊脱落在他们手中,自己只好假意承认是多神教徒,他认为承认是一个多神教徒比承认是一个反对他们的伊斯兰教人还容易得救。哈瓦立及派对异派伊斯兰人,异常虐待,虽老弱妇孺,也毫不怜惜。反对他们的人虽承认阿里接受"古兰经裁判"是错误的,承认奥斯曼的行为是错误的,也不能满足他们,必须判断二人以及二人的支持者为叛徒,才能符合于他们的要求。他们要求阿卜杜勒·祖白尔否认他的父亲祖白尔。以哈里发奥马·阿卜杜勒·阿齐兹之公正、廉洁,也不能满足他们的心意。他们要求奥马·阿卜杜勒·阿齐兹完全跟他们一致,要求他咒骂他的先辈——倭马亚王朝的历代哈里发。哈瓦立及派如此鼓动跟反对派进行流血战争的极端思想,就是他们学派活动中的最大的污点。

2. 忠于信仰　哈瓦立及派人不惜以战争保护信仰,因此有许多善良的人,以慈悯和同情的眼光看待他们。相传阿里在最后的一些日子说道:"我死之后,你们不要同哈瓦立及人打仗,为寻求真理而犯错误的,不能跟为寻求罪恶而得到罪恶的人,同等看待。"他的意思是说哈瓦立及派人虽然错误,但他们原来是探求真理,维护信仰的人;而穆尔威叶则不是寻求真理,而是寻求罪恶而获得罪恶并且包庇罪恶的人。奥马·阿卜杜勒·阿齐兹对一部分哈瓦立及派人说道:"我知道你们并不是贪图今生的幸福,你们实在是为寻求后世,可是你们走错路了。"哈瓦立及派人因为太忠于信仰,故一有机会,就公开宣传他们的主张。他们的历史,充满了罕见的勇敢。《罕世璎珞》的著者说:"各个派别中,没有比哈瓦立及派人更勇敢、更视死如归者。有一个哈瓦立及人被敌人戳穿胸部后，还奋起余勇，挣扎着跑到敌人面前，口里说道：‘我的主！为了讨你的欢喜，我很快地到你面前来了！’一个哈瓦立及人和穆尔威叶战争，穆尔威叶叫那人的父亲前去劝他停战；他父亲去对他苦口相劝，他总是不听。后来父亲说：‘我的儿！我抱你的儿子来叫你看着，你或许会回心转意！’那人道：‘我的爸爸！我啊，指主发誓：我想望利剑穿心，比想望我的儿子还更迫切一些！’”哈瓦立及人虽手持一鞭，也必力战不屈。卡尔白说：“哈瓦立及人的流血，较别人的流血高贵十倍。”伊本·基雅德命艾斯来木·祖勒阿领二千军队，攻打一队哈瓦立及人。被艾布·比拉勒以四十八人击败而还。伊本·基雅德责问道：“你怎么以二千军之众而败于四十八人呢？”艾斯来木在街上行走的时候，群儿追逐着喊道：“艾布·比拉勒跟在你的后面来了！”哈瓦立及派的妇人也和男子一起去打仗，奋勇牺牲于战争的妇女数不胜数。艾布·法拉吉的《诗歌集》中有这样的记载：有一个哈瓦立及的女子名叫媪母·哈基木，勇敢善战，而且美貌绝伦，笃于信仰。哈瓦立及人向她求婚的很多，都为她谢绝。有人见她每出去打仗的时候，口里总是唱着：

我撑着我的头颅啊，好厌烦！
没有工夫梳洗，没有工夫装扮，
你青年们啊！快来拿去我的重担。

哈瓦立及派既忠于信仰、严守宗教，又勇敢善战，豪迈无比，再加上他们具有纯粹的阿拉伯人的性格，所以在他们的历史中，就产生了一种文辞优美、结构严密、充满了热力的文学——诗歌与散文的作品。俄拜杜拉·基雅德对哈瓦立及曾施行迫害，加以残酷的监禁、伤害和杀戮。有人为哈瓦立及派人说情，希望他宽容一切，他坚决不允，并说："我必须防患于未然，这些哈瓦立及人之吸引人心，有如灯火之吸引飞蛾。"哈里发阿卜杜勒·马立克·伊本·麦尔旺勒令一个哈瓦立及人放弃教派，那人坚持不屈，并要求哈里发听听他的辩解，哈里发允许了他。那个哈瓦立及人便用流畅的、浅显易解的辞语，解释了哈瓦立及派的道理。阿卜杜勒·马立克听完说道："我心中想着，好像天堂就是专为他们而创造似的，我似乎应当相信他们。但是安拉使我坚定下来，我仍坚持着安拉给我的真理。"哈瓦立及派中产生过许多著名的演说家和伟大的诗人。如俄木拉尼·伊本·希塔尼和脱立马哈便是著名的诗人。又如艾布·欧拜德·玛尔迈勒·伊本·木桑那便是著名的文字学家兼文学家，他是巴士拉城最精通语言、文学和历史的人，而且也是阿拔斯王朝初期著作最多的人，相传他的著作达二百种之多。他是释奴中稀有的学者，他原是波斯的犹太教徒，后奉伊斯兰教，崇奉哈瓦立及派。他十分仇恨阿拉伯人，曾写有揭露阿拉伯人的缺点的著作。我们在这里不能详述哈瓦立及派的文学成就，这是属于我们的"文学史"专书的范围。

第三章　什叶派[①]

穆罕默德死后，一部分人主张穆圣的亲属应当做他的继承人，而穆圣的亲属中则以阿里和阿拔斯二人最有资格，二人之中又以阿里最为适当，我们在前面已经提到。事实上，当时阿拔斯并没有跟阿里竞争哈里发的位置，尽管他曾跟阿里竞争过费得克地方（属海邑巴尔区的一个乡村）的遗产。[②]

什叶派产生的经过，是十分简单的，简单地说，穆罕默德死后，经、训没有明文规定继承制度，不得不以公意解决。于是麦地那人，主张麦地那人应为哈里发，麦加人主张麦加人应为哈里发。阿里的党徒则以为哈里发位置，乃世袭的"精神遗产"，认为假使阿里有权利继承穆罕默德的物质遗产，当然就有权利继承其精神遗产。没有正确的史实，证明阿里曾提出经训明文，作为自己是穆圣指定的继承人的证据。假使有这样的证据，那么麦地那人和麦加人一定拥护他的。根据历史事实，阿里没有提出这样的证据，他虽然犹豫了一个时期，但最后还是拥护了艾布·伯克尔，后来又继续拥护

---

① "什叶"（Shea）为"宗派""党徒"之意；"什叶派"即"阿里的党徒"之意。——译者

② 伊斯兰初期，阿拔斯家族应该为继承人的口号还未提出，在阿拔斯王朝建立后，才提出这种口号，以巩固该朝的统治政权。——译者

欧麦尔和奥斯曼二人。阿里只是说他应当为继承人，他的证据是圣裔如果实，古莱氏人如树身，果实比树身为贵。布哈里的《至圣实录》中说："穆圣垂危的时候，阿里进去探望病状。出来的时候，有人问道：'哈桑的父亲！安拉的使者病情怎么样了？'阿里答道：'感谢安拉，他快要痊愈了！'这时阿拔斯忙执着阿里的手说道：'指主发誓！只是三日的光景了。我看穆圣怕要在这一阵的疼痛中归回！我知道阿布德、孟它利布后人临死时的脸色！我们进去吧，去问问谁继承他，假使是属于我们自己，我们也得弄个明白；假使不是我们，他也得嘱咐我们。'阿里说：'啊！指主发誓，如果我们去问了他，别人也一定阻挠我们，不让我们继承的。我决定不去问他！'"

圣门弟子中有的认为阿里比艾布·伯克尔、欧麦尔等人为贵，如安马拉、艾布祖里、赛尔曼·查比尔、阿拔斯、伍白邑·卡尔白等人便是这样看法的。

这个时期以后，什叶派思想不断地转变着，什叶派人说："哈里发的位置不是大众的权利，不能由大众推选和大众议定。因为哈里发是宗教的栋梁，是伊斯兰教的基础。先知不会疏忽了这样的问题，也不会把它交给大众的。先知应该为伊斯兰教人指定一个领袖，指定一个没有犯过大小罪过的领袖，而阿里就是穆罕默德圣人所指定的伊斯兰教人的领袖。什叶派为了标榜自己的派别，便传述和注解了若干为圣训学家和法学家所不知道的圣训大部分是伪造的，或穿凿附会的。"

由此而发生"遗嘱思想"[①]，称阿里为"遗嘱指定的继承者"意

① 即在什叶派中产生了穆罕默德曾立下遗嘱，指定继承人的想法，伊斯兰教的教派术语中称为"遗嘱思想"。

思是说，阿里应为哈里发，乃穆圣遗嘱指定，不是大众所推选的。穆圣以哈里发之位传给阿里，阿里又传给后人。世世代代，家传下去。于是“遗嘱”一字在什叶派中普遍地流传使用着。

什叶派由这种思想而夸大阿里及其后人的圣洁，认为他们没有错误，他们的一切言行，都是正确的。又夸大阿里的品位，以为他的品位高过艾布·伯克尔和欧麦尔诸人。举例而言，如伊本·艾布·哈底德，乃什叶派中比较公正的人，然而他也说过这样的话：“我们的朋友——他们是走中庸之道的人——认为：阿里在来世品格高尚，在天园品位极尊，在今生品德完美。凡仇视阿里，同阿里打仗或厌恶阿里的人，都是安拉的仇敌，永远陷在火狱中与叛徒和伪君子为伍，除非他们及早忏悔，未死时就宣布拥护阿里。至于在阿里以前执政的诸贤明的哈里发，假使阿里当日否认他们的政权，厌恨他们，同他们打仗，而为自己打算，那么我可以断定，他们一定是失败的，有如穆圣和穆圣的后人厌恶他们，他们也一定会失败一样。因为穆圣对阿里说过：‘你的战争就是我的战争，你的和平就是我的和平。’又说：‘真主啊！你帮助拥护阿里者！惩罚仇视阿里者！’又对阿里说：‘只有信士才爱你！只有伪君子才恨你！’但是阿里并没有反对诸先贤，他承认他们，拥护他们，跟在他们后面礼拜……我们不过分颂扬阿里的德行，也不夸耀他的声望。你不见吗？他同穆尔威叶讲和，我们就同他讲和；他诅咒穆尔威叶，我们就诅咒穆尔威叶；他断定叙利亚人民及一部分圣门弟子如阿慕尔之辈为迷惘，我们也断定他们为迷惘。总之我们以为穆圣高于阿里之处，就只是“圣品”，除此而外，穆圣的一切美德，阿里都是具备的。阿里所未攻击过的圣门弟子，我们也不攻击，阿里怎样

看待他们，我们也怎样看待他们。"[①]

什叶派人由于夸大阿里的高贵与圣洁，而涉及艾布·伯克尔、欧麦尔及奥斯曼诸人继任哈里发的问题。他们当中的折衷派只是指责三人继任哈里发的行为，及别人拥护三人为哈里发的行为是错误的，认为他们明知阿里应当继位而不肯让阿里继位。然而他们中的过激派则断三人以及拥护三人者为叛教徒，以为他们违背穆圣的遗嘱而篡夺了哈里发的位置。什叶派人为了适应本派的主张而注解历史。把许多历史事件注解得非常怪异。举例而言，"什叶派人说，穆罕默德知道自己快要死了，就匆忙打发艾布·伯克尔和欧麦尔二人随伍萨迈出征叙利亚，叫他们离开麦地那，让阿里的处境顺利些，以便麦地那的伊斯兰人安心地拥戴阿里继位。二人行至中途，接到穆圣已死和众人拥护阿里的消息，便竭力反对，而伍萨迈本来奉命兼程出伐的，这时也按兵数日不动，不执行穆圣严厉督促出兵的命令。于是穆圣的计划竟未成功。"[②]

什叶派过激分子之颂扬阿里，尚不止此，他们不但把阿里看为穆罕默德以后最高贵最完美的人，并且神化阿里，说阿里是神："神的一部分精灵，降于阿里的肉体，混合为一，所以阿里能预知未来，丝毫不爽，与敌战争，百战百胜，他拔起海邑巴尔的城门。他自己曾说，指主发誓，我拔起海邑巴尔的城门，并非以人力，乃是借神力……有时候，雷声就是他的喊叫，闪电就是他的微笑……。"[③]这班神化阿里的过激分子，有多少奇怪的言论，值不得一提。最先神

① 伊本·艾布·哈底德：《辞章之道注释》，第4卷，第520页。

② 同上书，第1卷，第54页。

③ 沙赫力斯坦：《宗教与教派》，第1卷，第204页。

化阿里的是犹太人阿卜杜拉·赛白衣[①]，那还是阿里在生之时。本书前面《波斯的宗教》一章中曾说过：阿卜杜拉·赛白衣曾向艾布·祖里宣传社会主义思想。他先鼓吹大众颠覆奥斯曼，后来又神化阿里。在他一生的经历中，曾创立了许多言论以反对伊斯兰教，经常秘密结会，宣传他的主张。他用伊斯兰教为幌子，掩盖着他的阴谋。他奉伊斯兰教后，赴巴士拉大肆宣传，为巴士拉总督所逐，赴库法又被逐。最后到了埃及，得到一部分人的附和。他最著名的主张是"遗嘱"与"转世"。所谓"遗嘱"前面已经说过。他鼓动伊斯兰教人攻击奥斯曼，说奥斯曼篡夺阿里的哈里发位置，并以奥斯曼的许多错误为攻击的借口。他所谓的"转世"，就是说穆罕默德将来仍要转回世间，他说："奇怪啊！那班人为什么承认耶稣的转世，而不承认穆罕默德的转世？"但是后来他的主张改变了，他不说穆罕默德的转世而说阿里的转世了。伊本·哈兹木传述，当阿里被人暗杀后，阿卜杜拉·赛白衣曾说："纵然你们将他的脑髓拿来给我一千次，我也不相信他的死。他是不会死的，除非地面上充满了公道，如充满了暴虐一样。"这种"转世"的思想，乃是阿卜杜拉·赛白衣从犹太教里撷取来的。犹太教人以为先知伊尔雅斯升天去了，将来还要带着宗教与法律转回来。早期的基督教，也有这种思想。这种思想在什叶派中转变着，他们说他们有隐身的领袖，将来必转回来，使世间充满公道，因此而产生"迈赫底伊玛目转世"的思想流传。

① 部分历史家认为阿卜杜拉·伊本·赛白衣乃一神话人物，并非历史上的真人。我们认为这种说法缺乏可靠的史实。

什叶派神化阿里的原因,很令人诧异,穆罕默德本人也并没有被任何人尊为神灵,阿里自己也曾明白地宣示他崇奉伊斯兰教,是穆罕默德的信徒。什叶派所以神化阿里,是因为他传述阿里有若干灵迹而且能知未来。他们用阿里的口吻,在《辞章之道》里说道:"在你们失去我之前,你们赶快问我!——指着执掌我的生命的主宰盟誓,你们无论问我关于你们的事,或关于末日之事,我都告诉你们。你们问我外面的消息,我告诉你们:一队人来了,百人走上大路了,百人失迷路途了,谁是引路者,谁是督队者,谁是赶驼者,在什么地方休息,谁被杀了,谁死了……这一切我都可以告诉你们。"什叶派人说阿里预知他的儿子侯赛因之被杀,预知卡尔巴拉之役的事件。预知哈查吉的情况。预知哈瓦立及派之发生及其归落;预知倭马亚人及其朝代;预知伊本·阿拔斯后人之兴起:"伊本·阿拔斯生了儿子后,抱着去见阿里,阿里接过去唾一口唾沫在他的口中,又用嚼过的椰枣喂他,然后递给伊本·阿拔斯说道:抱着这个'诸王的父亲!'"[①]这一类的传说,在什叶派中流传很广,他们差不多说阿里能知道过去、未来——直到最后审判日的一切。什叶派大多盛行于伊拉克,而伊拉克自古以来是产生各种宗教、各种学派的泉源:在过去摩尼教、马兹德教固然流行于伊拉克。伊拉克人中还有犹太教徒,有基督教徒。他们听见过各教派中关于神灵降于人体之说。凡此种种,都是什叶派神化阿里的原因。至于阿拉伯人,他们跟各种教派,各种传说相隔甚远,生活异常简单,信仰纯出自然,所以不可能神化穆罕默德。《古兰经》用穆圣的口吻

① 穆拜莱德:《哈瓦立及派历史》。

屡次说:“我只是凡人,如你们一样,我受了默示:只有你们的主宰是独一的主宰。”

什叶派的这种信仰,很多违反伊斯兰教认主唯一的纯朴思想。幸而这并非整个什叶派人的信仰,也不是大多数什叶派人的信仰,只是少数过激的派系的主张而已。

什叶派的基本思想,首先是哈里发问题,或称为“伊玛目”问题,即主张穆罕默德死后阿里应为“伊玛目”(领袖),主张阿里以后的领袖正统是安拉所规定的。其次主张“承认伊玛目”“服从伊玛目”是信仰的一部分。什叶派所谓的“伊玛目”和逊尼派(正宗派)所谓的“伊玛目”,大不相同。逊尼派以为“哈里发”或“伊玛目”是穆罕默德维护宗教的代理人,督率人们遵循安拉的命令。他虽然是司法、行政、军事的首领,然而他没有立法权,他只能解释经训,或在没有经训明文的时候,进行创制。而什叶派则认为“伊玛目”是人间最伟大的导师,第一个“伊玛目”继承了穆罕默德的一切学问;他不是凡人,而是超人;他是受安拉保护的,不会犯任何错误。

什叶派又认为穆罕默德有表面的、内在的两种学问,他已经将这两种学问都传授给了阿里,所以阿里精通《古兰经》的隐喻与明意,知道自然的奥妙及未来的秘密。阿里以后的“伊玛目”,将这些学问的遗产,世代承袭下去,每一个“伊玛目”都将这些奥妙的学问去教导人们。所以“伊玛目”也都是世间最伟大的导师,什叶派不相信任何学问、任何圣训,除非是由这般“伊玛目”所传授的。

什叶派对于“伊玛目”的问题以及关于“伊玛目”继承系统的问

题，意见有分歧；[①]最主要的支派为“赛德派”和“伊玛目派”。

“赛德派”是阿里第四代孙赛德·哈桑的信徒，在什叶派中是最公正的，也是最接近逊尼派的。原来赛德是穆阿台及勒派领袖瓦绥勒·伊脱的学生，从老师吸取了许多教训。他承认伊玛目之尊，但认为各伊玛目中也不一致，他们当中有特别尊贵的。他说阿里固然较艾布·伯克尔、欧麦尔高贵，但这二人担任哈里发也是合法的。赛德派对于伊玛目问题的看法是公正的。他们认为哈里发问题，没有经训明文的规定，也没有默示的指定，凡是博识、廉洁、勇敢、仗义而又能为正义战争的法提玛人（阿里后裔）出来要求伊玛目位置，就可以担任伊玛目的职务。出来要求伊玛目位置的，应该出身于贵族王公。所以哈里发问题在他们看来是相对的，不是绝对的，并不像伊玛目派那样，认为即使遭到失败之后，还坚持有“隐身的伊玛目”的存在。赛德派不信哈里发为神灵的一部分，认为这是荒诞之言。赛德因为反对哈里发希沙姆·阿卜杜勒·马立克（公元 724—743 年），于伊斯兰历 121 年（公元 738 年）遭到杀害。他的儿子也继续反对王朝，于伊斯兰历 125 年（公元 742 年）被杀。至今赛德派仍盛行于也门一带。

伊玛目派的最重要的信条，是围绕着“伊玛目”的问题，所以有这个名称。他们认为穆罕默德曾明白指定阿里为继承人，而为艾布·伯克尔和欧麦尔二人所篡夺。他们不承认二人的继承权。“伊玛目”派认为承认阿里家族的继承权乃是“信仰”的一部分。此派分为若干支派，对于领袖的人选，也不能一致。

---

① 参看沙赫力斯坦《宗教与教派》及伊本·赫勒敦《历史绪论》。

伊玛目派中还有许多小支派[①]，如“十二人派”主张指定十二人为哈里发连续的正统。这一派是波斯历朝的正式教派，直延续至今日。还有“伊斯玛仪派”，以拥护伊斯玛仪·扎尔法为哈里发而得名。他们在伊斯兰教史中，扮演了很长的几幕。他们采取新柏拉图派的学说，牵强地使它符合于自己的教派，又根据“精诚弟兄派”所传述的、关于新柏拉图派的著作，创制自己的理论。其论点分为九个步骤，首先掀起非难的问话，对伊斯兰教加以怀疑。如问：“朝天房中的‘投石’是什么意思？”“在索法与麦尔瓦两山中疾走，是什么意思？”最后破坏伊斯兰教，并由伊斯兰教的各种束缚中解脱出去。他们任意注解，认为默示不过是“内心的澄清”而已。一切宗教的仪式，是为大众而设的，特殊的人不必遵行。历代先知跟普通大众相等。只有“圣哲”才是特殊的人物。读《古兰经》的，不必拘泥于它的字面。《古兰经》不过是有识者所知道的事物的一些符号，应该用注解、比喻的方法去了解它。《古兰经》含着表面的和内含的两种意思，应该揭开物质的帷幕，以达到最纯洁的精神境界。因此有人又称他们为“内含派”，他们怎样把新柏拉图派学说采为他们的教训，此处不再叙述，因为它并不是发生于我们所研究的伊斯兰教初期，而是发生于以后的阿拔斯王朝。后来在马格里布和在埃及建立的法提玛王朝，便是这个教派传布的结果。如今叙利亚、波斯、印度还有这一派的存在。印度的阿加汗便是他们著名的领袖。

概括地说来，“未来的伊玛目”派相信“伊玛目”在未来的“转

① 参看麦格里基《埃及志》。

世”。不过，转世者为谁，他们的意见却不一致，有的说是扎尔法勒·萨底格，有的说是穆罕默德·伊本·阿卜杜拉，有的说是穆罕默德·伊本·哈拿费叶。他们相信后一人还没有死，他隐身于利兹瓦山中，等待安拉命他出来，他才“转世”。

库赛勒·安才写下了这样的诗句，表达对“未来的伊玛目”的憧憬：

——不是吗？伊玛目来自古莱西，
四位真理的领袖一般齐：
——阿里和他的三个后裔；
三个外孙，这事不再是秘密，
一个有信仰，有善良的心地，
一个被卡尔巴拉藏匿，
一个还生活在人世间，
正率领着马队，高举义旗，
许久了，人们没有看他了！
他隐在利瓦兹山，双目流下水和蜜。

倭马亚王朝著名的大诗人桑德·哈木叶利，也相信穆罕默德·伊本·哈拿费叶未死，说他隐身于利兹瓦山中，同狮子老虎为伍，受它们的保护。他的两眼明亮晶莹，常常流着水和蜜汁。他将转回来，使世间充满公道，有如现在充满了暴虐。还有许多荒诞的言论，此处不再详述。这种信仰，前面已经说过，乃是根源于伊本·赛伯衣从犹太教输入的“转世”的传说。什叶派要在世界上建立一个王国的企图，结果是失败了，到处受到虐待与驱逐。不得已，就为自己创造出一种幻想，认为“未来的伊玛目”和“救世主”将

要转回世间来。

什叶派与哈瓦立及派同样对倭马亚王朝有共同看法，认为该朝历代的哈里发都是暴虐无道的，所以曾联合反对。然而哈瓦立及派人具有明显的游牧民族的坦率性格，态度明朗，主张光明磊落的战争，不迁就，不妥协。[①] 什叶派则不然，能明战时则明战，不能明战就秘密斗争。倭马亚人受他们的威胁特别严重，因此四布侦察，严密防备。倭马亚王朝对什叶派人，进行残酷的迫害，曾计诱哈桑（阿里长子）而杀伤之，并阴谋扰乱哈桑的军队，使之屈服。卡尔巴拉之役，又杀害侯赛因（阿里次子），最后直捣什叶派人家宅，对他们的家族加以残虐，或杀害，或断手，或刖足。凡有什叶派嫌疑的人都被拘留起来，掠夺他们的财帛，捣毁他们的房舍。这种祸乱，在俄白衣杜拉·基雅德（即杀侯赛因者）的时代，特别严重。到哈查吉时，屠杀什叶派人更加残酷，稍有嫌疑者，便遭逮捕。甚至在哈查吉面前承认自己是异端或异教，比承认为什叶派还要好些。相传有一个人去见哈查吉说："长官！我的家人冤枉我，诬我为什叶派，我是一个失望的穷人，我是急需同首领接近的。"哈查吉笑

① 这里"妥协"（塔基叶）一词的意思是：一个人为了保全自己的性命、名誉或财产，表面伪装崇奉一种自己不相信的教派，或进行一桩自己认为不正确的工作。什叶派、哈瓦立及派和逊尼派在这方面的表现大不相同。大多数什叶派人主张伪装信仰，即使受到小小的威胁，或者为了达到一种小小的愿望，便不惜伪装叛教。因此什叶派人怂恿阿里同艾布·伯克尔、欧麦尔和奥斯曼实行妥协，拥护他们就任哈里发。大多数什叶派人，把自己的什叶派真实信仰，隐藏起来，表面妥协，而转入秘密活动。哈瓦立及派人却不是这样。他们认为，同宗教信仰相比，生命、名誉、财产等变得毫无价值，因此反对在信仰上妥协。甚至认为，一个人在家礼拜祈祷的时候，若遇小偷前来偷窃自己的财货，也不能中断礼拜的仪式。至于逊尼派人呢，他们采取中庸之道，主张坚定自己的信仰，如果生命、财产受到威胁，就应该迁到别的地方去，若无力迁移，可以在不得已时，暂时迁就，但仍应设法带着自己的宗教信仰，迁到外地去。

着，立刻委任他工作。马达邑尼说："基雅德·苏曼叶跟踪库法城的什叶派人，他对当地的什叶派，了如指掌，因为过去阿里当政时，他也是什叶派信徒，后来转向了。所以他进入库法时，到处击杀什叶派人，或埋于土中，刖其足，断其手，挖其目，将他们吊死在椰枣树上示众，并将其余的人统统驱逐出伊拉克，不使一人留下。"穆尔威叶下令各方，不许在审判的时候，承认什叶派的人做旁证人，又命令各省总督道："若见奥斯曼的党人、亲信、后裔以及传述奥斯曼的嘉行者，应当接近他们，尊敬他们，把他们所传述的，他们的姓名，他们的祖先与家人的姓氏等，完全告诉我。"各省总督遵照穆尔威叶的命令办理，于是奥斯曼的德行得以显扬。同时，穆尔威叶又命令各省总督道："凡被证实崇敬阿里以及阿里的后人者，革去他的职位，取消他的俸禄。"阿拔斯王朝之压迫什叶派，更加厉害，因为阿拔斯人在倭马亚王朝时，曾和什叶派人同谋，最熟悉什叶派人的底细。

这种压迫的结果，却巩固了什叶派的团结，加强了什叶派的秘密组织。什叶派人是伊斯兰教各教派中最善于秘密活动的，他们秘密地活动着，竟使他们的敌人无从防范。什叶派的秘密活动，采取欺诈、暗号等手段。他们长期受压迫的情况曾反映在文艺作品中，所以他们的文艺带着深沉的愁恨、伤感、悲哀、痛苦的色彩。

*　　　　*　　　　*

什叶派人同倭马亚王朝不断战争，抵抗倭马亚朝人的迫害。倭马亚人伪造圣训，以夸张圣门弟子——除哈里及哈申人——尤其是奥斯曼的德行，什叶派也伪造圣训，赞扬阿里的德行，并宣传在未来迈赫底伊玛目转世的传说，以加强什叶派的信心。伪造圣训的本领，什叶派人也许是超过倭马亚人的。什叶派的学者，从事于圣训学的研究，熟记圣训的传述线索，于是就利用正确的传述线索，伪造出许多圣训来，以为本派的标榜。不少的圣训学者，因为迷惑于传述线索本身的正确性，而受了这一类伪圣训的欺骗。什叶派标榜“苏达”和“伊本·古太白”这两个人，传述来自二人的许多圣训。逊尼派人把这两个人看做著名的圣训家，其实伊本·古太白乃过激的拉费兹派人。而名为“苏达”者，也有两个人，一个叫“大苏达”，一个叫“小苏达”，前者是诚实可靠的，后者是什叶派，是伪造圣训者。同样，什叶派的伊本·古太白，也并非阿卜杜拉·穆斯林·伊本·古太白。这些人写了许多书，把自己的见解强加于逊尼派学者，例如把《博学者的秘密》一书，说成是安萨里的著作。这种伪造的圣训充斥各书。什叶派把一切美德和一切学问，统统附会于阿里，或谓直接得自阿里，或谓间接得自阿里的后人。甚至说，穆阿台及勒派（分离派）领袖瓦绥勒·伊本·伊塔的学问，大教长沙费尔的法学，以及哈里发欧麦尔的法学……统统都是来自阿里。有人问伊本·阿拔斯道：“你的学问比阿里如何？”答道：“沧海之一粟耳。”……总之，任何学问来自阿里，好像人间智慧完全枯竭了，唯有阿里及其后裔才是有学问的。……其实，阿里与这一切谬说，毫不相干。

实际上，什叶派乃是每个企图消灭伊斯兰教者托庇的渊薮，凡仇视伊斯兰教，痛恨伊斯兰教者，凡要将犹太教，或基督教，或琐罗亚斯德教，或印度教的教训注入于伊斯兰的教义者，凡要脱离伊斯兰国家谋求独立运动者……凡是这一类的人，都以拥护穆圣的后裔为幌子，在幕后进行自己的活动。犹太教人借什叶派而宣传“转

世”之说，什叶派人说：“地狱之火不烧什叶派人，除非是对少数人。”有如犹太教人说：“地狱之火不烧我们，除非是有限的几日。”基督教人借什叶派而宣传：“伊玛目和安拉的关系，犹如基督与上帝之关系。”又说：“上帝的神性和伊玛目的人性合二为一。先知和使命永不中断，神性与人性统一在谁的身上，谁就是先知。”此外如灵魂的转托，上帝之有形与分身等基督教的说法，都借什叶派之名而流行。此类学说，在伊斯兰教之前，早已传播于婆罗门教徒、火祆教徒及许多哲学家之间。波斯人以什叶派为掩护，而与倭马亚人进行战争，他们对于阿拉伯人与阿拉伯国家非常厌恶，他们不断地从事于自己的独立活动。麦格里基说：“许多波斯人脱离伊斯兰教的原因，是因为当日波斯人国土之广袤，国势强盛，都是超过其他各民族的，因而他们自称为自由人，自称为首领，而视他人为自己的奴隶。而在波斯人看来，阿拉伯人自己灾难重重，对波斯人的危害较小。然而在双方的历次战争中，无不是安拉的真理获得胜利，波斯帝国竟亡于阿拉伯人之手。于是波斯人认为，只有施行阴谋诡计，才是最有效的对抗策略。所以一部分人才改奉伊斯兰教，他们倾向于什叶派，他们公开地以崇爱穆圣的家族为名，夸大阿里的冤屈。他们用种种方法引诱什叶派，使什叶派人都脱离正轨。”①

“东方学”学者威尔浩森以为什叶派渊源于犹太教的成分居多，起源于波斯教的成分较少，他的论据是，什叶派的创始人乃是犹太教人阿卜杜拉·赛白衣。杜基则主张，什叶派是由波斯教而

① 麦格里基：《埃及志》，第1卷，第362页。

来的，认为阿拉伯人酷好自由，而波斯人则崇拜王权。波斯的王位，乃世袭制，没有选举继承者之说。穆罕默德死后，既无子嗣，则最应继承他者，莫如他的堂弟阿里，而在阿里之前即位的艾布·伯克尔、欧麦尔、奥斯曼等，都是篡夺阿里继承权的人。波斯人视王权为神权，他们便用同样的眼光转视阿里和阿里的后人。他们说：服从伊玛目是人民第一个职责，服从伊玛目就是服从安拉。

据我们根据史实看来，拥护阿里的事，是波斯人未奉伊斯兰教前就发生了的。不过那时候阿里党徒的思想，非常简单，认为阿里最应为哈里发的根据，是从两方面来看的：第一，因为他德行高尚，第二，他是穆圣的亲属。阿拉伯人自古即有借赞颂首领、赞颂贵族来显示自己的风气。然而什叶派正式的产生，却是在穆圣死后。更因为奥斯曼时代的压迫，什叶派的发展更快。可是，自基督教、犹太教、火袄教等异族人奉伊斯兰教后，什叶派又染上新的色彩，各教人将各教的色彩渗入什叶派中：犹太人渗入犹太教的色彩，基督教人渗入基督教的色彩。而奉行伊斯兰教的最大的外族，则为波斯，所以什叶派中，波斯的色彩特别浓厚。[①]

① 此处几行“有诗为证”之类的颂扬阿里的诗歌，略去未译。——译者

第四章　麦尔吉阿派[①]（中庸派）

本书前述什叶派和哈瓦立及派在最初原是围绕着哈里发问题而发生的两个政党。哈瓦立及派的主张代表民主思想；什叶派的主张代表贵族思想。麦尔吉阿派在开始却是一个中庸的政治党派，对于伊斯兰教人所争执的问题有自己的主张。伊本·尔撒克耳认为："他们是怀疑派。当哈里发问题发生纠纷时，他们出征在前方。奥斯曼被杀后，他们转回麦地那，对麦地那人说：'我们离开麦地那时，你们是团结而无纷争的；我们转回来时，你们就如此争执了！'他们有的说：奥斯曼是公道的，他被杀是极冤枉的；有的说：阿里也是正义的，奥斯曼、阿里，都应该加以信任，我们不为二人辩护，也不必诅咒二人，我们将二人的纠纷交给安拉，让安拉去判断。"

由此可以看出，麦尔吉阿这个政党，不愿卷入内争的旋涡，不愿流血战争，不判断谁是谁非。这一派形成的直接原因是由于各个派别纷争不止，他们不愿附和。间接原因仍然是哈里发问题。假使没有哈里发问题的纠纷，则什叶派、哈瓦立及派以及麦尔吉阿派都无从产生。

① 麦尔吉阿派：又译穆尔吉埃派。——译者

“麦尔吉阿”是“缓和”、“退后”的意思，因为他们主张将伊斯兰教人所争执的问题推延到来世，听候安拉的裁判，所以有这个名称。

有一部分人目睹哈瓦立及派人断阿里、奥斯曼及主张“以《古兰经》裁判的人为叛徒”。什叶派人便断艾布·伯克尔、欧麦尔及拥护二人者为异教徒。两派人都诅咒倭马亚人，断倭马亚人为叛徒，同时倭马亚朝人又以两派人是破坏分子，不断地加以讨伐：每一派的人都说自己才是唯一正义者，别人都是叛逆的、迷惘的。另外一些人目睹各派如此的纷争，对所有的人都采取和平的态度，不轻易断定任何派别为叛逆，这就是麦尔吉阿派产生的原因。麦尔吉阿派的人说：“哈瓦立及派、什叶派、倭马亚人全是伊斯兰教的信徒。不过他们当中，有些人是错误的，有些人是正确的，我们无力帮助正确者，我们只能将他们的事，交给安拉。倭马亚人既然说过‘除安拉外，别无主宰，穆罕默德是真主的使者’这样的信仰证言，那么，倭马亚人既不是叛教的人，也不是多神教徒，他们实在是伊斯兰教的信徒，我们将他们的事，交给洞悉人类秘密的安拉，让安拉去裁判他们。”这种态度，对于倭马亚人很有帮助，然而是消极的支持，不是积极的拥护，只不过是没有持着利剑去帮助倭马亚人进行战争。其实他们对倭马亚人的态度，还是同对什叶派人和哈瓦立及派人的态度一样。他们只承认倭马亚朝的政权是合法的。这样的态度，实际上就等于拥护了倭马亚王朝。

麦尔吉阿派的种子，是在圣门弟子时代就种下了的。奥斯曼末期，一部分圣门弟子，不愿卷入当时内争的旋涡，如艾布·巴克拉、伊本·欧麦尔等人。艾布·巴克拉说：“穆圣说：‘祸患不久就要到来了,那时坐者强于行者,行者强于参加者。啊！当祸患来临的时候,赶驼者各自去赶驼！牧羊者各自去牧羊！耕田者各自去耕田！'一人问道:'啊！安拉的使者！无驼可赶,无羊可牧,无田可耕的怎么办呢?'穆圣说:'拿起他们的利剑,用石头去击剑的锋口,然后努力自己救拔！不要参加祸乱。'"

这种中立的、不参加战争的思想,就是麦尔吉阿派的萌芽。然而,麦尔吉阿派是到什叶派和哈瓦立及派产生以后,才成为一个派别的。

*　　*　　*

麦尔吉阿派原是政党,后来才开始研究神学问题,研究的结果,和他们的政见是相适应的。他们研究的对象是确定"信仰"、"悖逆"、"信士"、"叛教"等的含义。因为哈瓦立及派和什叶派都随便判断别人叛教,因而引起他们研究这些问题。哈瓦立及派的极端是判断犯大罪者为叛教;什叶派的极端是把信仰领袖列为基本信条之一。这样的结果,人们自然要问问:什么是叛逆?什么是信仰?麦尔吉阿派以为信仰是信安拉、信先知,凡说过信仰证言:"除安拉外,别无主宰,穆罕默德是真主的使者",就称是信士了,这和哈瓦立及派的主张大相抵触。哈瓦立及派以为信仰是信安拉、信圣人、遵天命、远罪恶。所以信安拉、信圣人而不遵守天命,又干重大罪恶的,麦尔吉阿派断为信士,哈瓦立及派则断为叛徒。同时和什叶派的主张也大不相同,因为什叶派主张信仰伊玛目,服从伊玛目是信仰的一部分,麦尔吉阿派则说:"信仰乃是内心的。只要内心诚信,纵然在口头上公开宣布叛教;甚至在伊斯兰国家中,崇拜偶像,奉行基督教、犹太教,膜拜十字架,承认三位一体,一直到死。

这样的人，也依然是伊斯兰教的信徒，并依然具有完美的信仰，得享受天园。”[①]换言之，麦尔吉阿派认为信仰（伊玛尼）不过是内心信仰安拉，信仰先知；表面的行为并非信仰（伊玛尼）的一部分。

这些言论，是符合于他们的政治主张的。麦尔吉阿派不但不判断倭马亚朝人以及哈瓦立及派和什叶派为叛教，也不轻易说基督教人和犹太教人为异教。他们认为信仰藏在内心，除安拉外，无人能够窥见。这是向各党各派表示和平的意思。

一部分“东方学”学者认为，研究麦尔吉阿派的起源及解释他们的信仰是困难的，因为麦尔及阿派的言论对于倭马亚人有相当的帮助，故以后为阿拔斯人所消灭，禁止发表该派的主张。总之，倭马亚朝以后的麦尔吉阿派因为并入别的学派，而渐渐地消灭，已不成其为独立的学派了。[②]

① 伊本·哈兹木：《宗教与教派》，第 4 卷，第 204 页。

② 此处略去“有诗为证”一类的诗词和诗词的释义一页余未译。——译者

第五章　自由派与宿命派

人类思想史告诉我们,人类最深刻研究的思想问题是“宿命”、“自由”等问题。人类的意志是自由的吗?人类的行为是由意志自由支配的吗?还是在行为中被限制,不能更改的?这是一种因果关系,有其因必有其果,丝毫不爽。这是各时代哲学家和宗教学家,聚讼纷纭的问题。在伦理学、法律学、历史哲学、神学和一切哲学里面都涉及这些问题。这个问题之成了宗教问题的研究,原是这样的:人们由一方面感觉到意志的自由,人类对于自己的行为是要负责的。对行为负责,就必须有意志的自由。假使人类像空中飘荡的羽毛一样,其动静随风摆布,那么后世的赏善罚恶便没有意义了。然而人们由另一方面,又感觉安拉是周知万物的,过去未来的事件,完全在安拉洞鉴之中。安拉知道每个人将要做善事或犯罪恶。如此,人们的行为当然不能够走出安拉预定的范围了。人们在“宿命”与“自由”之中踟蹰彷徨着,自己究竟是宿命的呢,还是自由的?

《古兰经》里有若干经文指出宿命的意义:“安拉封闭了他们的心,堵住了他们的耳目,他们犯了重大的罪恶。”“假使安拉要使你们迷惑,那么我虽然要劝诫你们,我的劝诫对于你们,也没有多大益处。他是你们的主宰,你们要归宿到他那里去。”“我在每一个民族中差一个使者，引导众生：你们崇拜安拉，你们远离偶像吧！然后他们中，有的，安拉引他们走入正道，有的陷入迷途。”同时又有若干经文指示意志自由，指示人应对自己的行动负责：“我引他入正道，有感谢的，有背逆的。”“这是我的正道，你们遵循吧！你们莫离开大道而各走歧途。那是我嘱咐你们的，以便你们有所警惕！”“愿皈依者，让他皈依，愿背逆者，让他背逆！”“谁犯了罪恶或亏枉自身，然后他又向安拉忏悔，那么，安拉是多恕的、慈爱的。作恶的人是害了自身，安拉是大知的，智慧的。”许多圣训——假使是可靠的——对于宿命的问题，也有明白的或隐喻的指示。根据查比尔的传述，穆罕默德说：“一个人不算有真正的信仰，除非信仰善恶前定，相信正确者不会错误，错误者不会正确。”阿里说：“我们去参加布格衣尔的殡礼时，穆圣来坐在我们旁边，他用手杖轻击地面说，将来你们中的每一个人或进天园或下地狱，是注定了的。”众人说，安拉的使者！我们能托靠天经吗？穆圣说，你们做吧！每一个人对自己的命运是容易的，幸运者作幸运的事，厄运者作厄运的事。说毕，穆圣念了一句《古兰经》：“至于施舍者、警惕者、相信善人者，我让他事事容易。”

伊斯兰教人远征胜利之后，生活渐渐安定，就开始思索到这个问题。伊斯兰教以前，希腊哲学家也讨论过这个问题。叙利亚人曾把它介绍过来。琐罗亚斯德教、基督教对这一问题也有所研究。伊斯兰教兴起后，一部分人主张意志自由，反对当时流行着的宿命论。相传纳费尔曾说过：“一个人去见伊本·欧麦尔说，某人——指一个叙利亚人——托我向你问安，伊本·欧麦尔说，我听说他否认定命，假使是真的，你不必为我向他问安。”

“意志自由论”者被称为“盖得利叶派”（反宿命论），这是他们的敌人用来称呼他们的：

“那些‘盖得利叶派’的人啊，

这个民族中的拜火教徒！”

最先主张意志自由论的是马尔白德和爱依拉尼。根据宰赫比在所著《公道的秤盘》中的记载：马尔白德是一个诚实的再传弟子，但是他走了错误的道路，他是首先主张意志自由者，因为反对哈查吉而被杀。有人以为马尔白德被杀，其实是一桩政治的杀害，尽管许多人认为他是为叛教而被杀的。马尔白德同哈桑·巴士里甚善，巴士拉人多半跟随他。伊本·尼巴塔在所著《赛尔赫·耳郁尼》中说：有人说首先主张自由论的是一个伊拉克人，他先奉基督教，继奉伊斯兰教，后又改奉基督教。马尔白德和爱依拉尼就是他的学生。爱依拉尼是大马士革人，他父亲是奥斯曼的释奴。奥查尔说：“哈里发希沙姆时，爱依拉尼到我们跟前宣传自由论，有辩才，他的主张引起多数人的攻击。有人告发于希沙姆之前，遂命断其手，刖其足，然后杀之。”

相传爱依拉尼有一日对勒比尔说：“你以为安拉喜欢人们违拗他吗？”勒比尔说：“你以为人们违拗安拉，而安拉是无可奈何的吗？”又传哈里发奥马·阿卜杜勒·阿齐兹听见爱依拉尼向某人谈自由论，就召二人问道：“你们说什么？”二人答道：“穆民的首领！我们说安拉所说过的话。”问道：“安拉说过什么？”答道：“安拉说‘难道没有这样一个时辰降临人间吗？那时候什么事都是不值一提呢？’‘我引他入正道，有感谢的，有悖逆的。’”二人念到这里就停住了。奥马叫接着往下念，二人就接着念到这句：“这是一个教训，安拉把他愿意的人引于正道，你们的一切，原是安拉前定的。”奥马说：“你两个怎样解释这句话呢？你们为何抓住枝叶，丢弃根本？”伊本·穆哈吉尔说：“奥马后来听说他们二人仍然过激，大为震怒，就召二人前来，奥马站着，我站在后面侍候。当二人进来时，我迎接上去。奥马问二人道：‘安拉命恶魔向亚当叩头，恶魔抗命不遵，这事难道不是安拉预先知道的吗？’奥马问话的时候看着我暗示着，意即叫二人承认，否则必杀。二人就答道：‘是的，安拉预先知道的。’又问道：‘安拉禁止亚当夫妇摘食某种鲜果，二人违命。这也不是安拉预先知道的吗？’奥马问话时，仍看着我的头暗示着。二人又答道：‘是的，安拉预先知道的。’奥马遂命驱逐二人，并下令各地方官察看二人是否有什么异说。二人曾收敛了一个时期，不久，仍坚持自由论。奥马病死之后，自由论之说，愈发传布开了。”

由此可见，在伊斯兰初期，“宿命论”已经盛行。“宿命论”和“意志自由论”两派已经发生了剧烈的斗争。但是“自由论”运动究竟发轫于伊拉克，还是叙利亚，没有一致看法。有的认为发轫于伊拉克，认为这种运动是围绕哈桑·巴士里而发生的，而哈桑是伊拉克的巴士拉人。同时穆阿台及勒派（分离派）也发生于巴士拉。伊奈巴塔认为，最先提出“意志自由论”者，是伊拉克改奉伊斯兰教的一个基督教徒。马尔巴德和爱伊拉尼便是他的学生。还有人主张“意志自由论”运动发生于大马士革，深受那些在哈里发宫廷中服务的基督教徒如亚哈雅之辈的影响。总之，这种思想，当时在伊拉克、叙利亚是已经很流行着，但谁先谁后，就不容易断定了。

和自由论相反的是宿命论，首倡宿命论的是遮赫木·本·索弗旺，所以又名遮赫木派。遮赫木认为人是受强制的，毫无自由可言,人类不能做前定以外的工作。安拉为人们安排了一生的行为,绝对不会变更。一切行为都必然是由安拉产生的。安拉造化人类的行为,犹如造化物质一样,水的奔流,风的流动,石的坠落,是安拉的安排;人类的行为,也是安拉的前定。所谓某人"做"某事,并非真是某人的自主,不过是假借的说法而已。所以树木"结果",河水"奔流",太阳"高升",雨水"降落",地面"繁殖";或说穆圣"书写",法官"裁判",某人"顺服",某人"悖逆"……这同样是假借的说法。报酬与罪罚是前定的,行为是前定的。安拉预定某人行善,应受报酬;预定某人作恶,应受罪罚。

遮赫木为呼罗珊人,是一个释奴,在库法城居住。他是一个有辩才的演说家,演说的时候,言语很能吸引听众。他的学说见《谛尔米几》一书。遮赫木原是哈利斯·苏勒吉的秘书大臣。哈利斯在呼罗珊反抗倭马亚朝,当地居民响应他的很多。他号召遵循天经圣训,起用贤良。哈利斯后来失败被杀,遮赫木后来也于伊斯兰历 128 年被杀。由此可见遮赫木被杀仍然是政治的杀害,和宗教无关。[1]

① 此处略去诗数行未译。——译者

第六章 穆阿台及勒派(分离派)

“穆阿台及勒”原是分离的意思,这个名称的由来,不外三种说法:

1. 当日再传弟子哈桑·巴士里在巴士拉礼拜堂讲学,讲到关于伊斯兰教人犯大罪的问题,他的两个学生瓦绥勒和阿穆尔·伊本·欧拜德同他的主张相左:哈桑说犯大罪者只是罪人,不失为信士。二人主张不是信士,也不是叛徒,而是介于两者之间的。哈桑大加斥责,二人便离开讲座,另立学派。二人从师座“分离”出来,故有这个名称。

这些论据是微弱无力的。首先,瓦绥勒或阿穆尔·伊本·俄拜德在礼拜寺里离开哈桑·巴士里的讲圈,转到另一个讲圈,这本身并不重要,不应当是一个学派名称的来源。学派的名称应当根源于本质,而不是根源于现象。其次,传述的说法颇不一致:有的说,“分离”事件发生于瓦绥勒,有的说发生于伊本·欧拜德,甚至有人说发生于哈桑本人等,不一而足。这无疑削弱了传述的真实性,从而成为争辩不休的问题。最后,文史典籍中,不断出现这样的话:“某人属于‘分离派’”,“某人谈论过‘分离派’问题”……足证这不是单纯地指“离开”这个讲圈,走到另一个“讲圈”的问题,而是指一个有纲领、有原则的学派。换言之,“分离派”指的是学派的思想内容,而不是人身的移动。

2. 对犯大罪者麦尔吉阿派称为信士,哈瓦立及派断为叛徒,哈桑·巴士里则称之为伪君子;而瓦绥勒二人独异于各家,以犯大罪者为非信士也非叛徒。二人"分离"众说,故有这个名称。[①] 因此"穆阿台及勒"名称的来源,指的是这个名称的内涵,不是指它的表象。说的是,他们提出了自己的主张,并根据这种主张,采取了新的行动。

3. 根据麦斯欧迪的《黄金草原》的记载,瓦绥勒主张犯大罪者的地位与信士和叛徒"分离",而中介于两者之间,故有这个名称。

后两种主张是相反的,第二项说该派"分离"众说而得名,第三项说该派主张犯大罪者的地位跟信士和叛徒的地位"分离"而得名。

依照上面三种主张,可以得出两个共同的结论:第一,穆阿台及勒派是围绕哈桑·巴士里和他的两个学生瓦绥勒、伊本·欧拜德而形成的。第二,穆阿台及勒派所讨论的问题,乃是纯粹的宗教问题。然而这两个结论是正确的吗?

在参考许多史籍后,我们认为"穆阿台及勒"一词,原是在伊斯兰教初期就用以指示一种特殊的意义:当一个人看见两党人相争之时,他自己尚没有一定的见解,或因为双方都越出正轨,他自己采取中立的态度,不愿参加任何一方面的争执和战争。这样的人,就叫做"穆阿台及勒"。所以历代没有参加阿里与阿绮莎的"骆驼战役",没有参加阿里与穆尔威叶的战争的,历史家统称他们为"穆

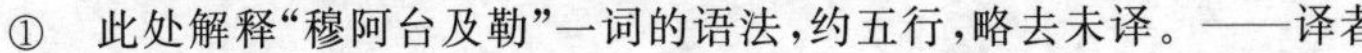

① 此处解释"穆阿台及勒"一词的语法,约五行,略去未译。——译者

阿台及勒”。

根据《塔巴里历史》的记载说:“阿里时代的埃及总督盖斯·赛德,上书于哈里发阿里道,此间有一部分穆阿台及勒人,要求我停止攻击他们,莫管他们的事情,让局势澄清之后再决定。我想暂时停止一下,不急于同他们进行战争,以维系他们,或许安拉会改变他们的心意,使他们离开迷惘。”[①]另一处记载说:“过了一个月,伊本·艾布·伯克尔使人去对穆阿台及勒人说道:‘啊! 人们! 你们必须服从我们,或者远远地离开我们的地方!’穆阿台及勒人答道:‘我们不愿如此,不要管我们吧,让我们看看,我们的事究竟如何下落,请不要立刻同我们打仗!’”[②]

伊本·艾西尔和阿布·费达的历史著作中也有这样的记载,特别是阿布·费达的提法更为明显:“把这班人称为穆阿台及勒(分离),因为他们‘分离’开了,他们不再拥护阿里。”从这一明显的提法,我们可以得出和前两项相反的两个结论:

1. 哈桑·巴士里以前一百年内,已经有穆阿台及勒的名称,称瓦绥勒和伊本·欧拜德之学派为穆阿台及勒派,是恢复旧名,不是创造新名。假使说穆阿台及勒派是因为瓦绥勒之辈“分离”他们的老师,从礼拜寺的一角走向另外一角而得名,这是令人难以置信的。因为这个名称在过去已经有过特殊的含义,而且是著名的说法。

2. 穆阿台及勒人是指没有参加骆驼战役和绥费尼战役的人

① 塔巴里:《先知与帝王历史》,第1卷,第324页。

② 同上。

而言。当日引起战争的许多问题,全是政治问题;对于奥斯曼之被杀、阿里之应为哈里发,穆尔威叶是否比阿里更有资格担任哈里发等问题,人们的见解,很不相同,这就是政党发生的原因。然而我们认为,当时的伊斯兰教人,无论是对社会问题,或政治问题,或经济问题、个人问题,都不免染上宗教的色彩。(如家庭的制度,商业的关系,经济的结构等,都带宗教的色彩,以宗教为依归。)所以伊斯兰教初期的党派穆阿台及勒,就是代表一种染上宗教色彩的政治思想。简单地说,这派人见两党相争,或认为双方都是越出正义的,或者正义谁属尚未分晓,宗教原是命人和亏枉者作战,如果双方都是亏枉者,或者双方的是非尚未分明的情形下,他们便分离各派而取中立。"假使信士中的两伙人战争,你们居中调解,其背义者,你们同他们作战!直到他们遵循安拉的命令。"(《古兰经》)

可是,伊斯兰教初期的穆阿台及勒派和瓦绥勒创立的穆阿台及勒派,有无相同之点?后一派是否如头一派一样,是含着宗教意味的政治思想呢?

多数的著作认为,哈桑·巴索里和瓦绥勒发生冲突的问题,就是犯大罪的是叛徒还是信士的问题。从表面看,好像是宗教问题,而实际上确是含着重大的政治意义。

原来穆阿台及勒派对于"犯大罪"这个问题的主张,恰和哈瓦立及派及麦尔吉阿派相反。哈瓦立及派以遵行宗教的仪式——礼拜、把斋、诚实、公道——为信仰的一部分,宗教的信仰,并不单是信安拉、信圣人。单是信安拉、信圣人而不遵行天命并犯大罪的是异教徒。纳费尔·伊本·爱兹莱格甚至过激地判断哈瓦立及派以外的人全是异教徒。[1] 纳费尔主张："哈瓦立及派的信友不应吃别人所宰的牲畜，不能同外人通婚，不能和外人发生继承关系。哈瓦立及派以外的人，有如蒙昧时代阿拉伯的多神教徒一般，或从新宣布奉伊斯兰教，或以利剑相对。"这种主张，在政治方面有着严重的后果：他们对于倭马亚王朝的态度成为战争的、否认的态度。在他们看来，倭马亚王朝的人是犯下重大的罪恶的，所以他们统统是异教徒，对待倭马亚王朝的人，应如对待多神教徒一样，不应承认他们的哈里发政权，因为哈里发的第一个条件必须是"信士"。哈瓦立及派认为不但不应承认倭马亚王朝，更应积极地同他们战争，一直到他们加入哈瓦立及派。哈瓦立及派否认倭马亚王朝，同倭马亚人宣战，这是染着宗教色彩的政治斗争。哈瓦立及派事实上贯彻了他们的主张，他们的历史是不断斗争的历史。

至于麦尔吉阿派呢，他们的主张同哈瓦立及派的主张恰恰相反，他们以为信仰是单纯的内心的作用，礼拜、把斋等并不是信仰的条件，犯大罪的也没有离开信仰的范围。如果说哈瓦立及派把"信士"的范围限制得十分狭窄，以为除他们之外，别人统统不是伊斯兰教的信士，哈瓦立及派中的艾兹莱格派甚至认为，除自己的流派外，统统是异教徒。而麦尔吉阿派却把"信士"的范围，扩大得非常广泛。根据沙赫力斯坦的记载：麦尔吉阿派认为"罪恶不妨害于信仰"这个主张，无疑地有其政治方面的影响，最重要者，麦尔吉阿派把这种主张应用到伊斯兰教徒间彼此纠缠纷扰的宗教问题和政治问题上。于是奥斯曼本人，奥斯曼的党羽以及反对奥斯曼的人，

---

① 参看沙赫力斯坦：《宗教与教派》。

都不是异教徒;阿里本人,阿里的党羽以及反对阿里的阿绮莎及参加骆驼战役的她的党羽,不失去伊斯兰教的信仰;而绥芬之役,立于阿里旗帜下的,或立于穆尔威叶旗帜下的,也都不算是异教徒……甚至说,信仰纯粹是内心之事,无论做什么事,只要合于内心的信仰,便是对的。所以无论帮助奥斯曼或反对奥斯曼,帮助阿里或帮助穆尔威叶都是对的。这是麦尔吉阿派的主张。

这种主张的自然结果,必然认为倭马亚王朝的历代哈里发,无论犯了多大罪恶,皆不失为信士。对倭马亚王朝的敌人,也是如此看法。因此麦尔吉阿人当然不同意哈瓦立及派攻击倭马亚王朝、颠覆倭马亚王朝的行为。麦尔吉阿派的主张,对于倭马亚人是有帮助的,虽然是消极的帮助,不是积极的帮助(即不仇视、不脱离、不反对倭马亚人)。而且有时在实际上还是支持倭马亚王朝的,如麦尔吉阿派的诗人撒比特·古特奈在叶基德下面担任工作,曾作诗颂扬叶基德的文才与武功。总之倭马亚人既没有把麦尔吉阿人看作敌人,也没有看作自己的支柱。只有在战争中需要他们中立的时候,才拉拢他们。

一方面,哈瓦立及派以严峻的态度,只承认少数人为"信士"。麦尔吉阿派过分的宽容,不把倭马亚人、什叶派人、麦尔吉阿派人,以及凡念过信仰证言:"除安拉外,别无主宰;穆罕默德是真主的使者"的人,看为异教徒,甚至基督教徒和犹太教徒也不算异教徒。因为信仰出于内心,只有安拉才能洞察。这样,他们对各党各派都采取和平宽容的态度,这样的思想使作恶者过分希望安拉的宽宥。

穆阿台及勒派是介于哈瓦立及派与麦尔吉阿派之间的中庸派,不过分严厉,也不过分宽容。他们——特别是瓦绥勒及其信徒说过:“犯大罪者不算是‘信士’,因为信仰是体现在许多善良的行为上的,有了高尚的行为,才能称为‘信士’,‘信士’是一个颂扬的名称。作恶者既没有高尚的行为,便不配颂扬,所以不能称为‘信士’,但是,也绝对不是异教徒。因为既念过信仰证词,又有善行,就没有理由说他是异教徒了。”①

穆阿台及勒派的主张,同前两派一样,含着很大的政治意义,因为穆阿台及勒派要使他们的主张适应伊斯兰教徒中历次发生的错综分歧的种种问题:谁是背弃正义者?是阿里,还是阿绮莎?谁是“绥芬战役”的发动者?是阿里,还是穆尔威叶?谁是犯大罪者?谁是真正的罪人?

实际上,穆阿台及勒派人分析、批评、判断圣门弟子的行为,是很大胆的。麦尔吉阿派人对谁是谁非全然不加判断,哈瓦立及派虽有所判断,仅局限于为“古兰经裁判”以及关于阿里与穆尔威叶的问题。穆阿台及勒派的判断是普遍的,如对艾布·伯克尔、欧麦尔、奥斯曼、阿里、穆尔威叶、阿慕尔、艾布·胡赖勒等人,都有所判断,他们的主张是非常鲜明的。伊本·欧拜德曾诅咒艾布·胡赖勒,攻击他的圣训传述。于是我们要问一问,倭马亚王朝对于穆阿台及勒的政治主张抱什么态度?

据我们看来,倭马亚王朝认为穆阿台及勒派敢于大胆批评许多人物,他们对王朝的支持比麦尔吉阿派更大。因为麦尔吉阿派的支持是消极的,对各党派的争论,不加批评、不加分析。这种态度,对于阿里和阿里的党羽,以及穆尔威叶和穆尔威叶党羽的支

① 沙赫力斯坦:《宗教与教派》,第1卷,第61页。

持，是相等的。何况当时一般民众拥护阿里的情绪又十分浓厚，所以我们认为麦尔吉阿派于倭马亚人之助力是十分微弱的。而穆阿台及勒派对王朝的助力却是强有力的，他们批评对手，用理智对他们加以分析，表示同意或是反对。这至少可以抹去当日占据人心的、崇拜阿里的流行观念。诚然，穆阿台及勒派也指责穆尔威叶与阿慕尔；伊本·欧拜德甚至指责二人鲸吞战利品。同时他们大多数人同穆尔威叶和阿慕尔毫无恩怨。因此他们的态度和主张，就特别有力了。这在倭马亚人看来，好处总比坏处多，穆阿台及勒派至少是以同样的秤盘衡量穆尔威叶与阿里，而穆尔威叶的秤盘多半重于阿里。因为当时的政权，既掌握于穆尔威叶的手里，人们不敢批评他们，而对王室以外的党派，则可以毫无忌惮，任意批评。根据伊本·基撒尼的说法，这样的结果，“人们便多半指责阿里而颂扬穆尔威叶了”。我们从这两个论据，可以证明：

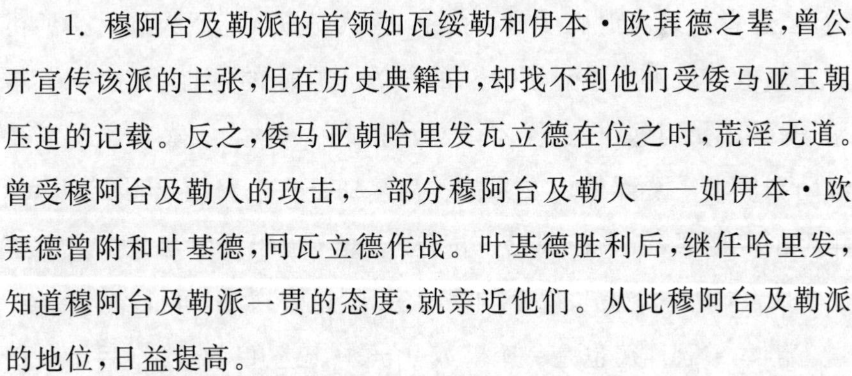

1. 穆阿台及勒派的首领如瓦绥勒和伊本·欧拜德之辈，曾公开宣传该派的主张，但在历史典籍中，却找不到他们受倭马亚王朝压迫的记载。反之，倭马亚朝哈里发瓦立德在位之时，荒淫无道。曾受穆阿台及勒人的攻击，一部分穆阿台及勒人——如伊本·欧拜德曾附和叶基德，同瓦立德作战。叶基德胜利后，继任哈里发，知道穆阿台及勒派一贯的态度，就亲近他们。从此穆阿台及勒派的地位，日益提高。

2. 倭马亚朝末叶，哈里发叶基德二世和麦尔旺二世，都崇奉穆阿台及勒派。假使该派不利于倭马亚朝，则他们绝不会信奉的。

由上述种种，我们可以得出一个结论：先期的穆阿台及勒派和后期的穆阿台及勒派是非常近似的。先期时，该派“分离”两个对立的党派(在先和阿里及阿绮莎、脱拉哈、祖白尔等对立,阿里又和穆尔威叶对立);后期时,该派"分离"过激的哈瓦立及派及过分宽容的麦尔吉阿派。先后两派,在两个时期,都分别提出了和当时各个党派不同的独特的主张;两派都把自己的理论建立在政治与宗教上。不过后期的穆阿台及勒派对于安拉的德性、安拉非形体论、非偶有性等纯宗教理论的问题,也加以探讨。由此我们同意穆阿台及勒派因为分离众说而得名的说法,就是说穆阿台及勒派另外创立了一种与各派不同的学说。所谓瓦绥勒等从师座分离,由礼拜寺的一角迁到另外一角,这不过是他们创立新派的一种表象而已。

总之多数的穆阿台及勒派人是不愿意承认"分离派"这个名称的,他们自称为"公正者""认一者",所谓"认一者",是为他们否认安拉的德性,以为主张安拉具有本体外的德性的,便是多神论。所谓"公道者",是为他们反对宿命论,否认安拉预定罪人然后又惩罚罪人。他们以为人类对于自己的行为是自由的,因此人们干了罪恶,就必然受到惩罚,这样才算是公道的。穆阿台及勒派最初以瓦绥勒和伊本·欧拜德二人为首。瓦绥勒是一个释奴,伊斯兰历 80 年生于麦地那,后来迁到巴士拉,从哈桑·巴士里学习死于伊斯兰历 131 年,是一个擅长辞令的演说家,写过许多书,可惜没有留传。

伊本·欧拜德也是一个释奴,哈桑·巴士里的学生,后崇奉瓦绥勒的教派。他曾编写了很多著作,但没有流传下来,他以虔诚廉洁著称,伊斯兰历 145 年卒。

艾布·曼苏尔,曾作诗歌颂扬他,诗中有这样的句子:

你们人人追名逐利,

只有伊本·欧拜德廉洁自守。

瓦绥勒和伊本·欧拜德都以虔诚、善良著称，二人是穆阿台及勒派的真正的创始人。

穆阿台及勒派重要的教训，分以下几方面：

1．主张犯大罪者不是异教徒，也不是信士，而是罪人。罪人应受地狱的惩罚。

当时发生了许多政治战争，如奥斯曼之被杀、骆驼战役、绥费尼战役，人们面对这些战争，不得不问一问谁是正义的？谁是背义的？由此进而研究背义者是异教徒呢？还是信士呢？哈瓦立及派判犯大罪者为叛徒，麦尔吉阿派断为信士，哈桑·巴士里断为伪君子。而瓦绥勒则断为罪人，其地位介于异教徒与信士之间，永陷火狱。

2．主张安拉并未造化人类的行为，人类才是造化自己的行为者。人类将来或受罪罚，或得善报，因此应称安拉为“公道者”。穆阿台及勒派所以有此主张，或许是目睹当日遮赫木及其信徒之极端，竟完全抹杀人类意志之自由，使人类成为固定的物质，纯然被动，“行为”从人的双手流出，好像流水从顽石上面流过似的。相传瓦绥勒曾派遣门徒到呼罗珊同遮赫木派人进行辩论。

3．否认安拉具有本体以外的知、能、生活，听、视等永恒的德性，认为安拉是“大知者”、“万能者”、“永生者”、“大聪者”、“本观者”，并没有超本体的诸德性。主张安拉具有种种永恒的诸德性，无异是多神论者的说法。穆阿台及勒认为无论由哪一方面解释，安拉都是无偶的，绝无超越其本体者。穆阿台及勒派对于《古兰经》中肯定安拉具有种种德性的经文，多所注解。他们之所以具有这种主张，或许是驳斥当时流行着的一种思想：以为安拉可以人形化，而且具有凡人的种种德性。如与瓦绥勒同时的母哥提尔·苏里曼便是这样主张的。

4. 主张理智具有认识善恶的能力，哪怕是教律无所指示。凡一种事物，都具有一种属性，使事物成为恶的或成为善的。譬如“诚实”原具一种固有的属性，使它自成为“善的”。“欺谎”也具一种固有的属性，使它自成为“恶的”。所以有智慧的人，虽未经教律的指示，或甚至不信宗教者，也不约而同地承认救困济贫，舍身救溺的行为是“善的”；隐昧善事、伤害无辜的行为是“恶的”。教律并非先制定什么是善事，而命人遵行；或先制定什么是恶事，而禁人营干。而是因为某件事物本身原是善的，故命人遵行；某件事物本身原是恶的，故禁人营干。教律的命令与禁止，是根据事物本身的善、恶而定，不能违反的。

穆阿台及勒派人之所以有这种主张，或许是针对当时人们对于圣训太过固执，虽伪造的圣训也深信不疑，没有经训明文的问题，就不敢发表意见。本书《圣训》一章，对此已有所讨论。穆阿台及勒派以为这是危险的，足以使理智瘫痪的，所以才提倡理智。圣训学者对他们深恶痛绝。至阿拔斯朝，麦蒙和穆阿台斯麦两哈里发时代，穆阿台及勒人颇为得势，对圣训学者，加以压迫。阿拔斯朝后期，圣训学者又转而压迫他们。

穆阿台及勒派也涉及前代的政治问题，有他们自己的主张，他们没有附和哈桑·巴士里的说法：“安拉叫那些鲜血洗净我们的宝剑，我们莫让它污染我们的舌头”。他们甚至说圣门弟子互相攻击、互相争战，加以谴责。伊本·欧拜德的批评最多，他痛诋艾布·胡赖勒之多传圣训。又指责穆尔威叶和阿慕尔二人鲸吞战利。总之,他们认为分析、指责、攻击圣门弟子的行为,是无妨的。他们比什叶派更自由些。我们且举一二桩他们对于政治问题的主张:穆阿台及勒派差不多一致承认艾布·伯克尔的哈里发地位是合法的,认为那不是穆圣的遗嘱,而是大众的推选。至于艾布·伯克尔与阿里谁更贤明些,他们的意见就不一致了。初期的巴士拉人如伊本·欧拜德、查希兹、南查木、希沙姆·弗瓦退等,以为艾布·伯克尔贤于阿里;而巴格达人如比诗尔·伊本·木阿台密勒和艾布·侯赛因·罕雅退等,则认为阿里贤于艾布·伯克尔。双方都提出很多的论据。"骆驼战役"之后,瓦绥勒认为阿里和阿绮莎两个集团,一是一非,毫无疑义;但谁是谁非又无从断定。伊本·欧拜德则批评二人都不对。又指责阿慕尔、穆尔威叶及二人的党徒。穆阿台及勒派对于伊斯兰教历史中的事件,意见分歧、不能一致,但都提出论据,强调自己的主张。

*　　*　　*

穆阿台及勒派发生于巴士拉,很快传播于伊拉克全境,得到倭马亚朝叶基德和麦尔旺两哈里发的崇奉。到了阿拔斯朝,分为巴士拉、巴格达两个学派,两派人对于许多问题,意见不一,争辩不已。

伊斯兰教学派中,穆阿台及勒首先研究希腊哲学,使伊斯兰教染上希腊哲学的色彩,借希腊哲学为他们的理论与辩证的助力。如艾布·胡载尔、南查密、查希兹等人,便都是研究希腊哲学的著名学者。我们在此处不能解释希腊的哲学思想,也不能说明穆阿台及勒派学者如何介绍希腊哲学,因为这是属于往后阿拔斯朝时期的范围。

实际上,穆阿台及勒派乃伊斯兰教“认一论”哲学的创立者,是伊斯兰教徒中首先运用异教学说来武装自己的。原来伊斯兰历二世纪初期,犹太教徒、基督教徒、火祆教徒奉伊斯兰教后的影响已经很明显了,他们奉伊斯兰教时,头脑里还充满着旧教的意识,他们仅念过伊斯兰教的两句信仰证言:“除安拉外,别无主宰;穆罕默德是主的使者。”于是原来在他们宗教里纷扰不休的问题,便很快地渗入到伊斯兰教里来。我们已经说过,上述的宗教,曾以希腊的哲学及逻辑学为武器,开辟他们的研究途径,钻研极深。他们攻击伊斯兰教,而伊斯兰教原是以信仰单纯著称的宗教,于是他们在伊斯兰教周围掀起无限的疑问。同时,当日伊斯兰国家中,还存在着许多异教徒,他们在皇宫里担任显要职务者甚多。那班已奉伊斯兰教的异教徒,和这班未奉伊斯兰教的异教徒沆瀣一气,在伊斯兰教中,按哲学的框式掀起种种问题,如“意志自由论”问题,真主德性之存在问题,《古兰经》之被造问题等,在基督教中很早就发生过类似的争论。琐罗亚斯德教也曾掀起过许多问题的争论。

因此种种,穆阿台及勒派乃借敌人之武器对敌人进行学术斗争。他们进攻宿命论者及无神论者的言论,反驳犹太教、基督教、火祆教所掀起的疑团。在这方面他们表现了出奇的活跃。据说,瓦绥勒对于各教各派的学问,精通无比。他的妻子说:“他夜间屈膝拜祷,身旁放着木板和笔墨,诵读《古兰经》时,每得足为辩证的经文,就记录下来,然后仍然礼拜。”他并派遣门人到各方,同别派人辩论,并宣传自己的学派。派阿卜杜拉·哈利斯到马格里布(摩洛哥),派哈弗斯到呼罗珊和宿命派辩论。他的门徒曾到过也门,遮吉拉(伊拉克北部)以及亚美尼亚。他曾从事著作,据说:他著了一本书,内容有问题千则,以批驳摩尼教。伊本·欧拜德也多与人辩,很善宣传。有人形容他道:“他走来之时,好像刚刚埋葬了他的父母回来一样;他坐着之时,好像快被人抓去偿命似的;他谈话之时,好像天堂地狱就是为他而设立似的。”他和他初期的门徒,不肯为官,只愿他们的工作纯为安拉。伊本·古太白说:“伊本·欧拜德对哈里发艾布·扎尔法·曼苏尔说:‘安拉给了你整个世界,你用一半来买你的自身吧!你记起你的最后一夜吧!’哈里发听见这话,默不作声,侍臣勒比尔说:‘伊本·欧拜德!你引起哈里发的忧伤了!’伊本·欧拜德对哈里发说:‘这个人侍奉你二十载之久,却没有一天向你进谏,也没有在你的门外做过一件符合于天经、圣训的事。’哈里发说:‘我怎样才好呢?我曾对你说,我把印章交在你的手里,只要你和你的门人来,我就满足了。’伊本·欧拜德答道:‘放开我们吧!让我们得你的助力而成为气度雍容的人吧!你门前有几千桩冤屈案件,你开脱一些吧!我们知道你是诚笃的。’”

虽然如此,穆阿台及勒派也不免为人厌恶,这有几个原因:有若干问题,他们违反正宗派的主张,很受正宗派的攻击。譬如他们掀起若干问题,把伊斯兰教简单的信仰,变为玄奥的哲学。在阿拔斯朝麦蒙和穆阿台斯麦两哈里发时代,他们很有权力,为了“《古兰经》是否为被创造的”这样一个问题,而残酷地压迫人们。他们不单以哲学理论作他们学说的辩证,同时又以利剑为他们宣传的工具。因此,他们的地位不免降低,声名不免坠落了。他们把圣门弟子降低到一般人的地位,不承认圣门弟子的纯洁性,所以敢于分析他们的行为,判断他们的善、恶。如伊本·欧拜德及往后的南查木，曾批评欧麦尔、艾布·伯克尔、伊本·麦斯欧迪等人，攻击艾布·胡赖勒之多传圣训。[①]

*　　*　　*

本书所述各种学术活动及宗教学派，乃倭马亚朝时代草创时期的状况，还未达到系统分明、体例严密的学术时代。往后阿拔斯朝初期各哈里发提倡文化，发展倭马亚朝时的学术基础，注重古代典籍的翻译，那才是伊斯兰教思想文化的黄金时代。我们将在另书加以研究。

本篇主要参考书目

（1）沙赫力斯坦：《宗教与教派》(Shahrastani, *Al-Milel Wan-Nihal*)。

（2）伊本·哈兹木：《宗教与教派》(Ibn Hazm, *Al-Milel Wan-Nihal*)。

（3）伊本·艾布·哈底德：《辞章之道注释》(Ibn Abu Al-Hadid, *Sharb Nahj Al-Balagha*)。

（4）巴格达底：《教派之分歧》(Al-Baghdadi, *Al-Farq Beïn Al-Firaq*)。

（5）巴格达底：《宗教原理》(Al-Baghdadi, *Usul Ad-din*)。

（6）爱施耳里：《伊斯兰人论文集》(Al-Ash'ari, *Maqalat Al-Islamiyyin*)。

（7）麦格里基：《埃及志》(Maqrizi, *Al-Hutat*)。

（8）伊本·赫勒敦：《历史绪论》(Ibn Khaldun, *Al-Muqaddimah*)。

（9）格斯台拉尼：《布哈里圣训实录注》(Al-qastalani, *Sharh Al-Bukhari*)。

（10）伊本·赫里康：《人物传记》(Ibn Khallikan, *Wafayat Ata'yan*)。

（11）伊本·台伊密叶：《论文集》(Ibn Taïmiya, *Rasaïl Motafarriqa*)。

（12）穆拜莱德：《哈瓦立及派历史》(Al-Mobarrid, *Al-Kamil fi Akhbar Al-Khawarij*)。

---

① 此处列举一些烦琐的辩证，约两页，略去未译。——译者

(13) 艾布·法拉吉:《诗歌集》(Abul Faraj, *Al-Aghani*)。

(14) 查希兹:《修辞与阐释》(Al-Jahiz, *Al-Bayan Wat-tibyan*)。

(15)《伊斯兰百科全书》,"哈瓦立及"、"什叶"诸条 (*Encyclopedia of Islam*)。

(16) 伊本·赛德:《人物传记》(Ibn Sa'ad, *At-Tabaqat Al-Kubra*)。

(17) 马威尔底:《法典》(Mawerdi, *Al-Ahkam As-Sultaniya*)。

(18) 塔巴里:《先知与帝王历史》(At-Tabari, *Kitab Akhbar Al-Rusul Wal-Muluk*)。

(19) 费赫尔·拉基:《古兰经注》(Al-Fakhr Ar-Razi, *Tafsir Al-Fakhr Ar-Razi*)。

(20) 伊本·阿卜杜·莱比:《罕世璎珞》(Ibn Abd Rabbi, *Iqd Al-Farid*)。

(21) 木尔台底:《穆阿台及勒派历史》(Al-Mortadhi, *Tabaqat Al-Mutazila*)。

阿拉伯伊斯兰黎明时期（公元 632—749 年）大事年表

公元	伊斯兰教纪元	重大事件
632	12	穆罕默德卒
		艾布·伯克尔即哈里发位
634	14	欧麦尔即哈里发位
635	15	哥底西叶战役（波斯）
		耶路撒冷之征服
		巴士拉城之建立
		大马士革之征服
637	17	库法城之建立
		叙利亚、伊拉克之征服
640	20	埃及之征服
641	21	涅哈温战役（波斯）
		波斯之征服
643	23	奥斯曼即哈里发位
650	30	《古兰经》搜集成册
655	35	阿里即哈里发位
656	36	骆驼战役
660	40	阿里卒
661	41	倭马亚王朝建立（大马士革）

		穆尔威叶即哈里发位
669	49	哈桑(阿里长子)卒
679	60	叶基德(穆尔威叶之子)即哈里发位
680	61	克尔巴拉之役
		侯赛因(阿里次子)卒
682	63	麦尔旺(哈康之子)即哈里发位
684	65	阿卜杜勒·马立克(穆尔威叶之子)即哈里发位
692	73	围攻麦加
		阿卜杜拉·祖白尔卒
700	81	穆罕默德·哈乃费叶卒
705	86	瓦立德(阿卜杜勒·马立克之子)即哈里发位
714	96	苏里曼(阿卜杜勒·马立克之子)即哈里发位
717	99	奥马·阿卜杜勒·阿齐兹即哈里发位
719	101	叶基德二世(阿卜杜勒·马立克之子)即哈里发位
724	106	希沙姆(阿卜杜勒·马立克之子)即哈里发位
728	110	哈桑·巴士里卒
738	121	赛德·宰伊尼·阿比底卒
741	124	祖赫里卒
743	126	瓦立德二世(叶基德之子)即哈里发位
744	127	叶基德三世(瓦立德之子)即哈里发位
745	128	麦尔旺二世(穆罕默德之子)即哈里发位
747	130	遮赫木·索弗旺被杀
748	131	瓦绥尔·伊脱卒
749	132	倭马亚王朝亡

主要译名对照表

（按照汉字笔画顺序排列）

三　画

门才尔　Monzar
也门　Yemen
马立克　Malik Ibn-Anas
马里伯　Ma'reb
马兹德　Mazdi

四　画

木兹雪尔　Mozhir
瓦立德　Al-Walid Ibn Otba
瓦格底　Al-Waqidi
瓦赫布·穆南比　Wahb Ibn Monabbi
内志　Nejd
什叶　Shi'a
什叶派　Shi'ïtism
巴士拉　Basra
巴尔加　Balqa
巴林群岛　Bahreïn
比拉勒　Bilal
巴赫兰　Bahram

五　画

艾巴尼·奥斯曼　Aban Iban-Othman
艾巴尼·赛德　Aban Ibn-Sa'd
艾布·达尔丹　Abu Ad-dardai
艾布·台玛木　Abu Tamam
艾布·台密姆　Abu Tamim
艾布·母撒·爱施耳里　Abu Mussa Al-Ash'ari
艾布·西拉勒　Abu Hilal
艾布拉　Al-Ghebraï
艾布·欧麦尔　Abu Omar Al-Ilaï
艾布·法拉吉　Abu Al Faraj
艾布·祖里　Abu Zurri
艾布·费达　Abu Al Feda
艾布·哥布斯　Abu Qabus
艾布·爱斯瓦德　Abu Aswad
艾布·赛德　Abu Zeïd Aq-qoreïsh
艾尔格穆　Ilqama Al-Fahl
艾奈斯　Anas Ibn-Malik
艾格兰　Al-Aqraï Ibn-Habis
古莱氏　Qoreïsh
古赖兹　Qoreïdhah
札尔法尔　Ja'afar Ibn-Abi-Talib
布哈拉　Bukhara
布斯拉　Bosra
卡尔白·艾哈巴尔　Ka'b Ibn-Ahbar
叶玛迈　Al-Yemmah

叶兹德吉尔　Yezdjird
叶基德·哈比布　Yezid Habib
叶基德·俄迈勒　Yezid Omeïra
叶斯里伯　Yethrib
白拉祖理　Al-Balazuri Al-Balauri
白鲁尼　Al-Beïruni
尔萨（耶稣）　Issa
尔撒·摩西　Issa Ibn-Mussa
汉志　Hejaz
汉萨·撒比特　Has'san Thabit
母才尔　Modar Ibn-Nizar
母萨·阿格伯　Mussa Ibn-Aqaba
弗斯它特　Fustat

六　画

亚丹　Aden
亚喀白　Aqaba
迈赫拉　Mehra
迈赫底麦伊玛目　Mehdi Imam
迈赫哲尔　Mahjaï
伊卜拉欣（亚伯拉罕）　Ibrahim
伊本·几尼　Ibn-Jinii
伊本·艾比·丽拉　Ibn-Abi Leïla
伊本·艾比·哈底德　Ibn-Abi Hadid
伊本·艾比·渥赛白阿　Ibn-Abi Oseïba
伊本·艾西尔　Ibn-Athir
伊本·古太白　Ibn-Kuteïbah
伊本·汉撒　Abdur-Rahman Ibn Hassan
伊本·西戴　Ibn-Sida
伊本·阿卜杜·莱比　Ibn-Abd Rabbah
伊本·阿拔斯　Abd Allah Ibn-Abbas
伊本·阿拉比　Ibn-Arabi
伊本·希哈布　Ibn-Shihab Az-Zubeïr
伊本·奈迪姆　Ibn-Nadim
伊本·易司哈格　Ibn-Ishaq
伊本·罗斯特　Ibn-Rusta
伊本·舍哲尔　Ibn Shajari
伊本·胡尔达才拔　Ibn-Khurdadhbah
伊本·哈达拉弥　Ibn-Hadrami
伊本·哈兹木　Ibn-Hazm
伊本·俄拜笃拉　Ibn-Obeïd Allah
伊本·赫里康　Ibn-Hallikan
伊本·赛德　Ibn-Sa'd
伊本·穆哈丽斯　Ibn-Mahris
伊斯玛仪·叶撒　Ismaïl Ibn-Yessa
伊斯玛仪（以实马利）　Ismaïl
伊斯法汗尼　Isfahani
伊斯法罕　Isfahan
伊勒　Aila
伊姆勒·盖斯　Imru Al-qeïs
安特勒　Antreh

七　画

麦加　Mecca
麦地那　Medina
麦格里基　Al-Maqrizi
麦斯欧迪　Mos'oudi
麦蒙　Maïmoun
克里兰　Kahlan
苏里曼　Soliman
苏郁退　As-Suyutiï
苏勒　Sur
苏菲派（神秘派）　Sufiyeh
罕才莱·勒比尔　Hazzela Ibn-Ar Rabiï

罕马德　Hammad Ar-Raweya
佐法尔　Zafar
希木雅尔　Himyar
希沙姆　Hisham
希拉(夏腊)　Hira
库法　Kufa
沙尔比　Ash-Sha'bi
沙赫力斯坦　Shahrast
阿卜杜拉·麦斯欧迪　Abd Allah b. Mas'oud
阿卜杜勒·马立克　Abd Al-Malik
阿卜杜勒·马立克·爱布遮尔　Abd Malik b. Abjar
阿布杜·赛白衣　Abd Sabaï
阿定·赛德　Adii Seïd
阿斯克里　Al-Askari
阿曼　Oman
阿鲁西　Al-Alusi
阿德南　Adnan
阿穆尔·库尔苏木　Amr Ibn-Kulthum
阿摩尼塞迦　Ammonius Saccas
努尔曼　Nurman
努弗德　Nufud
纳季兰　Nejran

八　画

卧底·古拉　Wadi Qura
奈巴特　Nabat
奈底尔　Banu Nadir
奈赫伊　An-Nakhï
肯迪　Al-Kindi
易司哈格(以撒格)　Ishaq
罗斯坦　Rustan
图法罗　Tufeïl ad-dawsi
底纳瓦利　Ad-Dinawari

九　画

胡太叶　Huteïa
胡尔木兹一世　Hormoz I
查希兹　Jahiz
哈木斯　Homs
哈瓦立及　Khawarij（复），Kharijiï（单）
哈达拉毛　Hadramaut
哈立德·赛德　Halid Ibn-Sa'd
哈兰　Harran
哈利斯·宰白勒　Haris Ibn-Jebla
哈桑　Hassan Ibn-Aly
哈桑·巴士理　Hassan Basari
哈桑·叶撒　Hassan Yessar
科普特　Kopt
俄尔卫·祖白尔　Orwat Ibn-Azzubeïr
侯赛因　Husseïn Ibn-Aly
祖·诺瓦斯　Zu-Nuwas
祖赫尔　Zuheïr
费勒兹德格　Firezdaq

十　画

泰米木·达理　Temim Ad-dari
泰邑玛　Teïma
索邑达　Seïda
哥尔德基叶　Goldziher
哥底西叶　Qadisiyyah
特尔突实　Tartush
拿比艾　Nabigha Az-Zubjawa
爱克塞姆·索非　Aktham Ibn-Saïfi
爱弥儿·阿里　Emir Aly

爱查山　Jabal Aja
爱哈哥府　Al-Ahqaf
爱兹底　Al-Azdi
爱萨西奈(爱萨尼)　Ghassani
唐邑　Taï
海木丹　Hamdani
海邑巴尔　Khaïbar
海兹勒支　Khazraj
桑卡克　Sakkaki

十 一 画

萨那　Sana
盖伊努葛　Qaïnuqaï
宰迈赫舍利　Zemehsheri

十 二 画

塔巴里　Ibn Jarir At-Tabari
塔伊夫　At-Taïf
葛哈唐　Kahtan
提尔米儿　At-Tirmizi
提哈玛　Tihama
雅各　Ja'acob
奥马·阿卜杜勒·阿齐兹　Omar Ibn-Abd Al-Aziz
奥卡兹　Okazh
奥查尔　Awzaï
舒来哈比里　Shurahbili Ibn-Hassan
鲁格曼　Luqman
普罗太奴　Plotinus
渥萨迈　Osama
渥曼叶·艾比·桑勒特　Omeyya b. Abi Salt

十 三 画

赖赫米　Lekhmiï
路白哈利　Rub'al Rhali

十 四 画

赫尔弗　Khalf Al-Ahman
赛白衣　Sabaï
赛尔曼　Salaman Af-farisi
赛母桑　Zem-zam
赛基法　Saqifa
赛德·朱拜尔　Seïd Ibn-Zubeïr
赛德·伊本·阿布·宛葛斯　Sa'd Ibn-Abi Waggas
赛德·萨汗　Seïd Ibn-Suhan
赛德·撒比特　Seïd Thabit
赛德·穆桑伊布　Sa'ïd Mosïb

十 五 画

撒马尔罕　Samarcand
摩索尔　Mosul

十 六 画

霍姆斯　Homs
穆方才理　Mofadhal Adh-Dhabiï
穆尔威叶　Muawiyeh
穆罕默德·西林　Mohammed Ibn-Sirin
穆阿士　Moaz Ibn-Jabal
穆阿台及勒　Muatazila
穆查西德·哲白尔　Mojahid Ibn-Jabr
穆拜莱德　Mobarrid